Das Heilwissen der Bäume
und die Botschaft vom Wind

Ines Nandi

Das Heilwissen der Bäume und die Botschaft vom Wind

ch. falk verlag

Originalausgabe
© ch. falk-verlag, seeon 2014
Umschlaggestaltung: Dirk Gräßle, München
    unter Verwendung eines Fotos von Christa Falk
Satz: P S Design, Lindenfels
Druck: Druckerei Sonnenschein, Hersbruck

Printed in Germany
ISBN 978-3-89568-258-2

Inhalt

Teil 1   Das Heilwissen der Bäume

Einleitung der Bäume 7
Der Emotionalkörper – männliche und weibliche Energien . 10
Integration abgespaltener Seelenanteile 21
Religion und Spiritualität 31
Heilung der menschlichen Gesellschaft 37
Seelenanteile und Vollständigkeit 51
Krebserkrankungen 62
Psychische Erkrankungen 74
Die freie Wahl 84
Wähle den Weg deiner Bestimmung 93
Nachwort der Autorin 103
Anmerkungen 103

Teil 2   Die Botschaft vom Wind

Vorbemerkungen des Windes 105
Über die Gedanken der Menschen 106
Der Wind und das Wasser 109
Der Wind und die Bäume 112
Der Wind als Zerstörer 116
Der Wind als Tröster 119
Ein Gedicht 122
Geist und Energie 124

Die Macht des Atems 127

Energien der neuen Zeit 130

Über den Respekt 133

Gier und Mangelbewusstsein 136

Macht und Machtmissbrauch 139

Menschheit und Universum 142

Über Reinkarnation und Nachtoderfahrungen 145

Der Gesang der Vögel 148

Über die Engel 152

Über die Dankbarkeit 155

Über das Erwachen 1 158

Über das Dunkel 161

Über das Erwachen 2 164

Pfingstgruß – auch für andere Jahreszeiten 167

Über die Geduld 170

Sicherheit – was ist das? 173

Vom Wandel der Seelen 176

Über die Liebe 179

Das kosmische Spiel 182

Was ist Mut? 185

Nachwort des Windes 188

Nachwort der Autorin 190

Anmerkungen 192

Über die Autorin 193

Einleitung der Bäume

Die Tassilolinde

Liebe Menschen, ich möchte mich heute als der erste Sprecher der Bäume in diesem Buch vorstellen. Ich stehe in Bayern, nahe dem Benediktinerinnenkloster in Wessobrunn und ich bin tatsächlich mehr als 1250 Jahre alt, wie eure Überlieferung auch sagt.[1] Ich habe vieles gesehen und könnte euch einiges berichten, das eure Historiker dazu veranlassen müsste, ihre Geschichtsbücher umzuschreiben. Hier in diesem Zusammenhang möchte ich und möchten wir euch aber unser Wissen über Heilung übermitteln. Ihr fragt euch vielleicht, was wir Bäume diesbezüglich denn schon wissen könnten. Nun, das ist einiges! Man könnte sogar durchaus sagen, dass wir Heiler sind, und das nicht nur, weil ihr Menschen manchmal Teile von uns zu Arzneien verarbeitet. Schaut euch zum Beispiel einmal einen Ginkgo an. Ja, er ist ein magischer Baum, der ungeheure Kräfte besitzt, denn er ist ganz besonders alt. Den Ginkgo und seine seit langem ausgestorbenen Verwandten gab es schon zur Zeit der Dinosaurier. Vor 200 Millionen Jahren fand er seine größte Verbreitung auf der Erde. Diese Bäume werden so alt wie wir Linden, also um die 1000 Jahre; in China habt ihr aber kürzlich einen Ginkgo entdeckt, der 4000 Jahre alt ist. Diesen Baum kenne ich – ihr Menschen würdet sagen, „persönlich". Er ist sogar mein bester Freund. Wenn ich ehrlich sein soll, habe ich den größten Teil meines Heilwissens von ihm erhalten und an die anderen alten Bäume, die Ines, unser Kanal, gesehen hat, weitergeben dürfen. Die Ginkgos sind die größten Lehrer unter den Bäumen, nicht nur, weil sie die älteste heute lebende Baumart sind. Sie sind auch von ihrer ganzen ursprünglichen Natur her die weiseste Pflanzenart überhaupt. Der Ginkgo in Ines' Garten hat teil am gesamten Wissen und an der ganzen Weisheit seiner Art. Daher möchte ich ihn als den zweiten Sprecher vorstellen. Er ist zwar noch recht jung, nur ungefähr 25 Jahre alt, aber, wie ich schon sagte, ein sehr weises Wesen, das außerdem immens viel weiß. Und die Bäume der Erde haben noch einen

---

1 Anmerkungen siehe Seite 103

Tassilolinde

dritten Sprecher gewählt. Es ist eine mehrere hundert Jahre alte Buche im Laupheimer Schloss-park. Die Buchen haben eine ganz besonders enge Beziehung zu euch Menschen, wie dieser Baum schon erläutert hat.[2] Und dieser spezielle Baum ist ein ganz besonderer Freund von Ines, an deren Wohnort er angesiedelt ist.

Falls ihr euch fragt, warum dieses Mal kein Nadelbaum[3] unter uns Sprechern vertreten ist – nun, sie wollten uns Laubbäumen den Vortritt lassen, weil wir eine lichtvolle Energie vertreten und sie eine dunkle, wie sie im ersten Buch erklärt haben. Diese Aussage beinhaltet keinerlei Wertung oder gar Abwertung der Nadelbäume; sie waren aber der Ansicht, dass das Thema „Heilung" durch uns treffender dargestellt werden könne.

Und noch eine Frage von euch möchten wir vorab beantworten, die im Verlaufe unserer Mitteilungen mit Sicherheit auftauchen wird: Woher wissen wir so viel über euch Menschen, über eure Psyche und über eure Gesellschaft und auch über Tagesereignisse in eurem individu-ellen und kollektiven Leben? Nun, das meiste erfahren wir durch euch selbst! Wir, und beson-ders die Alten und Weisen unter uns, sind nämlich auf einer höheren Bewusstseinsebene aufs Engste mit euch verbunden. Einfach darum, weil wir, wie alle Wesen in der Schöpfung, zutiefst mit Allem, was ist verbunden sind! Wir rufen also unsere Informationen – mit eurer höheren Erlaubnis natürlich – einfach bei euch ab, so wie dies auch zum Beispiel die Engel und die Meister tun, die ihr „channelt". Sie channeln immer auch EUCH! Daher ist unser Heilwissen zugleich, liebe Menschen, auch das EURE, und ihr braucht euch nicht zu wundern, wenn ihr bei uns Gedanken wiederfindet, die euch durchaus bekannt sind.

Nun noch ein paar Worte zu unserem Vorgehen hier in diesem Zusammenhang: Wir drei Sprecher werden in einigen Kapiteln alle Drei sprechen, zum Teil jeder einzeln, zum Teil ge-meinsam. In anderen Kapiteln wird einer allein euch das Wissen der Bäume und ihre Gedan-ken übermitteln. Wir verfahren auf diese Weise, weil es auf der einen Seite Wissen gibt, das uns allen Dreien gleich geläufig ist, und auf der anderen Seite Wissen, das einem von uns ganz be-sonders zu eigen ist. So, und nun kann es losgehen!

Der Emotionalkörper –
männliche und weibliche Energien

Die Tassilolinde

Liebe Menschen, ihr wollt vermutlich wissen, was wir Bäume unter „Krankheit" und was unter „Gesundheit" verstehen. Diese Frage müsste ich eigentlich an euch zurückgeben, denn WIR verwenden solche Begriffe überhaupt nicht, und die wertende Einstellung, die bei euch damit verbunden ist, kennen wir gar nicht. Was unsere Sichtweise betrifft, so könnte man in menschlichen Worten am ehesten von „Ungleichgewicht" und von „Heilsein" sprechen. Wenn Körper, Seele oder Geist sogenannte Symptome zeigen, dann ist das ursprüngliche, grundlegende Heilsein des betreffenden Wesens beeinträchtigt – es ist auf einer oder auf mehreren Ebenen ein Ungleichgewicht entstanden. Normalerweise beginnt solch ein Ungleichgewicht auf der Ebene der Gefühle, in einem unbalancierten Emotionalkörper, und dann strahlt es in den Mentalkörper aus. Werden die entsprechenden Emotionen sehr tief verdrängt, weil sie für den Menschen unerträglich sind, dann manifestieren sie sich über kurz oder lang als „Krankheiten" des physischen Körpers, oder auch als das, was ihr Unfälle nennt. Wir möchten noch einmal betonen, dass ein jedes Wesen, sei es Mensch, Tier oder Pflanze, von seiner Essenz her, also von dem her, was es wirklich IST, niemals im Ungleichgewicht, sondern vollkommen heil ist.

Die Buche

Nun aber möchten wir den Emotionalkörper zum Thema machen. Erlaubt, dass wir zunächst über den balancierten Emotionalkörper sprechen: Ein Emotionalkörper, der sich im grundlegenden Gleichgewicht befindet, vibriert in der Schwingung der FREUDE. Dies ist zugleich die Schwingung der LIEBE und auch der FÜLLE. Emotionen wie Angst, Wut, Frustration, Neid

und so fort sind in dieser Schwingung aufgehoben. Hohe Schwingung hebt immer niedrigere Schwingung auf. Dunkelheit wird nur dann manifest, wenn sich die Schwingung erniedrigt. Dies geschieht bei euch Menschen in der Regel aufgrund von bestimmten Erfahrungen, die ihr als unangenehm, als traumatisch, erlebt. In solch einem Augenblick spaltet sich außerdem oft ein Seelenanteil ab, der dann Träger der unerträglichen negativen Emotion ist, mit der diese Erfahrung sich verbindet. Ihr alle schleppt Tausende oder auch Millionen von solchen Anteilen mit euch herum; manche davon verlieren sich auch in astralen Bereichen, ohne dass ihr es zunächst bemerkt. Ein unbalancierter Emotionalkörper also schwingt mehr oder weniger niedrig, ist in zahllose Anteile aufgespalten, und das grundlegende Gefühl, das dort herrscht, ist die Angst. Angst vor Schmerz, Angst vor Verletzung, aber auch Angst vor Freiheit, Liebe und Fülle – Angst vor den positiven Erfahrungen, die ihr euch zu wünschen meint. All dieses beginnt ihr zu entdecken, wenn ihr in den Prozess des Erwachens zu EUCH SELBST eintretet.

Der Ginkgo

Eine besonders wichtige Rolle spielen in diesem Zusammenhang die männlichen und weiblichen Seelenanteile. In der Schwingung der FREUDE sind sie vollkommen vereint und ununterschieden! Sie sind EINS. Beginnt die Abspaltung von Seelenanteilen, dann trennen sich auch männlich und weiblich. Zunächst noch lieben sie einander, streben danach, sich gegenseitig zu unterstützen, miteinander zu kooperieren. Im Verlaufe der menschlichen Erfahrung durch die zahlreichen Inkarnationen hindurch, die die meisten von euch durchmachen, werden Kampf und gegenseitige Unterdrückung immer heftiger. Ja, auch die weibliche Energie hat durchaus ihre dunkle Seite, die die männliche zu verschlingen droht. Denkt in diesem Zusammenhang einmal an manche Spinnenarten, wo das Weibchen das Männchen nach der Vereinigung verspeist... Sowohl die männliche wie auch die weibliche Energie hat eine hoch schwingende lichtvolle, vollkommen liebende Seite und eine niedrig schwingende dunkle, in Kampf verstrickte Seite. Wenn ihr mögt, befassen wir uns im weiteren Verlauf dieses Kapitels noch tiefer mit diesem Thema der männlichen und der weiblichen Energien. Es ist dies sozusagen ein Spezialfall im Rahmen des umfassenderen Themas „Seelenanteile". Und dann möchten wir zugleich auch die zwischenmenschlichen Erfahrungen von Männern und Frauen im Verlauf eurer Geschichte mit berücksichtigen, denn in diesen Erfahrungen spiegeln sich ja eure inneren Beziehungen zwischen den Energien. Die äußeren Erfahrungen wirken aber durchaus auch auf die Verhältnisse im Inneren zurück, in helfender oder auch in verschlimmernder Weise.

Die Tassilolinde

Nebenbei möchte ich noch anmerken, dass wir in diesem Buch, im Gegensatz zum vorherigen, vorrangig über euch Menschen sprechen werden und selten über uns Bäume, denn „Krankheit" und „Heilung" sind zuallererst menschliche Themen. Da wir Bäume euch aber seit eurem ersten Auftreten auf der Erde beobachten und begleiten, wissen wir sehr, sehr viel über euch – mehr, als die meisten von euch über sich selbst wissen. Wir möchten euch nun einen kurzen Abriss eurer Geschichte übermitteln, wie sie sich für uns darstellt, und zwar unter besonderer Berücksichtigung der Beziehungen zwischen Männern und Frauen. Wir sprechen hier gemeinsam:

Tassilolinde, Ginkgo, Buche

Also: Unserem Wissen zufolge begann die Geschichte der Menschheit auf dem längst versunkenen Kontinent Lemuria. Eine Jahreszahl können wir hierzu nicht nennen, denn dies geschah in einer anderen, viel höheren Dimension. Die ersten Menschen waren zunächst ziemlich luftige Engelwesen, die geschlechtlich ununterschieden waren. Sie sahen auch, zumindest zum Teil, ganz anders aus als jetzt – es gab viele Varianten ihrer Körper, so wie es dem jeweiligen Wesen gerade gefiel. Es wurde viel experimentiert mit den Formen, ihr konntet Körperteile nach Belieben wachsen und wieder verschwinden lassen. Es war ein Spiel über – aus jetziger Sicht – lange Zeiträume, die aber nicht als solche empfunden wurden. Ihr lebtet im Jetzt und wart wie die unschuldigen kleinen Kinder. Irgendwann wurde euch aber bewusst, dass ihr gekommen wart, um ganz besondere, neue, noch nie im Kosmos dagewesene Erfahrungen zu machen, und dazu musstet ihr in eine größere physische Dichte übergehen. Ihr fragtet euch, wie ihr das bewerkstelligen könntet. Schließlich kamen, unabhängig voneinander, mehrere von euch auf die Idee der geschlechtlichen Differenzierung eurer Körper. Die Menschen mit weiblichem Körper sollten dabei das göttliche weibliche Schöpfungsprinzip repräsentieren und die Menschen mit männlichem Körper das männliche. Nicht alle wollten bei diesem revolutionären

Akt mitmachen. Viele gingen zu dieser Zeit zurück in die ätherischen Engelreiche. Diejenigen aber, die sich beteiligten, formten ihre Körper um. Die geschlechtliche Fortpflanzung wurde erfunden. Dass es parallel zu eurer Entwicklung auch eine Evolution in einer viel niedrigeren, der dritten Dimension gab, war euch nicht bekannt. Ihr hattet keine Verbindung zu der dort sich entwickelnden Erde, zu den dort sich entwickelnden Lebewesen.

Wenn ihr hier weiterdenkt, dann kommt ihr ganz zwanglos zu dem Schluss, dass es mehrere Wurzeln der Menschheit gibt. Ja, es trifft zu, dass es eine Menschheit gibt, die aus dem Tierreich sozusagen aufgestiegen ist, und eine, die aus den Engelreichen abstieg! Später haben sich dann die beiden Zweige vereinigt. Wobei diejenigen, die hier und heute erwachen und Pioniere der Neuen Zeit sind, mehrheitlich zu dem letzteren Zweig gehören. Da aber die Geschichte des aufsteigenden Zweiges der Menschheit durch eure Wissenschaft einigermaßen gut dokumentiert ist, stellen wir im Folgenden die weitere Geschichte eures Abstiegs dar:

In eurer sich entwickelnden Gesellschaft entstand ziemlich bald das erste Matriarchat. Die Menschen mit weiblichem Körper wurden als die Repräsentantinnen der Schöpfergöttin gesehen und gefeiert. Sie feierten sich auch selbst, waren stolz und freuten sich über ihren Körper, der neues Leben empfangen, tragen und gebären konnte. Die Menschen mit männlichem Körper galten und fühlten sich als die Helfer, Unterstützer und Diener der Heiligen Mütter. Zunächst waren auch sie von Freude und Stolz erfüllt und übten diese Funktion gerne aus. Nach und nach erniedrigte sich aber – wie beabsichtigt – tatsächlich eure Schwingung, was euch allerdings damals nur zum Teil bewusst war: Ihr begannt, in Verstrickungen zu geraten. Die Frauen werteten mit der Zeit die Männer ab. Aus den Helfern wurden „nur" Helfer, „nur" „Samengeber", „nur" „Männchen". Sie galten schließlich als beinahe wertlos, überflüssig, ihr würdet heute sagen, „Wegwerfware". Zu dieser Zeit hattet ihr schon vergessen, dass ein jeder und eine jede von euch sowohl das Göttliche Weibliche als auch das Göttliche Männliche in sich trug. Das Göttliche Männliche wurde nicht mehr wertgeschätzt, es wurde fast vollkommen vergessen. So entstand das zweite Matriarchat, das den Männern und dem Männlichen in euch tiefe Wunden schlug. Auf dem Höhepunkt dieses zweiten Matriarchats hatte ein Teil von euch – euer menschgewordener Teil – seine Unschuld verloren. Lemuria versank in den Fluten, und ihr Menschen inkarniertet neu auf dem Kontinent Atlantis, zunächst in der sechsten Dimension.

Dies ist die Geschichte, die wir Bäume kennen. Wir wissen, es gibt zahlreiche Geschichten von der Entstehung und Entwicklung der Menschheit, auch Geschichten, in denen sogenannte

Außerirdische eine wichtige Rolle spielen. Diese möchten wir hier aber gerne ausblenden, da es zu weit von unserem Thema wegführen würde.

Nun, die Geschichte von Atlantis war lang und ereignisreich, und sie führte die Menschheit in eine immer tiefere Dichte. Euer spirituelles Wissen war groß, eure seelische Reife jedoch noch unterentwickelt. Ihr begannt mit einem Matriarchat, jedoch hatte sich in der Psyche der Männer so viel Wut angesammelt, dass sie – zunächst unbewusst, später immer bewusster – auf Rache sannen und sich regelrecht verschworen, um eine grundlegende Veränderung herbeizuführen. Sie begannen ihren heimlichen Feldzug damit, dass sie den Frauen einredeten, körperlich schwach und schutzbedürftig zu sein. Jede Frau benötige einen persönlichen Beschützer, ließen sie als Nächstes verbreiten. Auf diesem Wege führten sie die Ehe in der Form der Monogamie ein. Nach und nach ergab sich hieraus dann fast wie von selbst die Abwertung des Weiblichen und der Frau. Sie wurde zum Besitztum ihres Ehemannes. Die einzige Möglichkeit für Frauen, ein relativ freies Leben zu führen, war die Entscheidung, Priesterin zu werden. Doch auch im Bereich der Tempel hatten zuletzt die Männer das Sagen. Sie wiesen den Priesterinnen nur noch sekundäre, dienende Funktionen zu. Als auch Atlantis unterging, fielen die Überlebenden hinunter in die dritte Dimension. Nur einige Wenige verblieben in der fünften Dimension und leben bis heute weiter, so der letzte König von Atlantis, der euch Heutigen als Thot bekannt ist, so auch einige andere, die zu den Göttinnen und Göttern des Alten Ägypten zählen. Sie brachten vor vielen tausend Jahren den dortigen Fellachen einiges von der atlantischen Kultur mit. Was nun die Unterdrückung der Frau und die Abwertung des Weiblichen im Patriarchat betrifft, all die grausamen Verletzungen, so ist dies sattsam bekannt und wir brauchen es nicht nachzuzeichnen. Ihr alle aber tragt die Wunden des Männlichen genauso wie die Wunden des Weiblichen in eurem Emotionalkörper, und es sind nicht nur die Wunden der „Opfer" – es sind auch die Wunden, die ihr euch selbst als „Täter" zugefügt habt, indem ihr andere abwertet, unterdrücktet, ausbeutetet, foltertet, vergewaltigtet, ermordetet...

Ja, so hat eure menschliche Erfahrung euch fortlaufend das Ungleichgewicht beschert, das ihr brauchtet, um in der physischen Dichte anzukommen, in der eure Körper sich heute befinden. Jetzt aber ist die gesamte Erde im Aufstieg zur fünften Dimension hin begriffen und ihr und wir alle mit ihr. Die Erde möchte gerne alle Wesen, die auf ihr leben, in ihre neue Freiheit mitnehmen. Es gab noch vor einigen Jahren Vorhersagen, die beinhalteten, dass bis zum Zeitpunkt des Aufstiegs, der landläufig für die Wintersonnenwende 2012 erwartet wird, die Mehrheit der Menschheit diesen Planeten verlassen haben würde. Dies ist nicht eingetroffen –

dank der geduldigen Arbeit von euch inzwischen Millionen von Erwachenden, die ihr beharrlich durch eure Prozesse gegangen seid und geht, Heilarbeit an euch selbst leistend und Seelenanteile integrierend, euch selbst balancierend. Diese eure Arbeit kann gar nicht hoch genug geschätzt werden! Wir Bäume danken euch innigst dafür!

Und nun wollen wir uns unserem eigentlichen Thema zuwenden: der Heilung eurer menschlichen unbalancierten Emotionalkörper. Dieser Exkurs war aber als Voraussetzung unbedingt notwendig, damit die Tragweite und die Tiefe eurer inneren Verletzungen offenbar werden konnte.

Die Tassilolinde

Beginnen wir mit den Erfahrungen der jetzt erwachenden Menschen. Die meisten von euch gehen den neuen Heilungsweg schon seit Jahren oder sogar Jahrzehnten. Das Ungleichgewicht zwischen den männlichen und weiblichen Energien habt ihr normalerweise schon aus früheren Existenzen mitgebracht, aber selbstverständlich gab es im gegenwärtigen Leben zusätzliche Erfahrungen und Prägungen, besonders in der frühen Kindheit, als ihr auf „unbewusste" Weise die Beziehungen zwischen euren Eltern wahrgenommen habt. Wir setzen „unbewusst" in Anführungszeichen, denn in Wahrheit wart ihr als Säuglinge und Kleinkinder auf eine ganz besondere Weise wach und bewusst, gerade in den frühen Lebenszeiten, als ihr noch nicht sprechen konntet. Ihr habt die spezifischen Beziehungen zwischen euren Eltern geradezu wörtlich mit der Muttermilch aufgenommen! Und das mehr oder weniger ausgeprägte Ungleichgewicht in diesen Beziehungen hat euch zutiefst mit geprägt.

Das innere Ungleichgewicht eurer männlichen und weiblichen Energien stammt also einerseits aus früheren Existenzen und andererseits aus eurer frühen Kindheit. Das bedeutet, dass ihr euch erst im späteren Verlaufe eures jetzigen Lebens dieser Imbalance bewusst geworden seid. Ihr habt dann auf unterschiedliche Weisen mit euren Energien gearbeitet, habt alles Mögliche ausprobiert. Wir möchten euch für eure weitere Arbeit damit besonders zwei Methoden empfehlen:

1. den inneren Dialog
2, das Fließen lassen von Energien über den weichen Atem

Der innere Dialog kann besonders dann sehr nützlich sein, wenn ihr euch bewusst machen möchtet, was eure Anteile denken und fühlen und wie sie miteinander interagieren. Sprechen sie liebevoll miteinander? Dann seid ihr auf dem besten Wege zur inneren Versöhnung und zum inneren Energieausgleich. Beschimpfen sie sich gegenseitig, streiten sie, machen sie sich Vorwürfe? Dann kann auch euer weiseres höheres Ich eingreifen und sie dahin führen, dass sie sich gegenseitig anhören, Verständnis füreinander aufzubringen lernen, den Standpunkt des anderen gelten lassen. Ja, eure inneren Energien haben ein Bewusstsein und benehmen sich häufig wie sehr „unvernünftige" Personen, besonders dann, wenn sie mit starken „negativen" Emotionen geladen sind, was bei sich streitenden Energien ja der Fall ist. Hilfreich ist es in diesem Zusammenhang, wenn ihr solche inneren Gespräche auch aufschreibt, denn dann könnt ihr einerseits im Nachhinein die Entwicklung verfolgen, andererseits entlädt sich psychische Energie auch beim Aufschreiben, was für sich schon entlastend wirkt.

Ergänzend könnt ihr dann eure Energien mit dem weichen Atem fließen lassen, beziehungsweise überhaupt erst in den Fluss bringen. Der weiche Atem ist keine „Technik", sondern einfach eine Art, euren Atem ganz natürlich fließen zu lassen, während ihr immer tiefer in euren Körper hineinsinkt und dabei die Liebe eurer Seele, der Erde und des Universums annehmt. Es ist SO viel Liebe für jeden von euch da! Wenn ihr eure widerstreitenden Energien in dieser Liebe baden lasst, kommen sie ganz von selbst und auf ganz natürliche Weise in Fluss und in die Versöhnung mit sich selbst und untereinander. Ja, eure männlichen und weiblichen Energien sind nicht nur miteinander im Clinch, sondern auch fast immer mit sich selbst! Sie verurteilen nämlich sich selbst für Dinge, die sie in früheren Leben anderen angetan haben, und sie haben auch Angst, im jetzigen Leben erneut andere Menschen auf die eine oder andere Weise zu missbrauchen. Deshalb fürchten sich sowohl die männlichen als auch die weiblichen Energien normalerweise sehr vor ihrer eigenen Kraft! Auf dem Wege nun über den weichen Atem erfahren die Energien ihre eigene Kraft als eine liebevolle und göttliche Stärke und lernen allmählich, diese zu akzeptieren – bei sich selbst und bei der „gegengleichen" Energie. Mit „gegengleich" meinen wir die „andersgeschlechtliche" Energie. Wir prägen diesen Ausdruck, um zu verdeutlichen, dass für die weibliche Energie die männliche einerseits ein Gegenspieler ist, die beiden Energien aber andererseits gleich, also EINS sind, aus der EINEN göttlichen Quelle hervorgegangen. Dasselbe gilt für die weibliche Energie aus der Perspektive der männlichen.

Der Ginkgo

Ihr wollt wissen, wie ihr erkennen könnt, dass ihr Fortschritte im Prozess des Ausgleichs der Energien macht? Nun, alles in eurem Inneren fühlt sich viel friedvoller an, Freude kommt auf, wo zuvor Angst, Niedergeschlagenheit und Mutlosigkeit herrschten, Zuversicht wird zum vorherrschenden Lebensgefühl. Auch in euren Beziehungen zum anderen Geschlecht im Außen werdet ihr mit der Zeit erfreuliche Auswirkungen erleben. Bestehende Partnerbeziehungen werden immer harmonischer, wirklich liebevolle neue Beziehungen können aufgenommen werden... Kollateral zu diesem Prozess der Ausbalancierung der männlichen und weiblichen Energien werdet ihr natürlich, ebenfalls über den weichen Atem und gegebenenfalls flankiert von aufgeschriebenen inneren Gesprächen, nach und nach immer mehr abgespaltene Seelenanteile integrieren, was konkret bedeutet, dass ihr sie zurück in eure Seele fließen lasst. Hierüber wollen wir noch gesondert und ausführlicher im nächsten Kapitel mit euch sprechen.

Buche, Tassilolinde, Ginkgo

Gibt es für euch ein **Ziel** dieses Prozesses der Balancierung der männlichen und weiblichen Energien im eigenen Inneren? Nun, der Weg geht über die immer bessere Zusammenarbeit dieser Energien beim Erschaffen eures Lebens, beim Einbringen eures ganz persönlichen Potenzials, beim Leben eurer ganz persönlichen Bestimmung. Wir möchten dies gleich noch etwas näher erläutern. Das „Ziel" aber ist, dass ihr wieder ein voll bewusster „Menschenengel" seid, der einen männlichen oder weiblichen Körper hat und in sich selbst EINS ist. Der Tiefenpsychologe Carl Gustav Jung und andere sprachen in diesem Zusammenhang von der „Heiligen Hochzeit", auch „Kymische Hochzeit" geheißen, was sich auf die vollkommene Vereinigung, ja, Verschmelzung all eurer männlichen und weiblichen Energien bezieht. Aus unserer Sicht ist diese „Hochzeit" kein einmaliges Ereignis, sondern ein fortlaufender, sich immer mehr vertiefender Prozess, in dessen Verlauf ihr immer mehr ganz und heiler werdet.

Nun noch ein paar Worte zum Thema Kooperation, Zusammenwirken der männlichen und weiblichen Energien: Euch ist bekannt, dass der göttlichen weiblichen Energie das Empfangen, Gebären und Nähren eignet, der göttlichen männlichen Energie aber das Zeugen, Handeln und Schützen. Ja, durchaus auch das Schützen, nicht aber das Kämpfen, welches ein Merkmal der männlichen Energie in der Dualität der dritten Dimension war und teilweise noch ist. Die weibliche Energie wird manchmal auch als die passive bezeichnet, die männliche als die aktive. Beide Seiten werden gebraucht, jede zu ihrer Zeit und im fruchtbaren Wechsel mit dem Einsatz der anderen! Im Anfang eines jeden Schöpfungsprozesses steht IMMER die Empfängnis, das Empfangen. Auf der physisch-körperlichen Ebene ist das offensichtlich, auf der Ebene des bewussten Erschaffens eurer Lebensumstände ist es wahrscheinlich nicht für euch alle sofort ersichtlich. Aber es ist eine Tatsache, dass auch zu Beginn des Erschaffens einer bestimmten Lebensqualität oder einer bestimmten materiellen Sache das Empfangen einer Energie, eines Potenzials, steht. Die Qualität dieses Potenzials, das positive Gefühl, das es in euch hervorruft, könnt ihr über den weichen Atem aufnehmen und durch euren Körper in die Erde fließen lassen, wie die junge Meisterin Lea Hamann[4] erklärt hat. Wir kennen den Schöpfungsweg, den sie lehrt, sehr gut, denn sie hat ihn von ihrer Seele empfangen, und diese befindet sich in einer engen Verbindung mit uns, ebenso wie die Seele unseres Kanals Ines. Wenn ihr die Energie des betreffenden Potenzials losgelassen habt, wirkt es wie ein Same, den ihr in die Erde eingebracht habt, und anschließend dürft ihr auf die Zeichen achten, die das Leben euch auch im Außen darbietet. Genau dann könnt ihr zum gegebenen Zeitpunkt eure aktive männliche Energie einsetzen und zu den notwendigen Handlungen übergehen, die euer jeweiliges Projekt auf den Weg bringen. Ihr seht schon: Weibliches Empfangen und männliches Aktivwerden gehören zusammen und bedingen sich gegenseitig! Die Zusammenarbeit der beiden Energien aber wird sich in dem Maße verbessern und immer weiter optimieren, wie ihr in die innere Versöhnung und den inneren Frieden hineingeht.

Die Tassilolinde

Noch eine Anmerkung zum Abschluss dieses Kapitels: Der Weg, den wir hier aufzeigen, ist für die meisten von euch durchaus herausfordernd und teilweise auch langwierig, denn der Weg in die zuletzt erreichte niedrige Schwingung hinein war ja ebenfalls sehr lang... bei manchen von euch verlief er über tausend und mehr Inkarnationen. Wenn ihr nun im Verlaufe eines einzigen Lebens zahllose alte Wunden heilen lasst, wie ihr das gerade tut, dann ist das eine grandiose „Leistung", um einmal eines der liebsten Wörter des 20. Jahrhunderts zu verwenden.

Gerade weil ihr aber in diesem Leben in solche tiefen Heilungsprozesse hineingeht, tut ihr gut daran, sehr viel Geduld mit euch selbst zu haben – ihr habt das Recht, euch die Zeit zu lassen, die ihr braucht, und es gibt keinen Termin, den ihr einzuhalten hättet!

Integration abgespaltener Seelenanteile

Die Tassilolinde

Nun möchten wir, wie schon angekündigt, dazu übergehen, von der Integration abgespaltener Seelenanteile zu sprechen. Die meisten von euch Erwachenden wissen, dass sich Seelenanteile abtrennen, wenn der Mensch eine auf irgendeine Weise belastende, traumatische Erfahrung erlebt. Das menschliche Ich empfindet die Gefühle, die damit verbunden sind, als so unangenehm, dass es sie verdrängen möchte. Träger dieser Gefühle wird dann eben dieser abgespaltene Seelenanteil. Das bedeutet aber nicht, dass die betreffende Erfahrung damit sozusagen abgehakt und erledigt wäre. Im Gegenteil: dadurch, dass ein isolierter Seelenanteil zum Träger des Traumas geworden ist, wirkt dieses auf unbewusster Ebene beständig weiter auf den Menschen ein, und das so lange und über so viele Leben hinweg, bis das auslösende Ereignis angeschaut wird und die damit verbundenen Emotionen gefühlt, angenommen und integriert werden.

Früher nun habt ihr geglaubt, ihr müsstet euch jede einzelne traumatische Situation aus diesem und sämtlichen vergangenen Leben bewusst machen und sie bearbeiten. Als die Schwingung auf der Erde noch niedriger war, ist dies vielleicht wirklich notwendig gewesen. Das Buch „The Journey" von Brandon Bays beschreibt zum Beispiel einen solchen Weg. Bays beschränkt sich allerdings auf das gegenwärtige Leben, aber ihre Methode ist sehr aufwändig. Ja, in früheren Zeiten, und das bezieht sich durchaus auch noch auf die 90er Jahre des 20. Jahrhunderts, musstet ihr richtig arbeiten, um Seelenanteile zu integrieren und „Karma" zu erlösen. Darum brauchtet ihr auch immer und immer wieder ein weiteres Leben, weil ihr mehr oder weniger langsam vorwärtskamt. Heute genügen oft einfach ein paar weiche Atemzüge und eine ganze Gruppe von Anteilen kann in die Seele zurückkehren. Es ist auch nicht mehr notwendig, dass ihr die konkreten Geschichten kennt, die zur Abspaltung bestimmter Anteile führten. Es genügt, wenn ihr diese mitsamt den Gefühlen wahrnehmt, mit denen sie geladen sind, ihnen liebevolle Wertschätzung zukommen lasst, und dann dürfen sie gehen. Noch deutlicher ausgedrückt: Das „Anschauen" heißt nicht mehr, dass die konkreten Geschichten bekannt sein müssen, es heißt nur noch, dass ihr euch der Anwesenheit bestimmter Anteile und ihrer Gefühle bewusst seid. Manchmal nehmt ihr in diesem Zusammenhang dann spontan eine alte Geschichte oder Situation wahr – das hat dann auch seinen Sinn. Aber ihr solltet nicht an diesen Geschichten kleben bleiben, sie nicht überbewerten, euch vor allen Dingen nicht mit ihnen identifizieren. Diese Nichtidentifikation ist ohnehin eine sehr bedeutsame Aufforderung an euch. Normalerweise neigt ihr ja ganz stark dazu, euch mit euren Seelenanteilen und deren Emotionen zu identifizieren. Bei „normalen" Menschen ist dies sogar die Regel, ohne dass sie sich dessen bewusst sind. Tatsächlich aber seid ihr nicht eure Anteile, sondern geistige Wesen, die eine physische Erfahrung auf der Erde durchleben.

Der Ginkgo

Genau so ist es. Wir schlagen vor, dass wir jetzt Ines' Erlebnis von gestern abend schildern dürfen, denn es gibt ein schönes Beispiel ab, wie die Integration eines schwierigen Anteils ablaufen kann. Gestern in der Schöpfersitzung[5] mit G. erlebte sie Folgendes: Schon bevor sie ihren Schöpfungsraum eröffnete, hatte sie das Gefühl, dass sie einem problematischen Anteil begegnen würde. Im Schöpfungsraum nahm sie dann ein purpurrotes Licht wahr und eine Gestalt, die auf einem Thron saß. Sie war in einen ebenfalls purpurroten Mantel mit Hermelinbesatz gehüllt – wie ein König oder eine Königin. Das Gesicht war nicht zu erkennen und auch nicht, ob die Gestalt männlich oder weiblich war. Ihr Anblick erfüllte Ines mit Unbehagen. Bald glaubte sie, in ihr den TOD zu erkennen, und kalte Schauder liefen ihr über den ganzen Körper. G. meinte aber, der Tod rufe keine Schauder hervor, sondern ein neutrales Gefühl von „so ist es"; sie sei ihm drei Tage vor dem Tod ihres Vaters begegnet. Ihr sei diese Gestalt in Ines' Schöpfungsraum unheimlich und sie wirke sehr hochmütig. Es sei wohl eher ein Anteil von ihr. Daraufhin erkannte unser Kanal: „Das ist mein Hochmut." Die beiden Partnerinnen merkten dann, dass dieser Anteil Ines überhaupt nicht wohlgesonnen war, dass er sie sogar hasste und versuchte, sie in jeder nur möglichen Weise zu behindern und zu blockieren. G. schlug vor, einfach weiterzuatmen und den Hochmut zurück zur Seele zu schicken. Es sei aber vielleicht angemessen, diesen Anteil trotz allem zu würdigen – irgendwie müsse er Ines ja auch gedient haben, sonst wäre er nicht entstanden. Unser Kanal sagte also in Gedanken zu der Gestalt, dass sie sie für ihre Dienste würdige. Zuvor hatte sie ihr den purpurnen Mantel weggenommen,

22

und darunter war ein giftig gelbes, mickriges Männchen zum Vorschein gekommen. Dieses Männchen löste sich unter ihrem Atmen allmählich auf und verschwand. Als Ines anschließend zu G. sagte, sie frage sich, ob sie jetzt noch hochmütig sei, machte diese sie darauf aufmerksam, dass sie sich noch immer mit dem Anteil identifiziere. Heute nehmen wir Bäume aber diesen Anteil nicht mehr bei ihr wahr. Es ist in der Tat durchaus im Rahmen des Möglichen, dass ihr Anteile nach Hause schickt und euch hinterher immer noch ein wenig mit ihnen identifiziert. Was dann hilft: Erdet euch, indem ihr eure Wurzeln tief in die Erde hinein wachsen lasst und richtet euch gleichzeitig senkrecht aus, zum Himmel hin. Dann kann eure eigene Energie kraftvoll durch euren Körper fließen und ihr spürt besser, wer ihr wirklich seid. Außerdem ist dies eine einfache Methode, um sich im Hier und Jetzt zu zentrieren und zu fokussieren. Eine andere einfache Methode ist, eure Aufmerksamkeit auf eine brennende Kerze zu konzentrieren.

Tassilolinde, Ginkgo, Buche

Nun möchtet ihr wahrscheinlich wissen, welche Arten von abgespaltenen Seelenanteilen es überhaupt gibt. Also, zunächst einmal können wir sie grob unterteilen in solche, die sozusagen bösartig sind – wie der Anteil, von dem wir soeben berichtet haben –, und solche, die es nicht sind. Die schwierigen Anteile sind normalerweise nicht so ohne Weiteres bereit, von sich aus in die Seele zurückzukehren. Wenn ihr ihnen Liebe zukommen lasst, kann es sogar sein, dass sie euch zunächst auslachen und verhöhnen. Sie sind zumeist entstanden in Erfahrungen von Folter, Vergewaltigung, grausamer Hinrichtung... in Lebenszeiten, wo ihr versucht habt, eure Bestimmung zu leben, also das in die Welt zu bringen, was euer ganz persönlicher Beitrag ist. Manche solcher Anteile spalteten sich auch in Kriegserfahrungen ab. Ines' hochmütiger Anteil, der jetzt wieder in der Seele zu Hause und dort einfach nur Kraft ist, entstand zum Beispiel in einem früheren Leben als Feldherr und Eroberer. Die übrigen Anteile, die mehr oder weniger leicht über den weichen Atem zu integrieren sind, spalten sich in herausfordernden Alltagssituationen ab.

Da wir über die schwierigen Anteile schon etwas mehr gesprochen haben, lasst uns zunächst noch bei ihnen bleiben. Wir möchten zunächst die Anteile behandeln, die mit Missbrauch auf verschiedenen Ebenen zu tun haben. Wie einige von euch vielleicht wissen, gibt es in diesem Zusammenhang zwei verschiedene Arten von abgespaltenen Anteilen: das sind zum einen diejenigen, die selbst Missbrauch betreiben, indem sie auf unterschiedlichen Wegen anderen Energie absaugen, und zum anderen diejenigen, die sich für Missbrauch zur Verfügung stellen. Die einen sind Energievampire, die anderen die ewigen „Opfer". Beide Arten von Anteilen sind mit starken Emotionen geladen: die „Täter" mit Gier und oft auch Sadismus, die „Opfer" mit Angst, Wut und dazu Masochismus. Missbrauch gibt es nicht nur auf der physischen, sexuellen Ebene, sondern in hohem Maße auch auf der rein energetischen. Letztendlich ist jeglicher sexueller Missbrauch in erster Linie energetisch: Während des Aktes des sexuellen Missbrauchs stiehlt der Täter seinem Opfer Energie und die masochistischen Anteile geben diese freiwillig ab. Sie geben damit auch die Freiheit und Souveränität des betreffenden Menschen ab, der sich erniedrigt und verNICHTet fühlt. Solche Situationen können sich über Jahre und sogar über Lebenszeiten hinziehen. Sie dauern exakt so lange an, wie der Mensch sich mit diesen seinen Anteilen identifiziert!

Wie konnte solcher „Energievampirismus" entstehen? Im Verlaufe eurer menschlichen Erfahrung seid ihr immer weiter abgekommen von eurer eigenen innewohnenden göttlichen Quelle. Diese ist eine Quelle von unendlicher Fülle und Kraft und Energie, die ihr nicht mehr länger spüren konntet. Ihr fühltet euch abgetrennt von allem und jedem und landetet dabei in einem starken Bewusstsein des Mangels. „Es herrscht Mangel an Energie" war zu eurem grundlegenden Lebensgefühl geworden. „Ich habe nicht genug Energie, um zu überleben", war eure Angst schon als kleiner Säugling auch in der heutigen Inkarnation. „Es herrscht Mangel an Liebe", war die andere Angst. Und so stellten sich Teile von euch von klein auf für andere, zunächst eure Eltern, zur Verfügung, weil sie glaubten, nur auf diesem Wege an deren Liebe zu kommen. Und andere Teile begannen etwas später, überall dort, wo sie hinreichen konnten, anderen Menschen ihre Energie zu stehlen. Ja, jeder von euch trägt BEIDE Arten von Anteilen in sich – individuell verschieden „gemixt". Jeder von euch trägt „Täter"- und „Opfer"-Anteile in sich, und es ist eine einigermaßen bekannte Tatsache bei euch, dass Opfer häufig selbst zu Tätern werden. Erst wenn eure Psyche einen bestimmten Reifegrad erreicht hat und zu Mitgefühl fähig wird – Mitgefühl in allererster Linie mit sich selbst und dann, natürlicherweise daraus hervorgehend, mit anderen – hört ihr auf, anderen Leid zuzufügen, weil ihr aus eigener Erfahrung wisst, wie unangenehm es ist zu leiden...

Die meisten Menschen sind sich dabei der Tatsache des heute noch sehr weit verbreiteten energetischen Missbrauchs gar nicht bewusst. Bei den Menschen, die sich noch im alten Bewusstsein befinden, ist es überhaupt nicht bekannt, dass es so etwas wie energetischen Missbrauch gibt. Viele leugnen ja sogar schlichtweg die Existenz von feinstofflichen Energien, denn diese Vorstellung stimmt mit ihrem traditionellen naturwissenschaftlichen Weltbild nicht überein. Wir führen also gerne Näheres hierzu aus: Grundsätzlich ist ALLES physische Leben eine Manifestation von göttlicher Energie! Und nicht nur alles physische Leben, sondern alles Leben überhaupt. Es gibt lediglich unterschiedliche Grade von Schwingung der Energie, und das bedeutet, unterschiedliche Grade von Dichte. Je niedriger eine Energie schwingt, je geringer also ihre Frequenz ist, desto dichter ist ihr Körper. Die dichtesten Körper, die es je im Universum gab, existieren in der dritten Dimension auf der Erde. Diesen Körpern wohnt eine starke Trägheit inne, und daher machen die Wesenheiten, die sie bewohnen, besonders intensive Gefühlserfahrungen durch. Der Schmerz, die Wut, die Angst, aber auch die FREUDE, die ein Wesen in einem solchen physischen Körper erfahren kann, sind einmalig. Und übrigens, glaubt nicht, dass wir Bäume, wir Pflanzen keinen Schmerz und keine Freude empfinden könnten! Im Gegenteil – wir haben ein sehr ausgeprägtes Gefühlsleben...

Kommen wir nun zu der Erklärung, wie energetischer Missbrauch funktioniert: Dazu gehören immer zwei „Partner" - einer, der es tut, und einer, der es erlaubt. Ja, die Tatsache, dass Anteile da sind, die den Missbrauch erlauben und damit erst ermöglichen, ist den Betroffenen normalerweise überhaupt nicht klar. Sonst könnten sie sich auch nicht mit ihrem Opferbewusstsein identifizieren. Es ist aber real so, dass die „Opferanteile" eine Art Rezeptoren zur Verfügung stellen, um es einmal in der Terminologie eurer Schulmedizin auszudrücken, und an diesen Rezeptoren können die Täterenergien andocken. Gibt es diese Rezeptoren nicht, dann findet auch kein Missbrauch statt, weil ganz einfach die Voraussetzungen dazu fehlen. Ein Mensch also, der sich der Tatsache bewusst ist, dass er energetisch missbraucht wird, tut gut daran, sich um seine Opferanteile zu kümmern, die dem Täter diese Rezeptoren zur Verfügung stellen. Anstatt sich mit der Wut dieser Anteile zu identifizieren und den Täter zu hassen, kann er sich darin üben, die Anteile nach Hause zur Seele zu bringen – was natürlich nicht immer so einfach ist. Letztlich ist es aber nur Übungssache, ein Prozess, und dieser verlangt auch viel Geduld mit euch selbst. Natürlich ist euch nicht damit gedient, wenn ihr eure Wut nun gegen diese kollaborierenden Anteile kehrt. Die wissen es ja nicht besser und tun dies nur aus Angst. Etwas anderes als Angst und Schmerz kennen sie nämlich nicht. Oft aber sind sie mit den fremden Täterenergien so verquickt, verhakt und ineinander verkeilt, dass nichts anderes hilft, als immer wieder bewusst in eure eigene göttliche Präsenz hineinzugehen. Es hilft nicht, die fremden

Energien zu bekämpfen, es hilft allein diese Präsenz. So schwer es auch fallen mag – macht euch immer wieder eure eigene euch innewohnende Kraft bewusst!

Jetzt schlagen wir vor, dass wir uns den anderen Energien zuwenden, die weniger problematisch sind, aber euch doch erheblich behindern können in dem, was ihr eigentlich gerne tun möchtet. Es gibt hier im Wesentlichen drei große Gruppen:

1. die ängstlichen Anteile
2. die Schmerzanteile
3. die wütenden Anteile

Beginnen wir mit den **ängstlichen Anteilen.** Ihr wisst, wie vielfältig eure Ängste sein können. Eigentlich sind es nicht „eure" Ängste, sondern die eurer abgespaltenen Seelenanteile. Viele dieser Seelenanteile sind Babys oder kleine Kinder, die immer noch in traumatischen Situationen aus der frühen Kindheit feststecken: Angst zu verhungern, weil sie nicht immer gleich gefüttert wurden, wenn sie nach Nahrung verlangten. Angst, nicht geliebt zu werden, wie man IST, weil die Eltern straften, wenn das Kind sich anders als nach ihren Wünschen verhielt. Angst vor jeglicher Veränderung, weil das Geburtstrauma nicht geheilt ist – vom warmen, geschützten Halbdunkel im Mutterleib hinein in ein grelles Licht und eine Weite, die als lebensbedrohlich empfunden wurden. Diese drei Gruppen von Anteilen mit ihren menschlichen Urängsten bestimmen auch heute noch die Psyche der allermeisten Menschen. Die Angst zu verhungern ist eine wichtige Quelle des auf diesem Planeten unter euch Menschen noch vorherrschenden Mangelbewusstseins. Die Angst, nicht geliebt zu werden, bringt euch dazu, eure innewohnende FREIHEIT nicht zu leben und euch immens zu verbiegen, um anderen zu gefallen. Die Angst vor Veränderung blockiert alle Schritte, die ihr heute ins Neue gehen wollt...

Dass solche Anteile auch bei erwachenden Menschen noch mehr oder weniger stark ausgeprägt vorhanden sind, ist dabei ganz natürlich, und es ist nicht angebracht, euch selbst dafür zu verurteilen. Gegenüber diesen Anteilen ist vielmehr ganz besonders viel Liebe und Mitgefühl geboten. Diese winzigen Säuglinge und Kleinkinder wollen mit väterlicher und mütterlicher Liebe wahrgenommen sein, wollen in Mitgefühl umfangen sein und mit ganz besonders weichen Atemzügen nach Hause in die Seele begleitet werden. Vor dieser haben sie meist auch noch große Angst, weil sie glauben, sie sei wie ein strafender Elternteil oder, was dasselbe ist, wie ein strafender Gott.

Nun möchten wir noch etwas zu der Angst vor Verletzung sagen, die euch Menschen schon vor langer Zeit dazu gebracht hat, eure Herzen zu verschließen – auch und besonders für die Selbstliebe. Grundsätzlich müssen wir einmal betonen, dass die Selbstliebe die Grundlage für jegliches Mitgefühl, für jegliche Liebe anderen gegenüber ist. Außerdem ist sie die Grundlage dafür, dass ihr Liebe von anderen ANNEHMEN könnt. Das aber ist genau der „springende Punkt": Wer sich selbst nicht liebt, der kann keine Liebe annehmen und der kann auch nicht wirklich Liebe geben! Das, was ihr landläufig in eurem alten Bewusstsein „Liebe" nennt, ist nämlich überhaupt keine wirkliche Liebe. Beziehungen, die auf dem bekannten Satz „Ich brauche dich doch so sehr" basieren, sind in Wahrheit Beziehungen, die auf gegenseitigem energetischen Missbrauch beruhen! „Ich brauche dich" heißt nämlich schlichtweg „Ich brauche deine Energie". „Ich kann ohne dich nicht sein" heißt „Ich habe selbst nicht genug Energie, gib mir deine". Wahre Liebe in einer Partnerschaft ist nur möglich auf der Basis der Selbstliebe beider Partner. Nur wer von sich sagen kann: „Ich stehe für mich selbst in meiner eigenen Kraft", kann auch einen anderen wirklich lieben. Ein Mensch, der in seiner eigenen Kraft präsent ist, „braucht" keinen Partner, um zu überleben. Er weiß und spürt, dass er eigene Energie in Hülle und Fülle zur Verfügung hat, die er mit niemandem zu teilen braucht – es ist alles seins! Und er weiß auch, dass von Natur aus jeder andere Mensch ebenso eigene Energie in Hülle und Fülle zur Verfügung hat, die er mit niemandem zu teilen braucht. Einen solchen Menschen nennen wir einen erwachten Menschen. Partnerbeziehungen in FREIHEIT kann es nur zwischen solchen geben! Dann ist der Partner kein Anhängsel mehr und kein Notstopfen, er wird nicht energetisch ausgebeutet und beutet den anderen nicht energetisch aus. Er ist einfach ein Geschenk, eine zusätzliche Bereicherung in einem reichen Leben. In der alten Energie aber habt ihr viele, viele Erfahrungen durchlaufen, in denen Missbrauch in euren Liebesbeziehungen an der Tagesordnung war. Fortwährender unbewusst praktizierter energetischer Missbrauch geht einher mit ständigen schweren gegenseitigen Verletzungen. Er geht einher mit einem andauernden, ununterbrochenen Kampf zwischen den abgespaltenen Seelenanteilen der beiden Partner. Nach etlichen Leben, in denen ihr solche Erfahrungen machen musstet, habt ihr eure Herzen für die Liebe verschlossen, denn ihr identifiziert „Liebe" mit „Verletzung".

Damit kommen wir zur Behandlung der **Schmerzanteile**. Diese wurden besonders tief verdrängt, weil Schmerz von euch als so unangenehm empfunden wird, dass ihr ihn „weghaben" wollt. Ihr wollt ihn nicht erleben. Aber eure mit all eurem körperlichen und psychischen Schmerz geladenen Anteile sind nicht weg, sie sind nur ausgeblendet. Gerade ihr jetzt erwachenden

Menschen seid immer wieder gefoltert und ermordet worden, wenn ihr versucht habt, etwas von eurer Bestimmung auf die Erde zu bringen. Alle diese Schmerzen sind bis heute nicht nur in eurem Emotionalkörper, sondern auch in eurer DNS und in euren Zellen gespeichert. Und solange ihr sie unterdrückt und ausgeblendet haltet, machen sie eure Körper, eure Psyche und auch euren Geist krank. Heilung kann nur erfolgen, wenn ihr diesen Schmerzanteilen erlaubt, an euer Tagesbewusstsein zu treten. Ihr müsst nicht sämtliche Folter- und gewaltsamen Todeserfahrungen wortwörtlich wieder erleben – das ist unter den Bedingungen der Neuen Energie, die jetzt auf der Erde wirkt, nicht mehr notwendig. Aber ihr müsst den Tränen erlauben zu fließen, müsst der Trauer erlauben zu fließen, müsst einem gewissen Maß an Schmerzen erlauben zu fließen. Ihr müsst die Schmerzanteile liebevoll wahrnehmen und ihnen euer Mitgefühl zukommen lassen, müsst in diesem Zusammenhang Selbstliebe praktizieren. Womit wir noch einmal beim Thema von vorhin wären. „Angst vor Verletzung" und „Selbstliebe". Ein Mensch, der seine Bestimmung lebt, ist in der Liebe, und das bedeutet auch und vor allem: Er ist in der Selbstliebe. Wenn das Gehen des Weges der Seele, das Gehen des Weges der Selbstliebe, aber früher regelmäßig zu Pranger, Folter und gewaltsamem Tod führte, dann ist wohl ersichtlich, dass ihr, beziehungsweise die betroffenen Anteile, irgendwann den Schluss zogt, dass Selbstliebe zu schwerem Leiden führe. Einige Anteile, diejenigen, die wir die „schwierigen" nannten, gingen demzufolge sogar zum Selbsthass über. Andere zogen den Schluss, dass Leben immer Leiden bedeute. Andere wieder bewirkten, dass sich euer Herz euch selbst und anderen gegenüber verschloss – ihr wart nur noch zu „Ich-brauche-dich"-Beziehungen fähig. Solche Beziehungen sind übrigens sehr emotionsgeladen und führen manchmal sogar zu Mord und Totschlag...

Wenn sich also euer Herz euch selbst gegenüber verschließt, dann lasst ihr den ganzen alten Schmerz nicht mehr an euch heran und hofft zugleich, neuem Schmerz, neuen Verletzungen aus dem Wege zu gehen. Selbstliebe bedeutet nicht zuletzt, dass ihr euer Herz für eure Schmerzanteile öffnet. Mitgefühl mit euch selbst ist, was ihr zuallererst braucht! Entwickelt Mitgefühl mit dem Menschen, der ihr einmal wart, und entwickelt Mitgefühl mit dem Menschen, der ihr gerade seid. Wir meinen hier eure rein menschliche Seite, euer Menschenich. Eure göttliche Seite hat Mitgefühl nicht nötig, denn sie IST pure Selbstliebe. Hier möchten wir noch einmal darauf hinweisen, dass es in diesem Prozess allerdings nicht angebracht ist, euch mit euren Schmerzanteilen zu identifizieren. Es ist nicht angebracht zu glauben, dass das, was euch im Innersten und im Höchsten ausmacht, diese Anteile seien. Eure rein menschliche Seite, euer

Menschenich, besteht übrigens aus mehreren Teilen: dem physischen Körper, dem Ego, dem Verstand und den emotionsgeladenen abgespaltenen Seelenanteilen.

Lasst uns jetzt noch über die **wütenden Anteile** sprechen. Sie sind mit den Schmerzanteilen eng verbunden, denn hinter allem Schmerz verborgen ist immer, immer, immer eine immense Wut! Wut des „Opfers" auf den oder die „Täter" nämlich, die ihm solche Schmerzen angetan haben. Und solange ihr diese Wut nicht als reine Energie ins Fließen bringt, macht sie immer wieder neu aus „Opfern" „Täter", die anderen unter Umständen genau das antun, was ihnen selbst einmal angetan wurde. So pflanzt sich zum Beispiel sexueller und energetischer Missbrauch in Familien von Generation zu Generation fort.

Wir sagten, dass Wut reine Energie ist. Ein jedes Gefühl ist Energie. Wenn ihr es fließen lasst, erhaltet ihr Zugang zu eurer eigenen euch innewohnenden tiefen Kraft. Die Wut, der Zorn, ist nun eine besonders starke Energie. Ihr wisst wahrscheinlich selbst, dass jemand im Zorn auch körperlich große Kräfte entwickeln kann. Ebenso können, wenn Zorn auf künstlerischem Wege, zum Beispiel beim Malen, ausagiert wird, wundervolle Werke entstehen. Wenn ihr aber diese Emotion einfach fließen lasst, dann setzt ihr dadurch eine unglaublich wunderbare Kreativität frei. Außerdem setzt ihr insgesamt eure eigene Lebenskraft frei; es ist, als hättet ihr ein belebendes Elixier eingenommen. Probiert es einmal aus! Manche von euch Erwachenden haben zum Beispiel aus vergangenen und auch aus diesem Leben immer noch einen riesigen „heiligen Zorn" auf die katholische Kirche im Bauch. Ja, genau im Unterbauch. Wie wäre es, wenn ihr diesen einmal fließen lassen würdet, statt dass ihr ihm erlaubt, sich in Ärger, Ironie und Gift zu verwandeln? Eure Leber wird es euch danken! Woran aber könnt ihr es merken, dass eine Emotion im Fluss ist? Nicht jeder ist in der Lage, das Fließen von Energien auch körperlich wahrzunehmen, obwohl es Menschen gibt, die dies sehr stark erleben. Zunächst einmal: Fragt uns nicht, wie man das „macht", dieses „Energien ins Fließen bringen". Ihr könnt es nämlich nicht „machen", sondern lediglich GESCHEHEN LASSEN. Also, woran erkennt ihr, dass ein Gefühl im Fluss ist und nicht feststeckt? Ganz einfach: Wenn ihr es nicht auf körperlicher Ebene erfahrt, dann erfahrt ihr es auf jeden Fall eben im GEFÜHL. Eine Emotion, die blockiert ist, die feststeckt, fühlt sich sehr unangenehm an. Eine Emotion, die fließt, hingegen fühlt sich warm und liebevoll an, sie tut euch gut. Sie tut euch sogar umso besser, je stärker sie ist! Wir möchten euch dazu ermutigen, es einfach auszuprobieren.

Religion und Spiritualität

Der Ginkgo

Unser Kanal Ines fand neulich auf Facebook ein bemerkenswertes Zitat, das wir gerne aufgreifen möchten. Eine Autorin schreibt, es würden Zeiten kommen, wo es als Schande angesehen würde, krank zu sein. Sie meint damit offenbar, dass das Wissen über die psychischen Ursachen von Krankheit demnächst zum Allgemeingut werden wird und dass dann diejenigen quasi geächtet werden, die so „unspirituell" sind, dass sie krank werden. Tatsache ist aber: Ein wirklich spiritueller Mensch wird niemals jemanden ächten, der noch unbewusst lebt. Er wird vielmehr den Weg des anderen respektieren, achten und ehren, wird noch nicht einmal versuchen, ihn zum eigenen Weg zu „bekehren". Also, wir schlagen aus diesem Anlass jetzt vor, dass wir in diesem Kapitel über Religion und über Spiritualität sprechen. Mit Heilung hat dieses Thema sehr, sehr, sehr viel zu tun, auch wenn euer Verstand das vielleicht nicht sofort einsehen mag.

Beginnen wir bei euren alten Religionen und der Spiritualität... Diejenigen Menschen, die diesen Religionen noch anhängen, und das sind einige Milliarden, sind in ihrer Mehrheit der Überzeugung, dass es Spiritualität außerhalb ihrer jeweiligen Gemeinschaft überhaupt nicht geben könne. Mehr noch, die meisten von ihnen sind außerdem der Überzeugung, dass ihre eigene Gemeinschaft im Besitze der einzig wahren Wahrheit, der einzig „richtigen" Spiritualität sei. Dass sich diese einzig wahren Wahrheiten manchmal gegenseitig aufheben, hat unser Kanal Ines schon vor langem bemerkt. Sie scheinen sich ja oft direkt zu widersprechen. Besonders intolerant sind in diesem Zusammenhang die drei monotheistischen Religionen. Die Mitglieder aller dieser Religionen und ihrer Konfessionen und Sekten betrachten sich als Auserwählte Gottes. Die Muslime nennen alle anderen die „Ungläubigen", die Christen sprachen vor nicht allzu langer Zeit noch von „Heiden", die Juden sehen sich selbst als Gottes „Auserwähltes Volk" an. In der katholischen Kirche gibt es sogar nur einen einzigen Mann, den Papst, der angeblich von Gott auserwählt ist, als Einziger vom Heiligen Geist die Wahrheit zu erfahren. Es wird ihm sogar durch ein Dogma Unfehlbarkeit zugeschrieben, wenn er „ex cathedra", also offiziell von seinem Lehrstuhl aus, spricht oder schreibt. Wenn wir es auf den Punkt bringen dürfen: In allen Religionen gibt es bestimmte Autoritäten, die alleinig im Besitz der Wahrheit zu sein behaupten. Sie berufen sich auf heilige oder göttliche Männer und auf heilige, von Gott inspirierte Schriften, in denen ein für allemal und unwiderruflich diese Wahrheit festgelegt worden sein soll. Sie berufen sich auch auf heilige Traditionen, die seit Jahrtausenden so und nicht anders praktiziert wurden und unter keinen Umständen verändert oder gar abgeschafft werden dürfen.

Ja, und was haben nun diese alten Religionen, die allesamt mehr oder weniger deutlich sichtbar mit massiven Machtstrukturen verbunden sind, mit „Krankheit" zu tun? Sehr, sehr, sehr viel, behaupten wir. Diese Religionen – und wir schließen hier durchaus auch den Hinduismus und den Buddhismus in ihren volksreligiösen Formen mit ein – haben schon vor Jahrtausenden die Menschen dazu gebracht, ihre eigene Macht und innere Kraft an andere abzugeben. Manche Menschen sehen dies heute durchaus recht klar. Was den meisten, auch vielen Erwachenden, aber nicht bekannt ist: Die Religionen setzten damit fort, was in den Endzeiten von Atlantis schon begonnen wurde: die Versklavung der Seelen. Das Experiment von Atlantis endete nämlich in einer Diktatur von wenigen unermesslich reichen und langlebigen Sklavenhaltern aus einer Priesterkaste, die eine Mehrheit von besitzlosen und kurzlebigen Underdogs brutal unterdrückte und ausbeutete. Und das auf der Basis genau dieser Versklavung der Seelen, wie wir es vorhin formulierten. Es wurden damals spirituelle Methoden der Unterdrückung der Seelen eingesetzt, die später in Vergessenheit gerieten. Eigentlich ist das spirituelle Diktat der religiösen Machthaber in der heutigen Zeit sogar nur noch ein relativ sanfter „Abklatsch" von dem, was damals praktiziert wurde. Wir Bäume haben diese grausamen Zeiten sehr intensiv mit euch zusammen miterlebt. Also, von „Versklavung der Seelen" könnte man mit Bezug auf die späteren Religionen durchaus immer noch sprechen. Wenden wir uns der Einfachheit halber jetzt einmal dem Christentum zu, und zwar in allen seinen zahllosen Varianten. Gemeinsam ist ihnen allen, dass sie Jesus Christus zum alleinigen Gottessohn erklären, zum einzigen „Gottmenschen", zur einzigen jemals dagewesenen Inkarnation des Göttlichen. Zwar nennen sich die Christen „Kinder Gottes", aber im Zweifelsfalle klopfen sie sich an die Brust und bezeichnen sich selbst als unwürdige Sünder. Der einzige Mensch ohne Sünde, außer Jesus, soll seine Mutter Maria gewesen sein. Was bedeutet das aber? Jeder Christ gibt seine ihm von Geburt aus eigene Göttlichkeit an Jesus Christus ab, in der katholischen Kirche auch an den Papst, der als der „Stellvertreter Christi auf Erden" gilt. Niemand ist angeblich befugt und in der Lage – dies gilt wiederum besonders für die katholische Lehre – auf direktem Wege, ohne den Umweg über einen Priester/Pfarrer – Verbindung mit Gott aufzunehmen. Wobei Gott nach draußen und nach „oben", in den „Himmel", projiziert wird, ganz zuwider den Worten von Jesus selbst, der immer wieder betonte, dass das „Himmelreich IN euch" sei. Das Göttliche ebenfalls, denn wenn Gott im Himmel wohnt und der Himmel IN euch ist, dann ist auch GOTT in euch... Auf diese Weise macht euch die Religion zu „Sündern", indem sie euch vom Göttlichen IN uns abSONDert – das Wort „Sünde" kommt ja von „absondern" im Sinne von „trennen". Die Religion behauptet, ihr Menschen hättet euch durch schlechte Taten von Gott abgesondert, in Wirklichkeit jedoch ist sie es, die euch zu „Sündern" macht, indem sie euch von klein auf ein Bewusstsein der Trennung von Gott einflößt.

Wir möchten euch gleich genauer erklären, inwiefern dieses durch die Religionen gezielt aufrechterhaltene Trennungsbewusstsein zu Krankheit führt. In der Tat ist es sogar die Basis jeglicher Krankheit! Nun, warum ist das so? Zunächst einmal: Wer sich getrennt von seiner eigenen Kraft fühlt, der ist energielos, denn er nimmt seine eigene ihm innewohnende göttliche Energie nicht mehr wahr. Energielosigkeit führt zu Schlaffheit des Körpers und der Psyche, tendenziell zu Depression. Nicht nur die Muskeln werden schlaff, sondern auch das Knochengerüst und die inneren Organe. Die Energielosigkeit und die Schlaffheit machen die Organe anfällig für Ungleichgewicht, woraus wiederum Krankheit entstehen kann. Auch Sportler, die ihr vielleicht als Gegenbeispiel anführen wollt, können krank werden, wie ihr sicher wisst. Die meisten von ihnen motivieren sich heute auf „mentalem" Wege, was bedeutet, dass sie manchmal einen gewissen Zugang zu ihrer inneren Kraft erreichen, während andere ihren Körper mit „eisernem Willen" zu Höchstleistungen zwingen. Diese letzteren sind anfälliger für Krankheiten aller Art als die erste Gruppe.

Nun weiter: Wer sich getrennt von seiner inneren Kraft fühlt, der ist psychisch im Ungleichgewicht – das leuchtet wohl unmittelbar ein. Psychisches Ungleichgewicht aber führt direkt zu psychischen Störungen, sowie ebenfalls zu körperlichen Krankheiten. Da das psychische Ungleichgewicht bei jedem Menschen andere Gestalt hat, entwickelt jeder seine eigenen Krankheiten in unterschiedlichen Formen und Schweregraden. In diesem Zusammenhang gilt: Wer besonders viele und tiefe Traumata erlebt hat, bei dem ist das Trennungsbewusstsein stärker ausgeprägt als bei Menschen, die weniger oft und weniger schwer verletzt wurden. Auch ist es besonders stark ausgeprägt bei denen, die besonders „religiös" sind – ihr versteht: Die Angst vor Gott ist bei denen größer, die an den „über den Sternen" glauben... Aber auch bei euch Erwachenden ist oft das Trennungsbewusstsein stärker als bei anderen Menschen, besonders wenn sie der Nachkriegsgeneration des 20. Jahrhunderts angehören. Die Erwachenden dieser Generation haben in der Tat besonders viele und tiefe Traumata aus zahlreichen vergangenen Lebenszeiten mitgebracht. Diese Verletzungen haben bewirkt, dass das Vertrauen in die eigene Seele, in die eigene göttliche Kraft zutiefst erschüttert wurde.

Das Vertrauen in die eigene Seele ist aber die Basis von Gesundheit. Ihr könnt es genauso gut „Gottvertrauen"nennen, allerdings nicht in dem Sinne des Vertrauens auf einen Gott, der „irgendwo da oben" haust. Wobei sehr „religiöse" Menschen mit einem starken Glauben – was ja eine Form von Vertrauen ist – durchaus manchmal Heilungswunder erleben können. In unserem Sinne verstandenes Gottvertrauen bringt körperliches und psychisches Ungleichgewicht zurück in die Balance, beziehungsweise in eine neue, vorher so noch gar nicht dagewesene Balance. Gottvertrauen heilt den physischen Körper, den Mentalkörper und den Emotionalkörper. Das ist eine ganz einfache Grundformel, und sie funktioniert IMMER! Dabei steht auch immer die Selbstliebe in einem engen Zusammenhang mit dem Vertrauen in das Göttliche. Selbstliebe hat nämlich nicht das Geringste mit Egoismus zu tun. Selbstliebe ist vielmehr die Liebe zur eigenen Essenz, zur eigenen göttlichen Seele, zu dem, was Du Wirklich Bist. Damit ist die **Selbstliebe die höchste Form der Spiritualität** überhaupt. Und: Selbstliebe beinhaltet Mitgefühl. Mitgefühl mit dem eigenen kleinen Menschenich vor allen Dingen, und auf dieser Grundlage auch Mitgefühl mit anderen Menschen und überhaupt mit allen „fühlenden Wesen", wie die Buddhisten sich ausdrücken. Ohne Selbstliebe keine echte Liebe zu anderen! Denn was ihr „Liebe" nennt, ist in letzter Instanz Missbrauchs-Beziehung, wenn dabei die Selbstliebe der Partner fehlt – wir sprachen schon davon. Ihr sollt übrigens diese letzten Worte, die vielleicht hart in euren Ohren klingen, nicht als Verurteilung interpretieren. Es ist einfach eine Tatsachenfeststellung ohne Wertung von unserer Seite. Nun, wie genau hängen Selbstliebe und Gottvertrauen zusammen? Wahre Liebe geht immer mit unerschütterlichem Vertrauen einher. Wer seine göttliche Seele liebt, der vertraut ihr ohne jedes Wenn und Aber. Wer Mitgefühl mit sich selbst hat, echtes, tiefes Mitgefühl, der vertraut ohne Wenn und Aber auf das Göttliche, der ist in Verbindung mit ihm. Daher besitzt die Energie der Selbstliebe auch eine sehr, sehr hohe heilende Kraft. Wer sich selbst wirklich liebt und danach auch handelt, der heilt zutiefst an Körper, Psyche und Geist und bleibt in einem grundlegenden Gleichgewicht, sodass er hernach nie wieder „krank" wird.

Nun zu einem weiteren Thema: Diejenigen Religionen, die den Glauben an einen Gott oder an Götter beinhalten, messen der **Hingabe** der Gläubigen an dieses Höhere Wesen große

Bedeutung zu. Nun fragt ihr vielleicht, ob man sich auch der eigenen Höheren Seele hingeben kann, und wenn ja, ob dies ebenfalls heilsam ist. O ja, man kann sich seiner göttlichen Seele hingeben. Diese Form von Hingabe ist sogar die eigentlich gemeinte. Nicht die Hingabe an ein außerhalb von euch gewähntes höheres Wesen bringt euch wirkliche Heilung, sondern genau diese Hingabe an eure eigene Essenz. Warum: Eure eigene Essenz ist niemals getrennt von der Göttlichen Quelle selbst. Eure eigene Essenz ist unteilbar zugehörig zu dieser Quelle. Gebt ihr euch dieser Essenz hin, so gebt ihr euch zugleich dem Göttlichen hin. Die alten Religionen propagieren also letztlich eine Form von Hingabe, die vom Eigentlichen ablenkt und wegführt. Und dies tun sie, um die Macht ihrer Geistlichen und deren Interessen zu zementieren, nicht um die Spiritualität ihrer Gläubigen zu befördern. Diese religiösen Machthaber wollen keine „mündigen Christen", auch wenn sie das manchmal behaupten. Sie wünschen, dass die Menschen sich selbst als getrennt von Gott erfahren, denn solange sie sich so erfahren, sind sie innerlich nicht frei und können beliebig gelenkt werden. Wer sich einem Gott hingibt, der irgendwo fern „oben im Himmel wohnt", der folgt auch seinem Papst, der für sich beansprucht, als Einziger sich mit ihm verbinden zu dürfen. Übrigens, in der katholischen Kirche sind die hierarchischen Machtstrukturen immer noch besonders stark ausgeprägt, aber in den protestantischen Glaubensgemeinschaften soll jeder „sein eigener Papst" sein dürfen, der sich eigenständig mit dem biblischen Wort Gottes verbinden darf. Wo aber hier der „Hase im Pfeffer liegt": Grundlage auch des protestantischen Glaubens ist eben diese Bibel, die allen Christen als ein für allemal offenbartes Gotteswort gilt. Sobald ein Mensch nun beginnt, sich selbst direkt und nicht auf dem Umweg über das heilige Buch mit Gott zu verbinden, und zwar in seinem eigenen Inneren, wird er aus der Glaubensgemeinschaft ausgegrenzt, da könnt ihr sicher sein. Wer nun gar behauptet, dass er Botschaften von Gott in seinem Inneren empfängt, der gilt als „Esoteriker", und das ist sozusagen das heutige Wort für „Ketzer". Allerdings gibt es, zumindest in der westlichen Welt, keine Scheiterhaufen mehr, auf denen diese Esoteriker verbrannt würden...

Ich möchte nun noch einmal auf unsere beiden grundlegenden Aussagen in diesem Kapitel zurückkommen:

1. Gottvertrauen in Form von Selbstliebe ist die Basis von Gesundheit
2. Trennungsbewusstsein ist die Basis von Krankheit

Ihr wisst, dass die genannte Form von Gottvertrauen in der Menschheit noch ein recht schwach entwickeltes Flämmchen ist, das dringend Nahrung braucht. Jeder einzelne erwachende Mensch, der dieses Flämmchen nährt, trägt dazu bei, dass es zu einem alles Alte und Überholte verzehrenden allumfassenden Feuer wird! Nur eine Menschheit, die eine Gemeinschaft von heilen, in innerer Balance befindlichen Wesen ist, kann auf Dauer die neue Welt, die neue Gesellschaft, die neue Ökonomie errichten. Jeder Einzelne von euch, der oder die sich auf den Weg der Selbstliebe begibt, steuert ein Puzzleteil zu dieser neuen Welt bei. Eure Gesundheit, so verstanden, euer Heil-Sein also, ist die Voraussetzung für den Aufbau einer Gesellschaft, die auf friedlichem Zusammenleben beruht. Friede auf der Grundlage von innerem Gleichgewicht und Verbindung mit der eigenen Seele, Friede im Inneren jedes einzelnen Individuums ist vonnöten, damit eine solche Gesellschaft Bestand haben kann. Eure alte Gesellschaft befindet sich in einem tiefen Ungleichgewicht auf allen Ebenen – sie ist „krank", weil sie auf dem alten, überholten Trennungsbewusstsein beruht. Hierzu möchten wir bald noch einiges mehr sagen.

Zum Abschluss dieses Kapitels möchten wir noch einmal über den Zorn mancher Erwachenden auf die alten Religionen sprechen. Zunächst einmal lasst uns fragen, woher dieser Zorn eigentlich kommt. Die Erfahrungen, die ihr Erwachenden im gegenwärtigen Leben mit den Religionen gemacht habt und macht, reichen nämlich nicht aus, um ihm auf den Grund zu gehen. Nein, im Gegenteil, diese Erfahrungen reaktivieren lediglich viel ältere Erfahrungen, die ihr in verschiedenen früheren Leben durchgemacht habt. Im speziellen Falle der christlichen und katholischen Kirche sind es in aller Regel Erlebnisse der gewaltsamen Tötung nach vorheriger Folter – entweder als „Ketzer" oder als „Hexe". Das ist das eine. Das andere aber ist, dass ihr, dieselben Menschen, die als „Opfer" auf dem Scheiterhaufen im Rauch erstickten, bevor ihre Körper verbrannten, in anderen, manchmal sogar parallel ablaufenden Inkarnationen auf der Seite der „Täter" zu finden wart, also genau als die fanatischen Kirchenmänner, die die „Ketzer" und „Hexen" verfolgten. In eurer unbewussten Psyche und in euren Zellen sind aus diesen Leben tiefe Schuldgefühle gespeichert und eine riesige Wut auf die Institution, der ihr damals so blind gefolgt seid.

Des Weiteren: Eure Wut auf eine „falsche" Spiritualität, eine Spiritualität, die Glaubenssätze vorschreibt und andere erniedrigt, anstatt sie zu ihrer eigenen Seele zu führen, ist noch viel älter. Sie hat ihre Quelle schon in der atlantischen Erfahrung! Damals gab es einige wenige Menschen, die sich selbst in einer sehr extremen Weise über alle anderen stellten, diesen unter Missbrauch ihres spirituellen Wissens ihre Identität raubten und sie vom Kontakt zu ihrer inneren göttlichen Quelle abschnitten. Auf diese Weise versklavten sie sie in einem Maße, das heute kaum noch vorstellbar ist. Ihr nun, die ihr heute erwacht, wart in dieser atlantischen Vergangenheit ebenfalls schon auf beiden Seiten zu finden: Ihr habt sowohl erfahren, wie es ist, in extremer Form energetisch missbraucht zu werden als auch andere zu missbrauchen.

Wie könnt ihr nun mit dieser komplexen Vergangenheit umgehen und sie heilen? Selbstverständlich indem ihr die Anteile heilen und zu eurer Seele zurückkehren lasst, die in den damaligen Erfahrungen durch Abspaltung entstanden... Wir möchten euch in diesem Zusammenhang an die Übung erinnern, die wir euch in unserem ersten Buch mit diesem Kanal gegeben haben[6]: Ihr setzt euch zunächst aufrecht hin und lasst euren Atem weich fließen, lasst euch immer tiefer in euren Körper sinken. Anschließend erlaubt ihr euren feinstofflichen Wurzeln, ganz tief in die Erde hinein zu wachsen. Wenn sie das Erdinnere erreicht haben, gestattet ihr eurer Aura, dass sie sich bis ins Universum hinein ausdehnt. Ihr atmet weiterhin weich und nehmt die Liebe eurer Seele an. Im Verlaufe dieses Prozesses könnt ihr dann auch jegliche Anteile liebevoll wahrnehmen und annehmen, sie in die Seele zurückkehren lassen, die dabei ans Licht eures Bewusstseins gelangen und von euch gespürt werden können. Zum Abschluss der Übung kehrt ihr bewusst in den Alltag zurück, indem ihr euren Körper wahrnehmt und bewegt und euch in eurer physischen Umgebung orientiert. Diese Prozesse sind nicht immer einfach für euch, wir wissen es, denn manche Anteile sind auch boshaft und sogar gegen die Seele eingestellt. Das ist so, weil sie seit Jahrhunderten oder gar Jahrtausenden immer nach demselben Muster funktionieren und mit denselben Emotionen geladen sind. Es wird immer einfacher, sie nach Hause zu schicken, je mehr Liebe ihr immer wieder von eurer Seele annehmt, denn damit wird auch eure eigene Selbstliebe immer tiefer und euer Selbstwertgefühl steigt immer weiter an!

Heilung der menschlichen Gesellschaft

Der Ginkgo

Nun möchten wir mit euch gemeinsam über die Heilung der menschlichen Gesellschaft nachdenken. Ihr seid euch mehr oder weniger deutlich alle der Tatsache bewusst, dass sie sich momentan noch in einem sehr, sehr tiefen Ungleichgewicht befindet. Da ist zum einen die Kluft zwischen Arm und Reich, die zugleich die Kluft zwischen Mächtigen und Ohnmächtigen ist. Dann das völlig gestörte Verhältnis der Mehrheit der Menschheit zur Natur, die ihr als zu beherrschendes und auszubeutendes Objekt anseht und behandelt. Weiterhin die Vorstellung, ihr müsstet Krankheiten bekämpfen und sogar „ausrotten". Überhaupt die Vorstellung, die Erde sei ein Ort, wo ihr gerade mal überleben könnt, und das nur mit äußerster Anstrengung und durch Kampf. Eure Gesellschaft und Wirtschaft sind geprägt von „wölfischem" Verhalten einer Minderheit und „schafmäßigem" Verhalten der Mehrheit. Wobei wir beides in Anführungszeichen setzen, denn die Wölfe sind sehr soziale Tiere, und keineswegs ist ihr Zusammenleben von Ausbeutung und Unterdrückung gekennzeichnet... Das Bild des Wolfes für eure Herrschenden in Politik und Wirtschaft verwenden wir nur, weil es unter euch gängig ist. Das Bild des Schafes für eure von den Herrschenden so häufig fehlgeleiteten Massen passt etwas besser.

Der Kellerwald

Liebe Menschen, wir sind die Bäume im Nationalpark Kellerwald[7] in Nordhessen, nahe Kassel. Wir möchten euch einiges zum Thema „Ungleichgewicht in der menschlichen Gesellschaft" übermitteln. Wir betrachten eure menschliche Gesellschaft als einen Körper, einen Organismus, der ziemlich „krank", das heißt aus unserer Sicht in großem Ungleichgewicht befindlich ist. Die Zahlen, die die Verteilung des materiellen Reichtums in eurer Welt betreffen, kennt ihr selbst – wir sind keine Statistiker. Aber wir spüren, wie schlecht es dem kollektiven Körper der Menschheit heute geht. Er befindet sich in einem sehr empfindlichen Pseudo-Gleichgewicht, das jederzeit umkippen kann! Ein kleiner Bruchteil von Menschen besitzt den größten Teil eures gesellschaftlichen Reichtums, und ein noch kleinerer Teil lenkt die virtuellen Geldströme um den Globus – auf der Basis von Spekulation! Hier nennen wir doch noch eine Zahl: Wir haben kürzlich erfahren, dass nur etwa 5 Prozent des auf der Erde zirkulierenden Geldes durch Produkte oder Dienstleistungen abgedeckt sind – die restlichen 95 Prozent sind rein spekulativ. Hier könnt ihr selbst sehen und erkennen, dass der energetische Körper der Menschheit von extremem Ungleichgewicht gekennzeichnet ist – denn nach unserer Auffassung gehört die Energie „Geld" zu eurem kollektiven Körper. Das virtuelle, durch menschliche Leistungen nicht gedeckte Geld ist dabei wie eine riesige, mit Nichts gefüllte Blase, die jederzeit zum Platzen kommen kann – zum Beispiel im Zuge der Eurokrise. Ihr solltet euch nicht allzu sehr darauf verlassen, dass eure Politiker das schon „in den Griff kriegen" werden. In Wirklichkeit sind sie so gut wie machtlos gegenüber den Finanzspekulanten. Ja, manche Regierungen wollen sie noch nicht einmal kontrollieren oder mit Steuern belegen.

Nun möchtet ihr von uns wissen, ob wir einen Rat für euch haben. Für euch, die „einfachen" Menschen, die an keinem großen Macht-Schalthebel sitzen. „Die da oben machen ja doch, was sie wollen. Was soll ich als Einzelner da bewirken?", lautet ein uralter Standardsatz von euch. Dieser Satz ist aber schlicht falsch! Wenn ihr euch eure Geschichte anschaut, könnt ihr sehr gut sehen, dass Einzelne immer wieder Berge versetzt haben – wenn, ja, *wenn* sie der Stimme, der Leidenschaft ihres Herzens folgten! Jeder und jede von euch kann das auch! Kümmert euch nicht um sogenannte Verschwörungen von Mächtigen – geht euren eigenen Weg, jeder und jede für sich selbst! Jeder Mensch ist eine Zelle im Organismus der Menschheit. Werde DU zu einer heilen Zelle, die in den Körper hinein strahlt und andere Zellen dazu ermuntert, ebenfalls heil zu werden und auf eine gänzlich neue Weise zu funktionieren! Damit der energetische Körper der Menschheit gesunden kann, damit er NEU werden kann, damit euer Geld heilen kann, braucht es viele, viele, viele Zellen, die heil und neu werden. So kann die Menschheit von innen her heilen, so wie auch jeder Einzelne nur von innen her heilen kann. Und: Wenn immer mehr von euch diesen Weg für sich selbst gehen, dann wird bald eine „kritische Masse" erreicht sein und neues Bewusstsein wird auf das gesamte Kollektiv spontan überspringen. Wenn das aber geschieht, dann können eure alten Systeme in Wirtschaft, Finanzen und Politik getrost zusammenbrechen – das Neue ist schon da!

Wir teilen dies im Oktober 2012 mit; wenn aber dieses Buch erscheint, dann wird der kollektive Bewusstseinswandel unter Umständen schon vollzogen sein – oder aber sich in einem entscheidenden Stadium befinden. Wir wenden uns also, da es noch eine Weile dauern wird, bis viele Leser diese Zeilen in einem Buch vorfinden, ausdrücklich auch an das Höhere Bewusstsein der Menschheit und jedes einzelnen Menschen: Sende Impulse an das Tagesbewusstsein, an das „kleine Ich" des Einzelnen und der Menschheit – hilf ihm/ihr herauszufinden, was sein/ihr Herz zum Singen bringt! Spekulation mit Geld bringt kein einziges Herz zum Singen, Ausbeutung und Unterdrückung und Parasitentum auch nicht. Was eure Herzen zum Singen bringt, das ist das, was ihr mit Freude und mit wahrer BeGEISTerung tut. Es macht aber keine echte Freude, anderen zu schaden und auf ihre Kosten zu leben. Was du wirklich, wirklich, wirklich willst, ist stets auch für den Rest des Organismus der menschlichen Gesellschaft gut!

Fassen wir zusammen: Der Organismus der menschlichen Gesellschaft befindet sich aktuell, im Oktober 2012, in einem äußerst kritischen Zustand. Jedoch geht schon eine verhältnismäßig große Anzahl von Menschen („Zellen") einen eigenen, neuen Weg, sodass wir meinen, berechtigten Anlass zu der Hoffnung zu haben, dass die Menschheit als Ganze heilen kann.

Wir möchten nun im Anschluss etwas über das Verhältnis von Mensch und Natur sagen. Die Menschheit als Ganze hat sich, wie ihr ja selber wisst, im Laufe ihrer Evolution immer mehr von ihrer ursprünglichen Verbindung mit der Natur entfernt. „Eigentlich" seid ihr, von eurem physischen Körper her, ein Teil der Natur, und wenn dieser stirbt, kehrt er zur Erde zurück. Ja, er wird sogar in diesem Prozess zur Speise für manche Naturwesen, wenn es euch auch keinen Spaß macht, das jetzt von uns zu hören. Aber warum sollte es euren Körpern anders ergehen als unseren?

Also, von eurer Lebensweise her, die durch euer Bewusstsein bestimmt ist, habt ihr euch immer mehr von der Natur entfernt. Ihr wollt sie beherrschen, aber im Zweifelsfalle ist sie stärker als ihr, wie die sogenannten Naturkatastrophen immer wieder beweisen. Immer dann, immer dort, wo ihr langfristig und systematisch gegen die Natur arbeitet, beweist sie euch das wieder. Je komplizierter und höher entwickelt eure technologischen Systeme sind, umso anfälliger sind sie für Störungen – ihr wisst es. Das liegt daran, dass ihr sie im Nicht-Einklang mit der Natur entwickelt habt. Ihr habt sie nicht nur im Nicht-Einklang mit der äußeren Natur entwickelt, sondern auch im Nicht-Einklang mit eurer inneren Natur! Was aber IST eure innere Natur, und was ist die innere Natur der „äußeren" Natur? Ganz einfach: eure und ihre Göttlichkeit!

Ihr habt eure eigene göttliche Seite vergewaltigt und ihr habt die göttliche Seite der Natur vergewaltigt. Kein Wunder, dass viele von euch Angst vor der Natur haben...

Die Bäume am Amazonas

Hier sprechen jetzt die Bäume Amazoniens[8]. Wir sind in ständiger Verbindung mit allen Bäumen der Erde, auch mit denen des Kellerwaldes. Wir möchten euch Europäer grüßen, die ihr zu erwachen beginnt und euch EINS fühlt mit den Bewohnern unserer Wälder, die ihr Indianer nennt. Viele von euch waren in früheren Jahrhunderten in ihren Stämmen inkarniert. Daher seid ihr jetzt offener für den Ruf der Natur als andere Menschen in eurem Kulturkreis. Wir grüßen euch Erwachende, weil ihr mehr noch als die traditionellen Naturschützer unsere, der Bäume, Freunde seid. Viele von euch bewegen auf den verschiedensten Ebenen Energien und tragen so zur Herstellung eines neuen Gleichgewichts in der Menschheit und auf der Erde bei. Noch einmal: Wir grüßen euch! Ihr seid die große Hoffnung dieses Planeten und wir lieben es, mit euch Verbindung aufzunehmen. Denn ihr geht zurück zu euren Ursprüngen, besinnt euch auf eure wahre, die göttliche Natur und beginnt danach zu leben. Ihr beginnt damit, euch selbst zu erkennen, euch selbst auszudrücken, euch selbst zu LEBEN. Je mehr von euch das wirklich tun, je mehr von euch auf diesem Wege zum wahren SEIN kommen, desto schneller und reibungsloser kann der Körper der Menschheit genesen und damit auch dieser wunderbare Planet, der durch unbewusste Menschen so sehr heruntergewirtschaftet wurde. Ihr Erwachenden seid es, die das Rückgrat der bald zu erwartenden neuen Welt, der bald zu erwartenden neuen Gesellschaft schon jetzt bilden! Seid uns also ganz besonders gegrüßt, seid geehrt und gepriesen! Ja, wir wissen es, ihr denkt, dass euer Beitrag als Einzelne vielleicht sehr gering und von wenig Bedeutung sei. Ihr irrt! Ein jeder und eine jede von euch ist ein immer weiter reichender Leuchtturm für die Erweckung der Menschheit aus einem hypnoseähnlichen Tiefschlaf. Je selbstbewusster ihr seid und auftretet, desto besser kann euer Licht leuchten!

Nun möchten wir euch etwas zu unseren Vorstellungen sagen, wie die Beziehung zwischen Mensch und Natur in einer neuen Welt aussehen könnte – in einer heilen Welt mit heilen Menschen: Zunächst einmal ist sie von gegenseitigem Respekt geprägt, so wie die Beziehungen zwischen Neuen Menschen von gegenseitigem Respekt geprägt sind. Die Menschheit kehrt zum Bewusstsein ihrer Einheit mit der Natur zurück, das die „Eingeborenen", die alten Naturvölker, nie ganz aufgegeben haben. Womit ich aber EINS bin, das beute ich nicht aus, das zerstöre ich nicht, daraus schlage ich keinen Profit, das degradiere ich nicht zum Objekt. Die erwachte Menschheit findet neue Wege der Energiegewinnung – es gibt schon Anfänge hierzu, jenseits der derzeit im Mittelpunkt stehenden erneuerbaren Energien. Diese Ansätze werden momentan noch blockiert – wir sagen das im Oktober 2012, nicht wissend, wie weit sich die Dinge entwickelt haben werden, wenn dieses Buch erscheint. Es hängt SO sehr von der Wahl und den Entscheidungen jedes einzelnen Menschen ab! Die Neue Menschheit wird in großem Stil die Wälder dieses Planeten aufforsten. Menschen werden wählen, in ihnen zu leben, im Einklang mit allen dort lebenden Wesen – einschließlich der für die meisten von euch jetzt noch unsichtbaren Naturgeister, in aktiver, fried- und freudevoller Zusammenwirkung mit ihnen. Menschen werden auf neue Weise Energien bewegen, wie viele von euch Erwachenden es jetzt schon zu tun beginnen, und sie werden diese Energien für völlig neue Schöpfungen zu nutzen lernen. Menschen werden neue Formen der Landwirtschaft erfinden, die sich einerseits an den Traditionen der jeweiligen Region orientieren, andererseits wissenschaftliche Erkenntnisse nutzen und drittens in vollem Einklang mit den natürlichen Abläufen stehen. Die Künste werden in jeglicher Form blühen; neben den Kreativen, die ihre Kunst zu ihrem Leben machen, wird es noch viel mehr Menschen als heute geben, die eine Kunst neben ihrer hauptsächlichen Tätigkeit ausüben. Viele werden sich ihre ganz persönliche Kunst erfinden, so wie sie sich ihren ganz persönlichen Beruf erfinden... aber das führt jetzt ein wenig von unserem Thema weg. Menschen werden sich bewusst ernähren und schließlich deshalb keine Tiere mehr töten, um sie zu essen. Sie werden vielmehr in tiefer Freundschaft mit ihren tierischen Schwestern und Brüdern zusammenleben.

Ja, ihr seht, es muss und wird sich noch vieles verändern in den kommenden Jahren, Jahrzehnten, Jahrhunderten... Wir vertrauen auf euch, besonders auf euch Erwachende, dass sich die Entwicklungen in diese Richtung bald schon beschleunigen und verallgemeinern werden!

Süntelbuchen[9] und Hutebuchen[10] bei Bad Wildungen

Liebe Menschen, wir sind einige alte Buchen in der Nähe des hessischen Bad Wildungen. Wir möchten jetzt näher darauf eingehen, auf welchem Wege die Menschheit vom Ungleichgewicht in ein höheres Gleichgewicht gelangen kann. Manches wurde hierzu schon gesagt, aber wir

Süntelbuche

Hutebuche

möchten noch etwas genauer werden: Wir Bäume sind der Ansicht, dass es keine kollektive „stellvertretende" Erlösung für euch gibt, wie eure Religion es behauptet, sondern dass jeder einzelne Mensch seinen ganz persönlichen Weg zur HEILung finden und gehen muss. Darin wissen wir uns mit zahlreichen spirituell führenden Menschen einig. Eine heile, balancierte Menschheit ist ein voll bewusstes Kollektiv von voll bewussten Individuen – ein jeder und eine jede innerlich vollkommen frei. Frei von Minderwertigkeitsgefühlen, frei von Mangeldenken, frei von jeglicher Angst, die die Grundlage aller „Negativität" ist. Ein solcher Zustand ist heute natürlich „Zukunftsmusik", ja, MUSIK in unseren Ohren, die wir schon aus der Zukunft herüber tönen hören! Innere Freiheit bedeutet für euch Menschen, nur DAS zu tun, was ihr WIRKLICH wollt. Nicht aus Konvention, aus Angst, aus Gefälligkeit handelt ein freier Mensch, sondern aus sich selbst heraus. Ein Kollektiv von Menschen, die in dieser Weise frei sind, benötigt auch keine Staatsgewalt mehr. Es benötigt keine Stellvertreter, also keine Demokratie in eurem heutigen Sinne – es üben die Menschen dann eine WAHRE Volksherrschaft aus: Jeder Einzelne bestimmt frei über sein eigenes Leben. Da aber jeder Einzelne sich im Tiefsten und im Höchsten EINS weiß mit allen anderen, wird alles, was er/sie für sich selbst tut, auch für alle anderen von höchstem Nutzen sein. Nur ein kleines Beispiel: Wenn unser Kanal Ines ihrem tiefen inneren Impuls folgend unsere Botschaften aufschreibt, weil ihr dies guttut, so dient sie damit ganz natürlicherweise auch allen anderen Menschen. Denn ihr Menschen braucht uns und unsere Mitteilungen, und ganz besonders brauchen uns diejenigen Erwachenden, die sich dazu gerufen fühlen, sich mit der Natur zu verbinden und zu verbünden!

Nun also, welche Wege könnt ihr gehen, um zu einem voll bewussten Kollektiv von voll bewussten Individuen zu werden?

Zunächst einmal: Es gibt so viele Wege, wie es Menschen gibt! Keine zwei Individuen sind gleich, darum tut ihr auch gut daran, euch nicht zu vergleichen! „Ich bin weiter als du", „du bist weiter als ich" macht nicht den geringsten Sinn! Es wird nämlich immer so sein, dass es Gebiete gibt, auf denen einer weiter vorangeschritten ist als der andere, dafür gibt es andere Gebiete, auf denen die Dinge umgekehrt liegen. Jeder hat seine ganz eigenen Voraussetzungen mitgebracht, sein eigenes Lernprogramm, seine eigenen Prägungen, Verhaltens- und Glaubensmuster, seine eigenen Ängste und Schwächen, seine eigenen Stärken. Wenn eine Person mit starker Höhenangst auf einen kleinen Kirchturm steigt, so ist das für sie eine ebenso große Herausforderung wie für Reinhold Messner die Besteigung eines Achttausenders im Himalaja. Dementsprechend darf dieser Mensch seine Tat für sich selbst würdigen – nur tut ihr das normalerweise nicht. Worauf wir hinaus wollen: Jeder von euch hat seine ganz persönlichen Heilungsthemen mitgebracht, an denen ihr euch mehr oder weniger bewusst abarbeitet. Wo eure größten „Schwächen" und Ängste liegen, da schlummert euer wundervollstes Potenzial! Und hier dürft ihr euch in GEDULD üben, in BEHARRLICHKEIT und im Vorgehen in KLEINEN SCHRITTEN. Oft wird euch dabei euer Weg ganz woandershin führen, als ihr euch das vorstellt oder wünscht. Ein Mensch, der Angst davor hat, ein Auto durch dichten Verkehr zu steuern, braucht nicht zu denken, dass er ein Formel-1-Rennfahrer werden sollte. Ein Mensch mit Höhenangst braucht nicht Bergsteiger zu werden, ein Mensch mit Flugangst nicht Pilot! Nein... für jede dieser Höchstleistungen im Draußen gibt es eine tiefe Entsprechung im Drinnen – wobei diese das Primäre ist! Wenn du ein *spiritueller* Raumfahrer, Gipfelstürmer, Flugkünstler bist, dann kannst du diese Fähigkeiten im Draußen auf die unterschiedlichsten Weisen manifest werden lassen. Ja, ihr seid definitiv auf die Erde gekommen, um eure höchsten Potenziale in die physische Realität hineinzubringen, aber nicht jeder spirituelle Rennfahrer „muss" im „wirklichen Leben" ein Michael Schumacher oder Sebastian Vettel werden. Unser Kanal Ines ist eine spirituelle Rennfahrerin, aber eine ziemlich ängstliche Autofahrerin. Indem sie unsere Botschaften aufschreibt, bringt sie spirituelles Autofahren auf die Erde. Inwiefern? Autofahren ist ein Symbol für Selbstbestimmung. „Auto-mobil" bedeutet „Selbst-beweglich". Autofahren symbolisiert Unabhängigkeit. Nun gibt es allerdings Millionen, Abermillionen von Autofahrern, die supergut und angstfrei fahren können, aber innerlich alles andere als frei und selbstbestimmt sind!!! „Sucht also zuerst das Reich Gottes, und alles andere wird euch hinzugegeben werden", sagte einst euer wundervoller Meister Jesus. Das bedeutet in unserem konkreten Beispiel: Ines darf sich getrost chauffieren lassen, solange sie Angst vorm Selberfahren hat; sie ist gerufen, ihren eigenen Weg im Inneren und auf den Ebenen zu gehen, auf denen sie ihn realisieren kann. Sprich, ihre Bücher mit uns zu schreiben und zu veröffentlichen. Früher oder später wird sie sich hinters Steuer eines eigenen Autos setzen und einfach losdüsen...

Worum es nämlich in der Praxis geht, das sind ängstliche, traumatisierte Seelenanteile, die den Weg, den eure Seele euch weist, nicht mitgehen bzw. mittragen wollen. Es macht keinen Sinn, auf diese Anteile Druck auszuüben, sie zu beschimpfen, gegen sie zu arbeiten. Früher oder später würdet ihr euch eine unangenehme Quittung für ein solches Verhalten einhandeln. Nein, worauf es ankommt, das ist eine liebevolle und respekt- und rücksichtsvolle Wahrnehmung dieser Anteile. Dann können sie sich mit der Zeit entwickeln und schließlich zur Seele zurückkehren!

Des Weiteren möchten wir euch zurufen: Tut, sooft ihr könnt, genau das, was euch Freude und Begeisterung bereitet, was euer Herz zum Singen bringt, denn dort liegt eure Bestimmung! Genau dort ist das verborgen – oder schon offenbar –, warum ihr in diesem Leben auf die Erde gekommen seid. Was euer Herz zum Singen bringt, das ist oft, sehr oft, ein geliebtes Hobby, „von dem man nicht leben kann". Wenn ihr aber SO denkt, dann kommt es auch so, denn ihr seid im Positiven wie im Negativen die Schöpfer eurer eigenen Realität. Wenn ihr euch nun immer wieder dafür entscheidet, genau das zu tun, was euch Freude macht, dann kann sich eure Wirklichkeit allmählich umwandeln. Wir Bäume werden eurer Bestimmung ein eigenes Kapitel widmen, daher sagen wir an dieser Stelle nichts Weiteres hierzu. Wir möchten euch jetzt allgemeiner darauf hinweisen, dass ihr euch nur dann zu freien Individuen entwickeln könnt, wenn ihr euch von allen Zwängen eurer Konvention befreit. Das ist schwierig für euch, wir wissen es! Wie sehr seid ihr noch innerlich abhängig davon, „was die Leute von mir denken", wie sehr macht ihr euch noch abhängig von äußerer Akzeptanz! Ja, auch die meisten Erwachenden wünschen sich, von den unbewusst lebenden Menschen des „Mainstreams" akzeptiert zu werden – am liebsten sogar von allen. Noch größer sind die Zwänge im Bereich eurer Familien und Freundesgruppen. „Aus der Reihe tanzen" wird unter diesen Menschen auf vielfältige Weise „bestraft". Es wird Druck auf euch ausgeübt, ihr werdet ausgelacht, „geschnitten", beschimpft, ausgegrenzt... Dann heißt es, in *dir selbst* präsent zu bleiben und dich darauf zu besinnen, wer du WIRKLICH BIST! Ja, das ist sehr, sehr schwierig, aber es lohnt sich, dies zu üben! Wir Bäume sind dabei an eurer Seite und ihr könnt uns immer um Hilfe bitten.

Der Ginkgo

Zum Abschluss dieses Kapitels möchte noch einmal ich mich zu Worte melden. Ich danke allen meinen Freunden für ihre wunderbaren Beiträge und gehe nun noch auf die beiden Themen „Krankheiten bekämpfen" und „Mangeldenken" ein, die ich zu Anfang erwähnte.

Also, ihr Menschen habt heute noch mehrheitlich einen Satz auf eure Fahnen geschrieben, den einmal der chinesische Kommunistenführer Mao Tse Tung mit Bezug auf die Politik aussprach: „Die Krankheit bekämpfen, um den Patienten zu retten." Dieser Satz drückt perfekt die Haltung der heutigen Mehrheit aus, dass Krankheiten etwas „Böses" seien, dass sie „Feinde" seien, die bekämpft und sogar ausgemerzt werden müssten. Das ist aber ein völlig unangemessener

Ansatz! Mithilfe einer solchen Einstellung könnt ihr vielleicht Symptome beseitigen oder auch bestimmte Infektionskrankheiten „eindämmen", aber HEILEN, das könnt ihr damit nicht! Nun, DIE MENSCHHEIT ALS KOLLEKTIV KANN ABER NUR DANN HEILEN, WENN SIE IHRE AUFFASSUNG VON KRANKHEIT UND HEILUNG VOLLKOMMEN UMKEHRT! Wir möchten im Folgenden unseren eigenen Ansatz skizzieren, und ich spreche an dieser Stelle ausdrücklich für alle Bäume und lege im Besonderen das Wissen meiner eigenen Art, der Ginkgos, dar:

Wenn Körper, Seele oder Geist erkranken, dann ist das immer ein Anzeichen für ein bestimmtes Ungleichgewicht in Körper, Seele UND Geist, denn diese Drei bilden eine untrennbare Einheit, solange ihr in der physischen Existenz seid. Eine sogenannte Krankheit ist also eigentlich nichts weiter als ein Hinweis, ein Signal: „Bei dir will etwas zurück ins Gleichgewicht – oder nach vorn, in ein höheres Gleichgewicht. Bei dir möchte etwas heilen." So quälend eure Symptome auch manchmal sein mögen – es geht NICHT darum, sie „wegzukriegen". Das ist nicht, was wir unter Heilung verstehen. Kein Automechaniker würde im Ernst behaupten, er habe den Wagen repariert, wenn er ein Lämpchen herausgeschraubt hat, das einen Defekt anzeigt.[11] Genau das aber tun sehr häufig eure Ärzte: Sie geben euch ein Medikament, das ein Symptom unterdrückt, und dann tun sie so, als hätte das etwas mit Heilung zu tun. Manchmal sind sie auch ehrlicher und räumen offen ein, dass sie bestimmte Krankheiten gar nicht heilen können – sie können nur eure Beschwerden lindern. Nun ist grundsätzlich von unserer Seite nichts dagegen einzuwenden, wenn eure Medizin Schmerzen oder sonstige Symptome lindert. Wir sind keine Feinde der „Schulmedizin". Sie hat ihren Platz, allerdings bringt sie euch in aller Regel keine Heilung. Sie macht euch nicht „gesund". Gesund sein, HEIL sein, ist eine Frage des Gleichgewichts, wir betonen es immer wieder. Heilung hat sehr, sehr viel mit dem freien Fluss eurer Energien zu tun. Wenn in eurem Körper – und hier meinen wir sowohl den physischen als auch den emotionalen und den mentalen Körper – an irgendeiner Stelle Energie nicht frei fließen kann, dann entsteht ein Ungleichgewicht, dann bilden sich „Krankheitssymptome". Es kann angemessen sein, diese Symptome mit einer Operation und/oder mit einem Medikament zu behandeln, damit ihr stressfrei in der Lage seid, euch der Heilung des dahinter versteckten Ungleichgewichts zu widmen. Die wirkliche Heilung eines tiefen Ungleichgewichts, zum Beispiel einer Krebserkrankung oder einer schweren psychischen Erkrankung, braucht nämlich in aller Regel viel Zeit. Die habt ihr natürlich nicht, wenn ihr euren Tumor einfach wachsen lasst... Wie geht ihr nun vor, um zu einer wirklichen Heilung zu kommen? Zuallererst gilt es herauszufinden, welche Energie nicht frei fließt. Oft ist es Zorn, oft Angst – Zorn und Angst von Seelenanteilen. Der Ort, wo die Energie ins Fließen kommen möchte, ist natürlich genau das von dem Symptom oder den Symptomen „befallene" Organ. Dann gilt es, sich mit den Seelenanteilen zu befassen, die in dieses Ungleichgewicht involviert sind. Es gilt, sie liebevoll wahrzunehmen, mit ihnen zu sprechen, ihnen Mitgefühl zu erweisen – immer wieder und wieder. Hierbei ist es sehr hilfreich, wenn ihr euch ruhig hinsetzt oder legt und euren Atem weich fließen lasst. Schickt ihn in die betroffenen Organe/Körperteile. Schickt ihn in euer Herz, wenn ihr unter einer psychischen Erkrankung leidet. Wichtig ist auf alle Fälle, dass ihr euch nicht mit den entsprechenden Seelenanteilen identifiziert, denn ihr seid niemals nur irgendein Seelenanteil. Ihr seid GANZ und HEIL von eurer ursprünglichen Natur her, darauf solltet ihr euch immer wieder besinnen. Wenn ihr mögt, könnt ihr auch die geistige Welt um eine MATRIXKORREKTUR bitten. Hierauf gehen wir später noch ein, und zwar im Rahmen des Kapitels über psychische Erkrankungen.

Nun noch ein paar Worte zum Thema „Mangeldenken". Ihr Menschen glaubt mehrheitlich, dass auf dieser Erde Mangel an allem herrsche, was ihr zum Überleben braucht. Dieser Überzeugung seid ihr auf der Grundlage des Irrtums, es gebe nicht ausreichend Energie und nicht ausreichend Liebe auf der Welt. Von daher glaubt ihr, Energie in jeglicher Form von anderen rauben zu müssen, um einen ausreichend großen Teil des begrenzten „Kuchens" abzubekommen. Wie nun, wenn die Dinge ganz anders lägen? Wenn es im Universum und damit auch auf der Erde Energie in Hülle und Fülle gäbe, wenn die Fülle euer natürlicher Zustand wäre? Denn so ist es in Wirklichkeit, wenn ihr dies auch schon seit Jahrtausenden vergessen habt! Ihr braucht euch, um zu erkennen, dass wir die Wahrheit sprechen, nur einmal wirklich nach innen zu kehren und die unendliche Kraft, Weisheit und Fülle in euch selbst zu entdecken! Ein jeder und eine jede von euch kann den Zugang zu seiner und ihrer eigenen Energie auf diesem Wege finden, wobei wiederum der Weiche Atem sehr hilfreich sein kann. Denn mit dem Atem nehmt ihr nicht einfach nur Sauerstoff zu euch, ihr atmet auch die Energie des Universums ein – eure eigene Energie! Damit nun die Menschheit von ihrem Mangelbewusstsein genesen kann, ist es notwendig, dass sich jeder einzelne Mensch in sein ganz persönliches Füllebewusstsein begibt. Auch dies ist wieder ein Weg, der Geduld mit euch selbst, mit euren verletzten Anteilen, erfordert. Wir kommen auf das Thema „Fülle" später noch zurück.

Damit schließen wir das vorliegende Kapitel ab. Es ist in diesem Rahmen, so denken wir, deutlich geworden, dass die kollektive Heilung nicht ohne den Heilungsweg jedes Einzelnen möglich ist. Es geht für euch nicht darum, „für die Verbesserung der Welt zu kämpfen", sondern euch individuell, ein jeder zunächst einmal für sich selbst, auf den Weg zu machen, um euren Platz in dieser Welt einzunehmen. Manche von euch, die heute schon einen größeren Teil eines solchen Weges gegangen sind, haben inzwischen damit begonnen, sich „Mitspieler" zu suchen, sich mit anderen Erwachenden zusammenzuschließen. Weiter so!

Seelenanteile und Vollständigkeit

Urwald Sababurg

Liebe Menschen, hier sprechen die alten Eichen, Buchen und auch die Birken aus dem Urwald Sababurg. Wir sind Teile des Reinhardswaldes, der nördlich von Kassel am westlichen Ufer der Weser liegt. Unser Kanal Ines war Mitte Oktober 2012 hier und hat viele Fotos von uns gemacht, das hat uns sehr gefreut. Wir freuen uns auch, am Anfang dieses neuen Kapitels stehen zu dürfen, das noch einmal von euren Seelenanteilen handeln soll. Unsere – der Bäume – ersten Sprecher haben schon einiges zu diesem Thema gesagt, aber es ist in der Tat unerschöpflich und wir möchten es gerne von einer anderen Seite her beleuchten. Es geht um eure Vollständigkeit und es geht um eure Selbstwahrnehmung – in diesem Zusammenhang sprechen wir über das Thema „Identifikation", das auch schon angerissen wurde. Wir, die alten Bäume des Urwalds Sababurg, wissen besonders viel über dieses Thema, denn wir haben uns besonders tiefgreifend damit befasst.

Also beginnen wir: Für euch Menschen ist es ganz offenbar äußerst wichtig, euch mit etwas zu identifizieren, um euch „sicher" fühlen zu können. Früher war es hauptsächlich die Gruppe, die euch dieses Gefühl vermittelte: die Sippe/der Clan, der Stammesverband, später z.B. die Handwerkerzunft oder allgemeiner der „Stand", dem ihr angehörtet. Erst in der sogenannten Moderne kam euer Individualismus auf und ihr begannt, euch mit eurem Körper und einem „Ich" zu identifizieren. Dieses „Ich", das wir auch mit den Worten mancher menschlichen Meister das „kleine Ego" nennen können, definiert sich zum einen über euren Namen und zum anderen über sogenannte Charaktereigenschaften. Zu den letzteren möchten wir jetzt einiges ausführen. Ihr sagt: „Ich bin so und so" - z.B. ängstlich, ehrgeizig, eifersüchtig, wütend, schüchtern... und sehr gerne sagt ihr auch: „So bin ich nun mal und ich kann nicht über meinen Schatten springen." Was aber steckt hinter diesem „Ich", das angeblich nun mal „so ist"? Dahinter stecken ganz einfach bestimmte Seelenanteile, mit deren Eigenschaften ihr euch identifiziert! Dahinter stecken Glaubens- und Verhaltensmuster, die diesen Seelenanteilen zu eigen

Urwald Sababurg

sind, dahinter stecken Prägungen durch Erfahrungen aus früheren Leben und aus eurer diesmaligen Kindheit, aus denen Seelenanteile mit bestimmten Eigenschaften hervorgingen! Ein Beispiel: Ein Mensch, der starke Ängste davor hat, seinen Körper in sportlichen Aktivitäten einzusetzen, weil er sich vor einem Unfall fürchtet, hat mit absoluter Sicherheit in mehreren vergangenen Existenzen auf der Erde beim Einsatz seines Körpers schwere Unfälle erlebt, die zum Tode oder zu sehr schmerzhaften Verletzungen führten. Vielleicht hatte er Reitunfälle oder Unfälle im Zusammenhang mit Wagenrennen. Auch Kriegserfahrungen oder Gladiatorenkämpfe und ähnliches können hier hereinspielen. Nun, „du" hast also z.B. Angst davor, deinen Körper einzusetzen? In Wahrheit sind es deine traumatisierten Anteile, die diese Angst haben. Und DU bist nicht diese Anteile – du identifizierst dich lediglich unbewusst mit ihnen! Denn was DU wirklich bist, das ist gar nicht traumatisiert, das war und IST immer völlig unversehrt und frei von jeglicher Angst! Wir können es gar nicht stark genug betonen: DU bist göttlicher Natur von deinem Ursprung her, DU bist, was du BIST, und nichts kann deine Essenz jemals beeinträchtigen. Es ist also ungeheuer wichtig, dass ihr euch darin übt, euch nicht mehr mit euren Anteilen zu identifizieren. Wir wissen, dass dies auch für euch Erwachende ziemlich schwierig ist – wir Bäume messen sogar den Grad eurer Wachheit an eurer Identifikation bzw. Nicht-Identifikation mit euren Anteilen. Identifikation bedeutet Unbewusstheit, fehlende Achtsamkeit, fehlende PRÄSENZ. Identifikation bedeutet Verharren in dem alten Bewusstsein, „Opfer" zu sein.

Tassilolinde, Buche, Ginkgo

An dieser Stelle übernehmen wieder wir drei gewählten Sprecher aller Bäume. Der Urwald Sababurg, die Bäume Amazoniens und die Bäume aus dem Kellerwald grüßen euch noch einmal durch uns. Ihre Botschaften fließen künftig in unsere Mitteilungen ein. Im Zusammenhang mit dem Thema „Identifikation" bzw. „Nicht-Identifikation" möchten wir jetzt über eure innewohnende Kraft und über die heilende Wirkung der Präsenz dieser Kraft sprechen:

Wir deuteten schon mehrfach an, dass ihr Menschen, so wie alle Wesen auf der Erde und im Universum, grundlegend und von eurem Ursprung her von göttlicher Natur seid – nur habt ihr das jedesmal vergessen, wenn ihr wieder zur Erde kamt, um neue Erfahrungen zu machen. In der heutigen Wendezeit steht es aber an, dass ihr euch wieder daran erinnert, wer und was ihr wirklich seid. Dies nennen wir euren Erwachensprozess. Wenn ihr nicht erwacht – jeder einzelne Mensch und als menschliches Kollektiv –, dann könnt ihr das Neue Leben auf diesem wunderbaren Planeten nicht begründen, von dem ihr so lange schon träumt. Also, eure innewohnende Kraft geht selbstverständlich auf eure wahre Natur zurück. Und da diese, wie wir sagten, göttlich, also unbegrenzt und unermesslich ist, besitzt auch eure Kraft diese Eigenschaften! Nun gibt es viele Gründe, warum die meisten von euch den Zugang zu dieser Kraft verloren haben; wir sprachen zu Anfang dieses Buches schon von der atlantischen Erfahrung, die einen wesentlichen Aspekt in diesem Zusammenhang darstellt. Ihr könnt aber nicht heilen, wenn ihr diesen Zugang nicht wiederherstellt, wenn ihr ihn euch nicht wieder erlaubt, ihn nicht wieder geschehen lasst. Eure innere Kraft muss wieder euer ganzes Wesen durchdringen können, muss den physischen Körper, den Emotionalkörper und den Mentalkörper erfüllen. Sie muss euer ganzes Sein beseelen dürfen und in eure Handlungen einfließen. Wir betonen: Es geht nicht ums „Machen" dieser Rückverbindung, sondern ums Erlauben und Geschehen-lassen. Auch hier könnt ihr den Weichen Atem einsetzen, also euren Atem einfach sanft fließen lassen und dabei bewusst die Liebe eurer Seele, die Liebe der Erde, die Liebe des Universums annehmen.

Was hat es nun mit dem Begriff **Präsenz** auf sich, den wir schon mehrfach verwendeten? „Präsenz" bedeutet „Gegenwart", in diesem Falle im Sinne von „Anwesenheit". Es geht also um die Anwesenheit eurer innewohnenden Kraft, um das bewusste Dasein-lassen dieser Kraft. Wenn ihr in eurer Präsenz seid, dann seid ihr euch eurer eigenen wahren Kraft voll bewusst, dann seid ihr euch eurer wahren Natur voll bewusst. Dementsprechend ist dann eure Körperhaltung eine aufrechte, euer Atem fließt frei, euer Blick richtet sich nach innen und nach außen zugleich. Ihr seid GANZ HIER, ganz im JETZT, ganz im göttlichen Augenblick anwesend. Das bedeutet unter anderem auch, dass ihr euch in diesem Moment in keiner Weise mit irgendwelchen Seelenanteilen identifiziert. Ihr SEID einfach, Was Ihr Seid. Wenn ihr zu Beginn eures Prozesses auch nur ab und zu einmal für einen kurzen Augenblick in diesen Zustand kommt, dann werdet ihr ein Gefühl von unbegrenzter Weite kennenlernen, unermesslichen, tiefen Frieden und eine große Freude.

Nun zurück zu euren Seelenanteilen. Was diese kennen, ist etwas ganz anderes, nämlich Enge, Stress, Unruhe, Angst und alle möglichen „negativen" Emotionen, die letztlich aus der Angst entspringen. Wir sagten es schon: Mit diesen Emotionen eurer Anteile identifiziert ihr euch zumeist. Ihr sagt: *„Ich* habe Angst, *ich* bin wütend, *ich* empfinde Schmerz...". Dabei haben die meisten von euch nicht im Blick, wer sie Wirklich Sind und dass ihre Essenz völlig frei von solchen Emotionen ist. Ja, auch ihr Erwachenden vergesst dies immer mal wieder, wenn euch die Emotionen überrollen. Dann sagt ihr: *„Mir* geht es ja sooo schlecht...", und es fällt euch schwer, in eure Präsenz zurückzufinden. In solchen Situationen könnt ihr beginnen, euch darin zu üben, dass ihr euch in eine **Beobachterposition** begebt. Ihr geht in eurem Bewusstsein sozusagen „eine Etage höher", nehmt Distanz zu euren Anteilen und deren Emotionen, schaut sie euch an, lasst die Emotionen einfach fließen. Auf diese Weise wird es euch möglich, Mitgefühl mit euren Seelenanteilen zu entwickeln, den Dialog mit ihnen aufzunehmen oder sie auch einfach nur liebevoll wahrzunehmen.

Nun hören wir manche von euch einwenden: „Ich bin doch kein Übermensch! Solange ich in diesem Körper auf der Erde lebe, bin und bleibe ich ein kleiner Mensch!" Ja... der „kleine Mensch" ist immer noch da, auch wenn ihr euch eurer innewohnenden Kraft bewusst seid und in eure Präsenz geht. **Ihr seid, ganz so wie euer Meister Jesus, von Natur aus beides: göttlich und menschlich!** Eurer göttlichen Natur ist alles, was euch auf Erden widerfährt, „gleichgültig", aber keineswegs „egal" in dem Sinne, dass sie es unwichtig finden würde. Eurer göttlichen Seele ist jede Erfahrung gleich gültig im Sinne von gleich wichtig. Eure menschliche Seite hingegen denkt polar und unterscheidet „angenehm" von „unangenehm", „erwünscht" von „unerwünscht". Wenn ihr nun übt, immer öfter in die Position eines neutralen Beobachters zu kommen, dann kann sich diese „kleine" menschliche Seite allmählich, Schrittchen für Schrittchen, umwandeln. Sie kann ganz langsam, in ihrem eigenen Tempo, zu erlauben lernen, dass sich ihre Schwingung erhöht. Im Zuge einer solchen Entwicklung haben es die verletzten Seelenanteile immer leichter, sich zu integrieren, in die höhere Seele heimzukehren. Das „Ego" aber „stirbt" in diesem Prozess – wir meinen damit, dass es im Höheren Ich aufgeht, das sich dann entfalten kann.

Was kennzeichnet nun dieses Höhere Ich? Es ist nicht die Seele selbst, es steht sozusagen eine Stufe „unter" ihr, wobei wir nicht von einer Hierarchie reden, in welcher eine Stufe „mehr wert" wäre als die andere. Das Höhere Ich ist nicht „egoistisch", es ist aber auch nicht „altruistisch", es IST einfach, denn es existiert schon jenseits der Polaritäten von „gut" und „schlecht". Es existiert jenseits aller Bewertung und Verurteilung, es IST der „Neutrale Beobachter". Zugleich aber ist es der Handelnde – jenseits von Subjekt und Objekt. Diese Gedankengänge mögen ein wenig schwierig sein, aber wenn ihr euch auf den Weg begebt, wird auch euer Verstand sie eines Tages ganz einfach finden! Jedenfalls, dieses Höhere Ich kann sich in dem Augenblick voll zu entfalten beginnen, wenn das Ego „stirbt" und in ihm aufgeht. Im selben Augenblick beginnt ihr eure Vollständigkeit zu erfahren.

Zuvor allerdings braucht es noch einige weitere Entwicklungen, die mit dem „Tod" des Egos zusammenhängen, bzw. mit denen der Tod des Egos zusammenhängt. Die wichtigste dieser Entwicklungen ist die Entlassung von Fremdenergien aus euren Körpern, aus euren inneren Räumen. Wir sprachen ja schon davon, dass alle Menschen Energien an andere abgeben und Energien von anderen rauben. Unser Kanal kam Ende Oktober 2012 zu der Erkenntnis, dass sie zahlreiche Energien ihres schon im Jahre 1975 verstorbenen Vaters in den Fettschichten ihres Bauches gelagert hatte, wo diese sich auf einer feinstofflichen Ebene von ihrem Körperfett ernährten. Der Vater von Ines war sehr hager und wünschte sich sein Leben lang, „mehr auf den Knochen" zu haben. Seine Tochter hat als erwachsene Frau seinen hungrigen Anteilen Energie zur Verfügung gestellt... Nun ist P. inzwischen seit einiger Zeit schon ins Licht zurückgekehrt und jetzt als dienender Geist wieder in der Nähe seiner ehemaligen Familie. Er signalisierte Ines sofort, als sie den genannten Zusammenhang erkannte, dass sie ihm seine Energien schicken solle. Nun kann sich etwas verwandeln, denn diese Fettschichten werden in dieser Form nicht mehr gebraucht!

Vollständigkeit hat zur Voraussetzung, dass sämtliche Fremdenergien aus euren inneren Räumen entlassen werden. Vielleicht fühlet ihr euch nur mit diesen Energien „vollständig" und habt sie daher festgehalten? Spürt einmal in euch hinein, an welchen Stellen ihr einer falschen Vollständigkeit aufsitzt. Ja, wenn die Fremdenergien gehen, dann kann es sich unter Umständen so anfühlen, als fehlte euch etwas. Das ist aber eine Selbsttäuschung: Es fehlen euch nicht diese Energien, es fehlen euch eure eigenen Seelenanteile, die zurückkehren müssen. Vollständig könnt ihr nur IN EUCH SELBST sein, niemals mit der „Hilfe" von Energien, die nicht zu euch gehören! Fremdenergien bewirken alle nur erdenklichen Blockaden. Sie hindern eure eigene Energie am Fließen! Besonders fatal ist es, wenn ihr euch mit diesen fremden Energien auch noch identifiziert, was ihr normalerweise tatsächlich tut – natürlich ohne euch dieser Tatsache bewusst zu sein. Wer würde sich schon bewusst mit etwas identifizieren, das gar nicht zu ihm gehört? Und so ist es ein sehr, sehr wichtiger Prozess für euch, dass ihr erkennen lernt, wo, an welchen Stellen ihr fremde Energien in euch tragt und euch mit ihnen identifiziert.

Lasst uns noch weiter über Vollständigkeit sprechen. Wie erreicht ihr sie? Es war ein langer, langer Weg durch zahllose Inkarnationen, in dem ihr sie verloren habt. Es ist in diesem Leben, während ihr erwacht, ein langer Weg durch Monate und Jahre, in dem ihr sie wiedererlangt.

Unterstützt werdet ihr dabei durch die erhöhte Schwingung auf der Erde, die voraussichtlich ab dem 21. Dezember 2012 bei etwas mehr als 21 Hertz liegen wird.[12] Das ist die Schwingung der fünften Dimension, und diese ermöglicht euch geistige Entwicklungen, die vorher nicht möglich waren. Also, Fremdenergien entlassen, eigene Seelenanteile integrieren. Das ist aber noch nicht alles: Es geht auch darum, eure Körper neu zu „organisieren", beginnend auf der DNS-Ebene eurer physischen Leiber. Eine neue Matrix, ein neues Programm sozusagen, möchte zum Wirken gebracht werden, und das auf allen drei großen Ebenen: physischer Körper, Emotionalkörper, Mentalkörper. Der physische Körper möchte vollständig heilen und in ein gänzlich neues Gleichgewicht hineingehen. Der Emotionalkörper möchte sich von seinem Schmerzkörper trennen, von dem wir in diesem Buch noch nicht gesprochen haben. Im Kapitel über psychische Erkrankungen werden wir auf ihn eingehen. Der Mentalkörper möchte neu zu denken lernen – jenseits der Dualität. Alle drei Körper aber wollen auch auf eine ganz neue Weise EINS werden, nämlich UNZERTRENNLICH! Ja, ihr habt richtig gelesen – eure Körper wollen unsterblich werden! Vollständigkeit in diesem Sinne, höchste Vollständigkeit, bedeutet die Verschmelzung eures physischen Körpers letztendlich mit eurer SEELE. **Diese Vollständigkeit bedeutet, dass eure Seele Mensch wird und euer Körper Gott...** Nun könnt ihr euch vorstellen, dass dies ein neues Programm ist, das gegen unendlich tendiert wie der Limes in der Mathematik, der durch eine liegende Acht symbolisiert wird. Ihr könnt euch Zeit lassen, viel Zeit...

Nun möchten wir etwas genauer darauf eingehen, was es bedeutet oder bedeuten kann, wenn die Seele Mensch wird: Den Ausdruck „Seele" verwenden wir hier, um euren göttlichen Teil, eure Essenz, Alles, Was Ihr Wirklich Seid, zu bezeichnen. Wenn diese Essenz Mensch werden soll, dann muss sie vollständig im physischen Körper anwesend sein. Dann muss sie durch den Körper durchscheinen, ihn völlig durchdringen, „durch ihn und mit ihm und in ihm"[13] im Leben des Menschen wirken. Ja, und dann wird GOTT tatsächlich „alle Ehre und Herrlichkeit" auf Erden zuteil... Konkret bedeutet dies, dass ihr anfangt zu leben, was eure eigentliche Bestimmung ist. Ihr beginnt das zu leben, wofür ihr eigentlich jedesmal auf die Erde gekommen seid. Ihr beginnt, euer höchstes Potenzial HIER zu verwirklichen. Dieses Potenzial muss sich NICHT in der traditionellen Form eines Berufes manifestieren. Es MUSS kein Geld damit verdient werden, es KANN aber... Wir kommen im Kapitel über „Bestimmung" noch darauf zurück. Klar aussprechen wollen wir aber an dieser Stelle schon: „Bestimmung" ist nicht dasselbe wie „Beruf", jedenfalls nicht, wenn ihr „Beruf" als den traditionellen Broterwerb versteht.

Wenn die Seele Mensch wird, dann wird der Körper Gott. Hierzu weiter unten. Wenn die Seele Mensch wird, dann strahlt ihr Licht durch dich hindurch und du selbst beginnst zu leuchten. Du leuchtest vor Freude und vor BeGEISTerung. Wenn die Seele Mensch wird, dann wirst du völlig neu. Alles Alte, Graue fällt von dir ab und du lebst, was du BIST. Wichtig hierbei festzuhalten: Dies ist nur möglich, wenn du vollkommen geerdet bist. Eine Begeisterung, eine Euphorie ohne Wurzeln in der Erde wird früher oder später zu einem Absturz bei dir führen. Mehr noch: Wenn du nicht geerdet bist, dann ist deine Seele auch nicht wirklich in deinem Körper anwesend. Was also kannst du tun, um dich zu erden? Was kannst du tun, damit deine Essenz sich immer mehr in dir verKÖRPERt? Es gibt hierzu viele Wege, aber die beiden einfachsten verlaufen über den Weichen Atem und das Wurzeln-wachsen-lassen. Du kannst diese beiden Wege ganz leicht kombinieren: **Atme deine Essenz ein und lasse zugleich deine Wurzeln tief in die Erde wachsen.** Mehr braucht es nicht, nur diese Übung, stetig wiederholt.

Und was bedeutet es, wenn der Körper Gott wird? Das ist ein ganz besonders wunderbarer Prozess! Euer Körper wird immer weniger dicht, immer lichter, während er vollständige Heilung erfährt. Ihr solltet hierbei nicht in Wochen oder Monaten rechnen, sondern in längeren Zeiträumen, insbesondere wenn es um die Erfüllung eures mehr oder weniger heimlichen Wunsches geht, wieder eure Engelsflügel auszubreiten. Oder die Teleportation zu beherrschen, also euren Körper in Sekundenschnelle an einen beliebigen Ort zu bringen. Autos und Flugzeuge, ade, dann braucht ihr sie nicht mehr! Ja, solche Aussagen kommen euch jetzt wahrscheinlich noch sehr exotisch vor, aber eure neue Matrix beinhaltet diese Potenziale. Euer göttlicher Körper ist auch nicht mehr dem physischen Tod unterworfen. Er entwickelt sich einfach immer höher, indem er immer höher schwingt, und eines Tages kommt ihr an einen Punkt, wo ihr euch entscheiden könnt, ob ihr mit diesem Körper sichtbar und fühlbar für andere auf der Erde bleiben oder ob ihr in andere Bereiche „verschwinden" wollt.

Nach diesem Ausblick auf die Potenziale, die auf längere Sicht in eurer Vollständigkeit enthalten sind, wollen wir wieder auf den Boden der gegenwärtigen Wirklichkeit zurückkehren. Die Perspektiven, die wir soeben aufgezeigt haben, gelten auch nicht für alle heute lebenden Menschen. Die Mehrheit dieser Menschen wird sich wahrscheinlich noch unbewusst für den „normalen" Tod entscheiden, um dieses Mal die Erde zu verlassen. Für einen Teil der jetzt Erwachenden aber sind diese Perspektiven durchaus real.

Nun möchten wir aber noch einmal auf das Thema „**Fremdenergien**" zurückkommen. Dieses ist uns sehr wichtig, gerade weil die meisten Menschen keine Ahnung von der Tatsache haben, dass es in ihren inneren Räumen von Energien, die nicht zu ihnen gehören, geradezu wimmelt. Es kommt also für euch zunächst einmal darauf an, solche Energien überhaupt zu erkennen. Und wie geht das? Kein Röntgengerät, kein Ultraschall kann sie erfassen; die naturwissenschaftliche Medizin kann euch hier nicht helfen. Was allein hilft, das ist eure eigene INTUITION, und dieser zu vertrauen, müssen die meisten von euch erst einmal lernen... Manche Menschen, die besonders sensitiv sind, spüren das Wirken der fremden Energien sogar körperlich. Wer aber diese Gabe nicht hat, der kann auf andere Signale achten. Das Wichtigste hierbei ist das Gefühl. Ein starkes Unbehagen einer bestimmten Person gegenüber, Emotionen der Ablehnung, der Angst, der Wut können ein Zeichen dafür sein, dass man Energien, die eigentlich zu diesem Menschen gehören, bei sich beherbergt. Oftmals sind dies aggressive Energien, die dich vereinnahmen und dir deine innere Freiheit rauben wollen. Gewissheit erhältst du, wenn du einfach bei deiner Seele nachfragst. Ihre Antwort fühlt sich immer warm und liebevoll an! Du brauchst sie nicht unbedingt zu „hören", es kann auch einfach sein, dass du plötzlich die Gewissheit hast: Ja, so ist es. Ganz allgemein kannst du davon ausgehen, dass sich mit Sicherheit Energien von deinen Eltern, anderen Verwandten, Freunden und auch „Feinden" in deinen inneren Räumen aufhalten. Der eine Mensch hat mehr davon, der andere weniger; Tatsache ist in jedem Falle, dass viele eurer Emotionen gar nicht von euch selbst bzw. euren eigenen Seelenanteilen kommen, sondern von solchen Fremdenergien. Ihr fühlt also z.B. manchmal in bestimmten Situationen die Wut oder die Angst eurer Mutter. Beobachte dich selbst, beobachte deine Mutter und finde heraus, wessen Emotion es ist, die dir zu schaffen macht!

Und dann? Was tun, wenn du solche Energien aufgespürt und erkannt hast? Wir sagten es schon: Du schickst sie nach Hause zurück, also zur Seele desjenigen Menschen, von dem sie zu dir kamen. Am besten nimmst du zunächst Verbindung zu dieser Seele auf – sie wird dich wahrnehmen, ganz gleich, ob der betreffende Mensch sich noch auf der Erde befindet oder nicht mehr oder wieder – in einer neuen Inkarnation. Du bittest die Seele, ihre Anteile zurückzunehmen oder zurückzuholen, je nachdem, ob die Anteile freiwillig zu gehen bereit sind oder nicht. Anschließend sprichst du dreimal – am besten laut – aus: „Anteile von XY, bitte kehrt zu seiner/ihrer Seele zurück!" Danach gilt es nur noch, diesen Prozess geschehen zu lassen. Du kannst ihn mithilfe deiner Intuition auch beobachten. Hab Geduld, vor allen Dingen mit dir selbst, und verzweifle niemals an dir: Du wirst immer wieder neu fremde Energien bei dir entdecken, über einen längeren Zeitraum hinweg...

Worüber wir nun noch nicht gesprochen haben, das sind Fremdenergien aus den astralen Bereichen. In den erdnahen feinstofflichen Bereichen halten sich Wesen verschiedener Art auf; allen gemeinsam ist ihre Unerlöstheit, ihre Unbalanciertheit, ihr Zorn, ihre Verzweiflung, ihre Angst. Wir Bäume unterscheiden bei diesen Wesen zwei große Gruppen: Da sind zum einen menschliche Individuen, die nach dem physischen Tod dort „hängen geblieben" sind, weil sie aus den unterschiedlichsten Gründen den Übergang in höhere Lichtwelten nicht geschafft haben. Zum anderen handelt es sich um Energien, die nie auf der Erde inkarniert waren, in ihrem Bewusstsein den menschlichen „Toten" (oder eher „Untoten") aber sehr ähnlich sind, weswegen sie irgendwann auf ihrer Reise durch feinstoffliche Welten auch in diesen astralen Bereichen gelandet sind. Man könnte diese Wesen im Sinne eurer Spukgeschichten durchaus als Gespenster bezeichnen. Alle betätigen sie sich in der einen oder anderen Weise auch als Energievampire. Wenn sich ein Mensch in einem starken Ungleichgewicht befindet, zieht er solche Wesen geradezu magisch an, und seine abgespaltenen Anteile laden sie quasi dazu ein, sich in seinen inneren Räumen niederzulassen. Zur Verdeutlichung: Energievampire können einerseits an eurer Aura kleben und euch Energie absaugen, oder sie wohnen als Fremdbesetzung sogar in eurem Inneren. Das klingt erschreckend und kann es auch sein – diese Wesen sind dunkle Energien und sehen normalerweise nicht sehr hübsch aus. Aber habt keine Angst vor ihnen, denn von dieser nähren sie sich noch zusätzlich! Manchmal kann es in diesem Zusammenhang notwendig sein, dass ihr euch Hilfe von einem kundigen Menschen holt, jedoch könnt ihr selbst auch ein paar wichtige Dinge tun, die euch bei der Befreiung von diesen Parasiten-Energien helfen.

Zunächst einmal: Auch diese Wesen sind letztlich göttlicher Natur und haben eine Lichtheimat, zu der sie früher oder später zurückkehren werden. Nur sind sie momentan noch in Ängste verstrickt und voller Hass und Selbsthass, sodass sie aus eigener Kraft nicht heimkehren können. Wenn ihr sie nun mit Hilfe von Erzengel Michael aus euren inneren Räumen entlasst, gebt ihr ihnen die Chance, schneller zu ihrem eigentlichen Zuhause zu kommen. Normalerweise werden sie allerdings nicht bereit sein, aus freien Stücken zu gehen. In diesem Zusammenhang ist es wichtig für euch, dass ihr euch, so gut ihr es könnt, in eure eigene Kraft begebt. Setzt euch mit aufrechtem Rücken auf einen Stuhl, mit den Füßen in festem Bodenkontakt. Lasst eure feinstofflichen Wurzeln bis tief in die Erde wachsen, wobei ihr euren Atem ruhig und regelmäßig fließen lasst. Forciert den Atem aber nicht, sondern erlaubt ihm seinen ganz natürlichen Rhythmus. Lasst euch immer tiefer in euren Körper sinken und atmet eure eigene, euch innewohnende Kraft ein. Werdet euch der Tatsache bewusst, dass ihr allein der König/die

Königin in euren inneren Räumen seid. Und dann fordert die fremden Energien nachdrücklich auf, diese zu verlassen. Es kann sehr hilfreich sein, wenn ihr hierbei mit Erzengel Michael zusammenarbeitet. Bittet ihn um seine Anwesenheit. Er kann das dunkle Wesen in Empfang nehmen und es an einen Ort geleiten, der momentan für es angemessen ist. Er kann auch vorab, während es sich noch in deinen Räumen aufhält, Kontakt mit ihm aufnehmen und mit ihm verhandeln. Es ist dabei nicht notwendig, dass du den Inhalt dieser Verhandlungen mitbekommst. Du musst sie lediglich erlauben. Wenn die Fremdenergie deinen Körper verlassen hat, dann bitte den Engel um eine energetische Versiegelung, damit keine weiteren Wesen dich besetzen. Danke ihm und schicke das Wesen, das aus dir entwichen ist, mit einem Segen an seinen Bestimmungsort. Kümmere dich im Anschluss konsequent um dein inneres Gleichgewicht!

Die Buche

Zum Abschluss dieses Kapitels möchte ich noch ein paar Worte sagen. Mir geht es um den Zusammenhang zwischen innerem Gleichgewicht und Vollständigkeit. Beide hängen eng miteinander zusammen, beide bedingen sich gegenseitig. Eure Seele kann nur dann Mensch werden, wenn sich eure Körper im Gleichgewicht und Gleichklang befinden. Solange sich eure männlichen und weiblichen Seelenanteile gegenseitig bekämpfen, solange eure Organe schwere Traumata speichern, solange euer Emotionalkörper von negativen Emotionen abgespaltener Seelenanteile beherrscht wird, solange könnt ihr keine wirkliche Vollständigkeit erreichen. Aber lasst euch niemals entmutigen, geht Schritt für Schritt voran – es ist ein Weg, ein Prozess, und Vollständigkeit hat nichts mit „Perfektion" zu tun. Sie tendiert gegen unendlich wie der Limes in der Mathematik... Habt ihr aber erst einmal einen gewissen Grad an Vollständigkeit erreicht, dann kommt ihr hernach quasi automatisch in eine immer tiefere Balance. Ich wiederhole unseren Rat, den wir euch weiter oben gaben: Atmet immer wieder eure göttliche Essenz ein und lasst dabei eure Wurzeln tief in die Erde hinein wachsen! In den beiden nachfolgenden Kapiteln gehen wir auf zwei Gruppen von Erkrankungen ein, die ganz besonders laut nach dieser Übung rufen.

Krebserkrankungen

Der Ginkgo

Dieses Kapitel werde ich allein bestreiten, da wir Ginkgos auf diesem Gebiet ein besonders profundes Wissen besitzen. Ich bin dabei in direkter Verbindung mit dem uralten Ginkgo in China, von dem wir ganz zu Anfang sprachen. Wir sind bisher nicht auf konkrete „Krankheitsbilder" eingegangen, und das hatte gute Gründe: Wir wollten zunächst einmal ausführlich verdeutlichen, was die Grundlagen von Krankheit und Heilung sind. Wobei wir immer wieder betonen müssen, dass wir gar nicht gern euren Ausdruck „Krankheit" verwenden, sondern vorzugsweise von **Ungleichgewicht** sprechen. Im vorliegenden und im folgenden Kapitel nun möchten wir auf zwei besonders schwerwiegende Formen von Ungleichgewicht eingehen: den Krebs und die psychischen Erkrankungen. Krebserkrankungen führen häufig zum körperlichen Tod, während psychische Krankheit oft darin gipfelt, dass der Betroffene aus allen „normalen" sozialen Bindungen „herausfällt". Man könnte dies als eine Art gesellschaftlichen Tod bezeichnen.

Beginnen wir mit der Entgleisung des physischen Körpers, der Entgleisung der Krebszelle. Was liegt ihr zugrunde? Es ist eine Fehlinformation auf der Ebene der DNA, die die Krebszelle glauben macht, sie müsse sich unkontrolliert vermehren. Dieser Fehlinformation wiederum liegt, je nach der Art der Krebserkrankung, ein spezifisches Ungleichgewicht auf der Ebene des Emotionalkörpers zugrunde. Wie wir es auch drehen und wenden – ihr werdet uns immer sagen hören, dass hinter jeglichem körperlichen Ungleichgewicht ein psychisches verborgen ist! Eure Lebens-Erfahrungen und die damit verbundenen Emotionen verändern regelmäßig eure DNA, und das sowohl im „positiven" wie auch im „negativen" Sinne. Von euch als unangenehm bewertete Erfahrungen beeinflussen die DNA in einer Weise, dass sie „krankmachende" Informationen an die Körperzellen weitergibt. Wenn ihr euch aber bewusst auf den Weg des Erwachens zu euch selbst begebt, könnt ihr die „negativen" Veränderungen eurer DNA mit der Zeit wieder rückgängig machen. Und mehr noch: Ihr könnt erlauben, dass sich eure DNA grundlegend neu ausrichtet.

Wir wollen uns also nun genauer anschauen, welche Formen von seelischem Ungleichgewicht hinter bestimmten Krebserkrankungen stecken und mit welcher Art von „unangenehmen" Erfahrungen sie zusammenhängen. Wenden wir uns zunächst einmal den Erkrankungen zu, die mit den **Geschlechtsorganen** zu tun haben: Gebärmutterkrebs, Eierstockkrebs, Brustkrebs bei den Frauen, Hodenkrebs und Prostatakrebs bei den Männern. Ganz allgemein können wir hierzu sagen: Hier liegt ein Ungleichgewicht zwischen den männlichen und weiblichen Seelenanteilen des betroffenen Menschen vor, denn bestimmte männliche oder weibliche Anteile sind besonders stark verletzt. Im Einzelnen:

Eierstockkrebs: Er zerstört die Grundlage der weiblichen Fruchtbarkeit, denn in dem „befallenen" Eierstock können keine Eizellen mehr heranreifen. Die betroffene Frau hat ein massives Problem mit ihrer weiblichen Schöpferkraft auf der Ebene der physischen Reproduktion und auch auf einer allgemeineren Ebene. Sie kann diese ihre Schöpferkraft nicht wirklich annehmen, obwohl ihr das normalerweise nicht bewusst ist. Oft meinen solche Frauen sogar, einen ganz besonders brennenden Kinderwunsch zu haben. Würden sie aber tiefer bei sich selbst nachschauen, dann könnten sie entdecken, dass wichtige Seelenanteile hierbei gar nicht mitmachen wollen. Warum? Dahinter verborgen können alle möglichen schwierigen Erfahrungen mit dem Kinderkriegen in früheren Inkarnationen liegen. Es kann ihnen aber auch die eigene Mutter in ihrer frühen Kindheit signalisiert haben, dass sie eigentlich unerwünscht in die Welt gekommen sind. Ja, sogar ein misslungener Abtreibungsversuch der Mutter kann stattgefunden haben. In jedem Falle sind diejenigen weiblichen Seelenanteile erheblich verletzt, die für die Empfängnisbereitschaft zuständig sind. Auf einer nichtphysischen Ebene bedeutet dies aber auch, dass die betroffene Frau generell nichts „empfangen" möchte. Sie kann nichts „annehmen", weder von anderen Menschen noch von der geistigen Welt, und das, obwohl sie in der Regel besonders medial begabt ist. Diese Frau meint, ganz allein alle Hürden nehmen zu müssen, ohne jegliche Hilfe. Ihr Bewusstsein der Trennung vom Göttlichen ist stark ausgeprägt.

Gebärmutterkrebs: Die Krebszellen machen das Austragen einer Leibesfrucht unmöglich. Eine Frau, die an dieser Krebsform erkrankt, ist zwar empfängnisbereit, aber bestimmte Seelenanteile wollen nicht, dass sich ein befruchtetes Ei in der Gebärmutter einnistet und zu einem Kind heranwächst. Ebenso wollen sie nicht, dass auf einer beliebigen anderen Ebene ein Werk dieser

Frau wächst und zur Reife kommt. Die zugrundeliegenden Erfahrungen sind meist ähnliche wie beim Eierstockkrebs, aber es haben andere Anteile darauf reagiert.

Nun zur Frage, ob und wie diese beiden Krebsarten heilen können. Was schulmedizinische und sonstige Behandlungsformen betrifft, die den Körper zum Objekt haben, so möchten wir hierüber nichts weiter aussagen. Wir sprechen uns weder dafür noch dagegen aus. Jede betroffene Frau entscheidet ganz allein für sich selbst, welche Hilfen sie auf dieser Ebene in Anspruch nehmen will. Uns geht es hier um eine grundlegende Heilung auf tiefster und höchster Ebene – letztendlich um eine komplette Heilung des Emotionalkörpers, um eine Heilung der verletzten weiblichen Seelenanteile und ihre Vereinigung mit einer ebenfalls geheilten männlichen Seite. Da dies in aller Regel ein längerfristiger Prozess sein wird, kann es sinnvoll sein, zu Anfang eine Operation und/oder sogar eine aggressive Chemotherapie zu erlauben, damit dem betroffenen Menschen überhaupt Zeit zur Verfügung steht, um einen solchen Prozess zu durchlaufen. Die Frau kann dann zwar auf der physischen Ebene kein Kind mehr empfangen und austragen, aber auf der grundlegenden nichtphysischen Ebene kann sie endlich Schöpfungen in die Welt bringen! Wenn sie dies erreicht hat, dann werden die Krebszellen von selbst aufhören, sich zu vermehren, und ihr Leben nicht mehr bedrohen. In besonderen, eher seltenen Fällen gibt es auch sogenannte Wunderheilungen – ein Tumor verschwindet wie von selbst, nachdem die betreffenden Seelenanteile spontan zu der Bereitschaft gefunden haben zu heilen. „Dein Glaube hat dir geholfen", pflegte Jesus in solchen Situationen zu sagen. Was er eigentlich meinte: Dem Menschen hat sein Selbstvertrauen, und das heißt zugleich: sein Gottvertrauen, geholfen.

Worum geht es aber, wenn keine schnelle Wunderheilung in Sicht ist und die Frau sich auf einen längeren Bewusstseinsprozess einzulassen hat? In diesem Fall geht es darum, dass sie sich selbst das Erschaffen ganz allgemein erlaubt, und zwar zunächst einmal die weibliche Form des Erschaffens. Diese verläuft über die Wahrnehmung von Potenzialen, das Zulassen der Empfängnis auf einer geistigen Ebene und das Austragen des betreffenden Potenzials über den Körper. An einem bestimmten Punkt dieses Prozesses steht dann die Zusammenarbeit von weiblichen und männlichen Seelenanteilen an. Ein konkretes Beispiel: Eine von Gebärmutterkrebs betroffene Frau nimmt schon seit einiger Zeit wahr, dass sie eine besondere Begabung, also ein Potenzial, zur bildenden Künstlerin hat. Bislang hat sie sich aber nicht gestattet, dieses Potenzial in ihrem Leben Wirklichkeit werden zu lassen. Was kann diese Frau nun tun, um die entsprechenden Seelenanteile heilen zu lassen? Vielleicht lässt sie sich zunächst darauf ein, einmal ein

Bild zu malen. Es werden sofort Selbstzweifel aufkommen, dass sie so etwas auch wirklich kann, und diese Zweifel werden sie blockieren. Hier hilft die regelmäßige Arbeit mit dem weichen Atem. Sie setzt sich aufrecht auf einen Stuhl, stellt beide Füße fest auf den Boden, lässt ihre feinstofflichen Wurzeln tief in die Erde hinein wachsen. Sie lässt ihren Atem ganz natürlich und weich fließen und erlaubt zugleich ihrer Aura, sich so weit auszudehnen, wie es angenehm für sie ist. So nimmt sie Kontakt mit Mutter Erde und mit dem Universum auf. Während sie nun ihren Atem fließen lässt, nimmt sie ihre verletzten Seelenanteile wahr und lässt ihnen Mitgefühl und Liebe zukommen. Mit der Zeit und regelmäßiger Übung werden die Anteile zur Seele zurückkehren. Zugleich kann sie auch Liebe ANNEHMEN: die Liebe ihrer Seele, die Liebe der Erde, die Liebe des Universums. Diese lässt sie mit dem Atem durch ihren Körper fließen. Schließlich wird sich die Blockade lösen – die Frau wird bereit sein, ihr Bild zu malen. Nun ist die Kooperation mit ihrer männlichen Seite notwendig: Diese ist zuständig für die vorbereitenden Handlungen, zum Beispiel das Kaufen von Papier/Leinwand und Farben. Um das konkrete Bild zu konzipieren (lateinisch: „empfangen"!), kann sie sich wieder in der beschriebenen Weise mit Himmel und Erde verbinden und wahrnehmen, was für Ideen ihr kommen. Diese lässt sie wiederum mit dem Atem durch ihren Körper fließen. Dann kann sie mit dem Malen beginnen – die männlichen Anteile treten in Aktion und setzen die empfangenen Ideen um. Dabei werden voraussichtlich Seelenanteile auftauchen, die mit dem „Kind", dem Bild also, unzufrieden sind, weil sie glauben „perfekt" sein zu müssen. Erneut empfiehlt es sich, den weichen Atem in der beschriebenen Weise zu praktizieren. So kann sich der Schöpfungsprozess durchaus über eine ganze Weile hinziehen. An seinem Ende steht die Akzeptanz, das Annehmen des gemalten Bildes als der eigenen Schöpfung und damit die Akzeptanz der eigenen Schöpferkraft!

Brustkrebs: Die weibliche Brust steht für die nährende Seite der Frau, sie repräsentiert das nährende Weibliche ganz allgemein. Diese Krebsart zerstört den Körperteil, der Nahrung geben kann, und darin liegt eine sehr starke Symbolik: Die betroffene Frau hat Probleme mit dem nährenden Weiblichen. Sie hat Probleme zu geben, weil Anteile von ihr der Überzeugung sind, nichts erhalten zu haben. Und zwar... nichts oder zu wenig erhalten zu haben von der eigenen Mutter. Im Falle von Brustkrebs liegt also immer ein Ungleichgewicht in der Beziehung zur Mutter vor. Daher ist er auch so häufig und kommt ab den frühen Erwachsenenjahren in allen Lebensaltern vor. Denn seid einmal ehrlich zu euch selbst – wer von euch hatte denn eine vollkommene Mutter? Wir sagen mit Absicht nicht „perfekte" Mutter, denn hierunter versteht ihr sofort eine, „die alles richtig macht". Eine vollkommene Mutter aber ist aus unserer Sicht eine erwachte Mutter.

Welche Prozesse kann also eine Frau mit Brustkrebs durchlaufen, um wirklich zu heilen? Es geht einerseits um die Aussöhnung mit der eigenen Mutter und andererseits um ein tiefes Annehmen der eigenen weiblichen Seite als einer nährenden, das bedeutet, gebenden. Letzteres ist aber nur möglich auf der Basis der Aussöhnung mit der Mutter. Und beides hat auch noch mit Selbstliebe zu tun, und das heißt, mit dem Annehmen der Liebe der eigenen Seele! Die Annahme der Liebe der eigenen Seele ist sogar der Ausgangspunkt für alle diese Prozesse. Denn es ist letztendlich die eigene Seele, die dich nährt und hält, wie es keine leibliche Mutter jemals tun konnte. Wenn du dich also in der oben beschriebenen Weise mit Himmel und Erde verbindest und atmend die Liebe deiner Seele annimmst, dann wirst du erfahren, dass dir in Wahrheit nie etwas gefehlt hat, denn diese Liebe war und ist IMMER für dich da! Es kann allerdings durchaus vorkommen, dass ein Mensch Angst hat, diese Liebe anzunehmen, vielleicht weil er die Erfahrung mit einer harten Mutter auf die Seele projiziert und deshalb Angst vor ihr hat. Wie kannst du mit deinem Misstrauen deiner höheren Seite gegenüber umgehen? Sei mutig und nimm einfach einmal probehalber nur ein ganz klein wenig Liebe an, und dann nochmal ein wenig, und noch einmal... sozusagen „in Teelöffelchen", wie die junge Meisterin Lea Hamann zu sagen pflegt. Wenn du regelmäßig übst und schließlich zu fühlen gelernt hast, was die Liebe deiner Seele ist, dann wirst du dich mit deiner Mutter innerlich aussöhnen können. Warum? Du wirst begreifen, dass auch sie die Liebe ihrer Seele nicht kannte – und wenn sie noch auf der Erde weilt, nicht kennt – und also ebensowenig wie du selbst in der Lage war, dich auf eine Weise zu nähren, wie du es gebraucht hättest. Sie hat unter den gegebenen Umständen ihr Bestes gegeben, auch wenn das vielleicht aus deiner Sicht viel zu wenig war... Und wenn du einmal so weit bist, dann wirst du auch deine eigene nährende weibliche Seite annehmen können!

Hodenkrebs: Dies ist ein eher seltener Tumor, der vor allem bei jüngeren Männern auftritt. Er kann zur Zeugungsunfähigkeit führen, hat aber meist keine Impotenz zur Folge, da normalerweise nur eine Seite befallen ist. In der überwiegenden Zahl der Fälle sind die Keimzellen betroffen. Die Symbolik ist offenkundig: Der Mann hat Probleme, seine Zeugungskraft anzunehmen – auch wenn er sich subjektiv Kinder wünscht. Auf einer tieferen Ebene geht es aber auch um die männliche Schöpferkraft überhaupt – es geht um die Bereitschaft, sich aktiv ein Leben zu erschaffen, das mit der eigenen Bestimmung im Einklang ist. Welche traumatischen Erfahrungen stehen dahinter? Zunächst einmal geht es um den leiblichen Vater in der gegenwärtigen Inkarnation: Der Sohn fühlt sich – auf einer bewussten oder auch auf einer unbewussten Ebene – von ihm nicht angenommen. Hinzu kommen Erlebnisse aus früheren Leben, die mit der männlichen Schöpferkraft zu tun hatten: Versuche, die eigene Bestimmung umzusetzen, endeten in Niederlagen oder wurden durch andere Menschen „bestraft".

Auch für den Mann geht es selbstverständlich darum, auf energetischer Ebene tiefgreifende Heilungsprozesse zu durchlaufen, um innerlich freier zu werden, als er vor der Erkrankung war. An dieser Stelle möchten wir anmerken: Heilung bedeutet aus unserer Sicht nicht die Wiederherstellung eines vorherigen Zustands, wie die Schulmedizin meint. Der vorherige Zustand war nämlich immer schon ein Ungleichgewicht, sonst hätte keine Krankheit entstehen können! Heilung bedeutet die Herstellung eines ganz neuen, wirklich balancierten Zustands von Körper, Psyche und Geist! Auf welche Weise kann nun ein Mann üben, der an Hodenkrebs erkrankt war und durch Operation und Chemotherapie oder Bestrahlungen „geheilt" wurde? Er kann sich auf die energetische Ebene einlassen, was Männern meist schwerer fällt als Frauen: Viele leugnen schlichtweg deren Existenz. Wenn er sich aber auf diese Ebene einlässt, dann ist eine viel tiefere Heilung möglich als auf den Wegen der Schulmedizin. Konkret bedeutet das: Der Mann kann üben, mit der männlichen Schöpferkraft des Universums zu atmen, sie durch sich hindurch fließen zu lassen. Es ist wichtig, dass er diese Kraft auch für sich selbst annimmt – das wird einen längeren Prozess erfordern. Im Verlaufe dieses Prozesses wird er sich aber mit seinem Vater aussöhnen können, denn er wird erkennen, dass auch dieser von der männlichen Schöpferkraft des Universums abgeschnitten war. Außerdem kann der Mann Verbindung mit der weiblichen Schöpferkraft aufnehmen – sowohl der durch das Universum wirkenden Kraft als auch der weiblichen Schöpferkraft, die seine eigene ist. Auch diese kann er annehmen und durch sich hindurch fließen lassen. Voraussichtlich wird dies ebenfalls nicht einfach sein, denn die meisten Männer haben eine gestörte Beziehung zu ihrer inneren weiblichen Seite, so wie die meisten Frauen mit ihrer inneren männlichen Seite nicht gut klarkommen. Hierüber haben wir ja zu Anfang dieses Buches schon gesprochen. Im Verlaufe dieser Prozesse könnte es dann geschehen, dass der betroffene Mann unzufrieden mit seinem bisherigen Leben wird: Er merkt, dass er an seiner eigentlichen Bestimmung vorbeigelebt hat, das heißt, er hat nicht das gelebt, wofür er in Wirklichkeit auf die Erde gekommen ist. Vollständige Heilung des ganzen Menschen bedeutet aber genau, dass ihr diese eure Bestimmung auch lebt. Hierzu verweisen wir auf das letzte Kapitel, das diesem Thema gewidmet ist.

Prostatakrebs: Im Gegensatz zum Hodenkrebs tritt der Prostatakrebs meist im fortgeschrittenen Alter auf und ist eine recht häufige Erkrankung. Die Vorsteherdrüse hat im Wesentlichen mit der Produktion der Samenflüssigkeit zu tun sowie mit der Fähigkeit zur Erektion des männlichen Gliedes. Worum es hier geht, das ist also nicht in erster Linie die Zeugung selbst, sondern der Akt des Geschlechtsverkehrs. Warum haben ältere Männer häufig ein Problem hiermit? Nun, dieses Problem tritt vorzugsweise bei Männern auf, die in ihrem Inneren den Widerstreit zwischen den männlichen und weiblichen Energien im Verlaufe ihres Lebens nicht haben lösen können. Eigentlich ist der Prostatakrebs ein Ruf ihrer Seele nach Integration dieser Energien. Im äußeren Leben können verschiedene unangenehme Erfahrungen mit dem weiblichen Geschlecht vorliegen, die letztlich ein Spiegel des inneren Ungleichgewichts sind.

Von daher geht es bei der energetischen Arbeit in diesem Zusammenhang genau um die männlichen und weiblichen Energien: Es geht um ihre Wahrnehmung, um die Wahrnehmung der damit verbundenen Gefühle, um einen Weg, der zur Aussöhnung und Vereinigung dieser Energien führt. Wir verweisen an dieser Stelle zurück auf das erste Kapitel. Wiederum ist dies ein längerer Weg, aber der Prostatakrebs wächst normalerweise langsam, und hier lohnt es sich, gründlich nachzuspüren, ob man sich auf die schulmedizinischen Prozeduren wirklich einlassen will.

Mit diesem Hinweis möchten wir unsere Ausführungen zu den Krebserkrankungen der Geschlechtsorgane abschließen. Im Weiteren gehen wir nicht auf sämtliche Krebsarten ein, die es gibt – das würde in diesem Rahmen zu weit führen. Wir behandeln noch die folgenden Formen von „bösartigen" Tumoren: den Hirntumor, den Lungenkrebs, den Leberkrebs und den Bauchspeicheldrüsenkrebs. Hierbei möchten wir zunächst einmal erläutern, warum wir „bösartig" in Anführungszeichen gesetzt haben: Ihr Menschen geht, wie wir schon sagten, in eurem alten Bewusstsein grundsätzlich davon aus, dass Krankheiten eure Feinde seien und dass es gelte, sie zu bekämpfen. In Wirklichkeit steht aber – auch das betonten wir schon wiederholt – hinter JEDER Krankheit ein Hinweis und ein Ruf eurer Seele: „Hier ist etwas ins Ungleichgewicht geraten, hier will etwas heilen!" Das ist beim Krebs nicht anders – hier ist nur dieser Ruf und Hinweis besonders laut und auffällig... Die Seele teilt euch mit, dass sie nicht mehr in eurem Körper verbleiben kann, wenn die Balance nicht neu hergestellt wird. Das ist alles. Ein Krebs ist also in unserem Sinne alles andere als „bösartig", er gleicht einer blinkenden Signallampe und einer lauten Sirene, die Alarm schlagen. Um diesen Alarmruf wahrzunehmen, muss man zunächst einmal die Ohren und Augen für seinen Körper und für seine Seele öffnen! Setze dich ruhig hin, stelle die Füße fest auf den Boden und lasse deinen Atem fließen. Erlaube deinen feinstofflichen Wurzeln, tief in die Erde zu wachsen, und deiner Aura, sich weit auszudehnen, damit sie sich mit dem Universum verbindet. Und dann nimm die „Katastrophe" in deinem Inneren wahr! Komme an bei dir selbst, mittendrin in diesem Ungleichgewicht, mittendrin in dem Aufruhr der Gefühle, die damit verbunden sind. Es wird sich sehr, sehr unangenehm anfühlen und du wirst am liebsten schreiend davonlaufen wollen, aber bleib sitzen und lasse deinen Atem so ruhig und so weich du kannst weiterfließen. Nimm wahr, was IST, und nimm an, was IST. Mehr nicht, für diesen Augenblick. Wiederhole diese Übung so oft, bis sich schließlich Frieden in dir einstellt – dann bist du in Verbindung mit deiner Seele... Dies ist das Vorgehen, das wir bei jeglicher Diagnose einer schwerwiegenden Erkrankung als ersten Schritt empfehlen.

Hirntumor: Ist der Kopf betroffen, das Hirn, dann geht es um Steuerung und Führung. Im Falle eines Krebstumors geht es auf der körperlichen Ebene um gestörte neuronale Vernetzung. Informationen funktionieren nicht mehr im Sinne des Ganzen. Ein Teil der „Kommandozentrale Hirn" verselbstständigt sich und beginnt zu wuchern – etwas Wichtiges ist aus dem Gleichgewicht geraten. Was hat aber hier die Balance verloren? Es kommt auf den Ort an, wo der Tumor zu wachsen beginnt. Auf die Symbolik der einzelnen Teile des Hirns möchten wir aber hier nicht eingehen – auch das würde zu weit führen. Generell kann man sagen, dass bei einer Krebserkrankung des Hirns immer auch eine schwerwiegende Störung in der Beziehung zwischen Mentalkörper und Emotionalkörper vorliegt, und über dieses Ungleichgewicht wollen wir jetzt sprechen: Ein Mensch, der an einem Hirntumor erkrankt, ist entweder übermäßig mental betont oder übermäßig emotional betont – beides ist möglich. Im Falle der übermäßigen mentalen Betonung spielt der Mentalkörper „verrückt", er gerät sozusagen außer Rand und Band. Im Falle der übermäßigen emotionalen Betonung versucht der Mentalkörper, diese zu korrigieren, indem er zu wuchern beginnt. In der Erfahrung des Menschen kann zum einen eine übermäßige Betonung des Intellekts durch die elterliche Erziehung vorangegangen sein, zum anderen kann das Klima in der Familie übermäßig emotional gewesen sein, und zwar im Sinne „negativer" Emotionen. In beiden Fällen liegen in der Regel auch besonders tiefe traumatische Erlebnisse in früheren Inkarnationen vor.

Beide Formen von Ungleichgewicht sind energetisch nicht einfach zu behandeln, denn es handelt sich jeweils um sehr tiefe Prägungen, die meist über viele Generationen weitergereicht wurden. Ein paar Hinweise möchten wir aber geben: Im Falle der Überbetonung des Mentalkörpers hat der Mensch wenig oder gar keinen Zugang zu seinen wahren Gefühlen, im Extremfalle keinen Zugang zu Gefühlen überhaupt. Wie kann er nun dazu finden? Hier braucht es sehr viel Geduld mit sich selbst! Unsere oben beschriebene Übung sollte immer wieder der Ausgangspunkt sein: sich hinsetzen, die Füße fest auf den Boden stellen, Wurzeln wachsen lassen, die Aura sich ausdehnen lassen, den Atem weich fließen lassen. Und dann geht es in erster Linie darum, Liebe anzunehmen, denn die Liebe ist der Ausgangspunkt – die Liebe der eigenen Seele, des Universums, der Erde. Wahrscheinlich kommt bei dem Versuch, Liebe anzunehmen, zuallererst große Angst auf – wunderbar: ein Gefühl! Das grundlegende Gefühl sogar, das der Gegenpol zur Liebe ist... Dieser Mensch hat nämlich Angst vor seiner eigenen Seele, er hat so viele schwierige Erfahrungen hinter sich, dass er das grundlegende Vertrauen in sie, das grundlegende Vertrauen in das Göttliche, verloren hat. Wir können nur noch einmal betonen: Viel Geduld mit sich selbst ist angesagt, bis du dich selbst wirklich spüren kannst. In der Regel wirst du die Unterstützung eines anderen Menschen brauchen, der dich bei deinen Übungen begleitet. Auch bei einer Überbetonung des Emotionalkörpers brauchst du Unterstützung. Du bist bei einer solchen Disposition meist deinen Emotionen hilflos ausgeliefert. Was dir fehlt, ist Klarheit. Gehe ebenfalls von unserer beschriebenen Übung aus und nimm Liebe an, denn diese fehlt auch dir. Und dann bitte die geistige Welt um Beistand. Es gibt einen Aufgestiegenen Meister, dessen Name Serapis Bey ist. Er kann dir die Weiße Flamme der Klarheit bringen. Bitte darum und du wirst diese Unterstützung erhalten. Auch kannst du dich von einem Menschen bei deinen Übungen begleiten lassen, der gut in seiner Mitte steht. Es braucht dies kein Heiler, keine Heilerin zu sein, es kann einfach ein guter Freund sein, der bereit ist, Anteil zu nehmen. Ihr könnt solche Übungssitzungen auch durchaus telefonisch abhalten. Die Herstellung einer gesunden Balance zwischen Emotionalkörper und Mentalkörper braucht viel Zeit und hat auch mit der Herstellung des Gleichgewichts zwischen männlichen und weiblichen Seelenanteilen zu tun. Üben... üben... üben!

Lungenkrebs: Die Lungen sind das zentrale Organ der Atemwege. Und über den Atem nehmt ihr nicht nur Sauerstoff auf, sondern auch kosmische Energie. Der Atem ist nicht nur ein Symbol eurer Verbindung mit allem – er stellt diese Verbindung real her! Wenn nun ein Lungenflügel an

Krebs erkrankt, dann wird die Grundlage deiner Verbindung mit dem Universum angegriffen. Etwas in dir fühlt sich getrennt von allem – das ist das eine. Das andere aber ist: Etwas in dir will keine Lebensenergie aufnehmen, etwas in dir mag nicht in der Inkarnation auf dieser Erde sein. Der Erfahrungshintergrund liegt hierbei meist schon in früheren Leben – du bist oftmals dafür „bestraft" worden, wenn du versuchtest, deine Bestimmung in die Realität umzusetzen. Daher hast du die Tendenz, es in diesem Leben erst gar nicht zu versuchen...

Wie kannst du heilen? Bei Lungenkrebs geht es ganz zentral darum, dass der Mensch sich mit dem befasst, wofür er eigentlich immer wieder auf die Erde gekommen ist – mit seinen eigenen, ganz spezifischen Fähigkeiten nämlich, mit den Fähigkeiten, die niemand anderer genau in dieser Form mitgebracht hat. Das ist es, was wir unter „Bestimmung" verstehen. Wir meinen nicht in erster Linie Fähigkeiten, die mit „normalen" Begabungen zu tun haben, zum Beispiel die Begabung für Sprachen oder Naturwissenschaften oder Sport oder handwerkliche Tätigkeiten... Wir meinen Fähigkeiten, bei denen es um den Umgang mit Energien in allen möglichen Bereichen geht: mediale Begabungen; Feinfühligkeit; die Fähigkeit zu heilen, also anderen bei der Aktivierung ihrer Selbstheilungskräfte zu helfen; Wissen um die Heilkraft der Kräuter oder Kristalle... Solche Fähigkeiten werden gerne wegen der befürchteten Folgen verdrängt gehalten. Auch die diesbezügliche Angst ist verdrängt – es soll möglichst keine Spur von deiner Besonderheit im Tagesbewusstsein vorhanden sein. Willst du aber in ein Gleichgewicht kommen, das diesen Krebs heilt, dann musst du genau diese deine außergewöhnlichen Fähigkeiten mitsamt der Angst, diese anzuschauen, ans Licht kommen lassen. Stelle dir das nur einmal vor, und schon wird die Angst DA sein! Und wie gehst du mit ihr um? Du nimmst sie wahr und lässt sie fließen. Auch die Angst ist nichts weiter als eine Energie, die fließen will, die in den Fluss gebracht werden möchte. Erst wenn deine Angst wirklich fließt, kannst du in dein Inneres hineinspüren und Ja zu deinen ganz besonderen Fähigkeiten sagen – auch wenn dir zunächst überhaupt nicht klar sein wird, worin sie eigentlich bestehen. Bis du deine Fähigkeiten erkennst, sie angenommen und ins physische Leben hineingebracht hast, kann einige Zeit vergehen. Lass dich nicht beirren und übe dich in Geduld! Es funktioniert, wenn es auch dauert!

Leberkrebs: Der Hintergrund für diese Krebsart ist die Funktion der Leber bei der Entgiftung des Körpers. Die Leber hat auch noch einige andere wichtige Aufgaben, aber wenn sie an Krebs erkrankt, dann ist sie vergiftet. Wir schauen uns hier vorrangig die energetische Seite der Vergiftung an, obwohl das Thema Ernährung ebenfalls eine Rolle spielt. Es ist aber so, dass sich der Mensch in der Regel so ernährt, wie er sich fühlt. Was wir damit meinen: Primär sind die

Emotionen der Anteile, von denen er sich unbewusst steuern lässt, primär ist das (Un)bewusstsein. Je bewusster der Mensch, desto adäquater wird er seinen Körper ernähren. Welche Emotionen also vergiften die Leber? In erster Linie ist es unterdrückte Wut, hinzukommen können Neid und Eifersucht, die ebenfalls weitgehend unbewusst wirken. Ein Leberkrebspatient ist nämlich in der Regel nach außen hin und auch seiner Selbstwahrnehmung nach ein sehr friedfertiger Mensch. Er mag keinen Streit und geht offenen Auseinandersetzungen aus dem Wege. Wenn er sich über einen anderen Menschen ärgert, wird er ihm das nicht ins Gesicht sagen. Er wird sogar unter Umständen seine Wut vor sich selbst verbergen und den anderen in Gedanken zu rechtfertigen versuchen. Auf diesem Wege entsteht mit der Zeit jede Menge emotionales Gift!

Der Leberkrebs ist oftmals sehr aggressiv und kann schnell zum Tode führen. Wenn du dich für das Weiterleben auf der Erde entscheiden willst, dann werde dir all deiner unterdrückten Wut bewusst und lasse sie fließen! Es geht nicht darum, jetzt mit Gewalt Streit mit anderen zu suchen, um die Emotion auszuleben und zu entladen. Du brauchst auch keinen Punchingball. Wie gesagt, es geht gar nicht ums Ausagieren. Es geht um die Wahrnehmung und um den Fluss der Energie – wie immer! Wenn du aber Wut wirklich fließen lässt, dann wirst du bald merken, dass ihre Essenz einfach Kraft ist – DEINE Kraft! Setze dich also so oft wie möglich hin und verbinde dich mit der Erde und dem Universum, wie weiter oben beschrieben. Und dann lasse deine Wut fließen! Es braucht nicht mehr als das...

Bauchspeicheldrüsenkrebs: Das Pankreas produziert Verdauungsenzyme und auch das Insulin, welches ja beim Diabetes eine zentrale Rolle spielt. Eure Schulmedizin tappt im Dunklen, was die Ursachen für eine Krebserkrankung der Bauchspeicheldrüse betrifft. Nun, wir sagen es euch: Wer sich nicht geliebt fühlt und sich selbst nicht liebt, läuft Gefahr, an Diabetes zu erkranken. Wer sich selbst aber hasst, ohne sich dessen bewusst zu sein, der kann ein Pankreaskarzinom entwickeln – wenn sich das seelische Ungleichgewicht nicht direkt in einer psychischen Erkrankung äußert. Was dahinter steht: in erster Linie unbewusste Selbstverurteilung aufgrund von „schlechten" Taten in vergangenen Inkarnationen!

Da der Bauchspeicheldrüsenkrebs oft erst spät entdeckt wird und dann sehr schnell das Leben beenden kann, bleibt dem Betroffenen meist wenig Zeit. Die Schulmedizin kann hier kaum helfen; wer neben der „normalen" Therapie etwas für sein Verbleiben auf der Erde tun will, der ist gut beraten, einen Menschen hinzuzuziehen, der Rückführungen in frühere Leben begleiten kann. So erhält der Patient die Möglichkeit, sich vergangene „Untaten" anzuschauen, sich selbst zu verzeihen und sich mit sich selbst auszusöhnen. Auch in dem Falle, wo der Ausgang der Erkrankung nicht mehr beeinflusst werden kann, ist dies eine nutzbringende Angelegenheit, denn dieses Vorgehen wird dem Menschen den Heimgang in eine Lichtwelt erleichtern – er wird nicht so lange, oder im optimalen Falle gar nicht, in erdnahen astralen Bereichen verweilen.

Damit beende ich meine Ausführungen über den Krebs. Wir könnten ein ganzes Buch allein zu diesem Thema schreiben, aber in diesem Rahmen möchten wir uns auf das Gesagte beschränken. Wir hoffen, dass wir betroffenen Leserinnen und Lesern ein paar wertvolle Hinweise geben konnten! Eine Herstellung des Gleichgewichts auf energetischem Wege braucht zwar in der Regel Zeit, ist aber der nachhaltigste Weg, den wir kennen.

Psychische Erkrankungen

Tassilolinde, Ginkgo, Buche

Nach einer Pause von mehreren Monaten, die unser Kanal Ines gebraucht hat, um durch eigene weitere Entwicklungen zu gehen, setzen wir nun gemeinsam unsere Übermittlungen fort. Wenn es um Krankheit und Heilung geht, geht es immer, wirklich immer, um ein zugrundeliegendes seelisches Ungleichgewicht, und auch die Gesundheitsprobleme, die von der Medizin als psychische Krankheiten eingestuft werden – früher sagte man dazu „Geisteskrankheiten" – bilden hiervon keine Ausnahme. Im Gegenteil, bei den sogenannten psychischen Krankheiten handelt es sich um nichts weiter als um besonders stark ausgeprägte Formen von seelischem Ungleichgewicht. Nicht mehr und nicht weniger. Hinzu kommen bei manchen Psychosen mediale Erlebnisse verschiedener Art, die von der Schulmedizin als Halluzinationen angesehen werden und die Grundlage für die frühere Bezeichnung als Geisteskrankheiten bilden. Aus unserer Sicht bringen euch psychische Erkrankungen, so herausfordernd sie auch sind, immer eine ganz besondere Chance, den Weckruf eurer Höheren Seele zu vernehmen, denn sie verstecken sich nicht hinter körperlichen Symptomen.

Wir möchten damit beginnen, über die medialen Erfahrungen zu sprechen, die viele Psychosekranke machen, ohne sich dieser Tatsache bewusst zu sein. Manche hören Stimmen, manche sehen „Dinge oder Personen, die nicht da sind", wie in den Arzneimittelinformationen der Pharmaindustrie zu lesen ist. Häufig sind diese Erlebnisse negativer Art, rufen Angst, Panikattacken, „Verfolgungswahn" hervor. Die Menschen können nicht einordnen, was ihnen da widerfährt, projizieren die Gestalten, die sie sehen, und/oder die Stimmen, die sie hören, in die materielle Realität hinein. So glauben sie z.B. von Stimmen beschimpft zu werden, die aus Flugzeugen kommen, oder von Mördern verfolgt zu werden in der ganz „realen Welt". Andere sind überzeugt davon, Heiligen- oder Marienerscheinungen zu erleben, wieder andere halten sich selbst für einen Heiligen, einen großen Menschen aus der Vergangenheit oder auch für Jesus Christus persönlich. Allen diesen Erfahrungen, wenn sie in Verbindung mit starkem psychischen

74

Ungleichgewicht auftreten, ist eines gemeinsam: Sie kommen entweder von abgespaltenen und noch nicht integrierten Seelenanteilen her oder auch von der unerlösten Seite der geistigen Welt – der Astralwelt. Es gibt in der geistigen Welt sehr, sehr viele unerlöste und dunkle Wesen, die sich genau von Menschen angezogen fühlen, die in seelischem Ungleichgewicht verharren. Manche von ihnen heften sich euch an und saugen euch regelrecht Energie ab, andere geben sich als höhere Meister oder Engel aus und belügen euch nach Strich und Faden. Unser Kanal weiß aus eigener Geschichte ein Liedchen davon zu singen... Die dunkle Seite der geistigen Welt ist stets bemüht, euch zu verwirren und vom Weg des Erwachens und der Selbstheilung abzubringen. Um euch ihrer Einwirkung zu entziehen, kann es manchmal durchaus sinnvoll sein, dass ihr vorübergehend oder sogar auf längere Sicht ein Neuroleptikum einnehmt, denn solange ihr euer wahres Selbst nicht auf Dauer gefunden habt, seid ihr immer wieder anfällig dafür, auf ihre Tricks hereinzufallen...

Was die Wahrnehmung betrifft, ein Heiliger oder sonstiger großer Mensch zu sein, so gibt es hierzu auch einiges zu sagen: Zunächst einmal: Du BIST – in dem, was du wirklich bist – tatsächlich ein Heiliger, du bist tatsächlich GROß! So kannst du dich in Augenblicken der Euphorie (oder der Erleuchtung?) wirklich manchmal in der Größe erfahren, die deine eigene ist. Wenn du aber danach wieder in dich zusammenfällst und als ein Häuflein Elend am Boden liegst, dann hast du wahrscheinlich eher gerade mal eine „Ego-Inflation", eine Ego-Blähung, erfahren... Jedenfalls würde euer Tiefenpsychologe Carl Gustav Jung das so sehen. Zweitens: Es ist überhaupt nicht auszuschließen, dass du in gewissen früheren Leben ein „großer Mann" oder eine „große Frau" *warst*. Du hattest immer wieder Lebenszeiten, wo du versucht hast, deine ureigene Bestimmung auf die Erde zu bringen, und andere Lebenszeiten, wo du dich in der „grauen Masse" befunden hast. Drittens aber: Solche Psychose-Erlebnisse können auch Fehlwahrnehmungen sein, durchaus. In diesem Falle sind sie entweder Fehlwahrnehmungen deines Egos oder eines Seelenanteils, oder sie wurden dir wiederum durch astrale oder andere dunkle geistige Kräfte untergejubelt.

Um es noch einmal zu betonen: Die für dich nachteiligen Einwirkungen von dunklen geistigen Energien können sich umso stärker entfalten, je stärker das psychische Ungleichgewicht ist, in dem du dich befindest. Und damit möchten wir nun näher auf dieses eingehen:

Die Grundlage jeglichen psychischen Ungleichgewichts ist die **Angst**, das müssen wir zunächst einmal festhalten. Die Angst hat eine sehr niedrige Schwingungsfrequenz, und diese ist der Gegenpol zur sehr hohen Schwingungsfrequenz der LIEBE. Wer in der Liebe ist, der ist in der EINHEIT, ist im Vertrauen, ist in der Fülle und in der FREUDE. Alle von euch so gefürchteten und abgelehnten „negativen Gefühle" entstehen letztendlich aus der Angst. Und woher stammt eure Angst? Sie entstand ursprünglich in dem Moment, als ihr aus der Göttlichen Einheit ausschiedet. Spätestens als ihr anfingt, physische Körper anzunehmen, war eure Angst perfekt. Denn die physischen Körper luden euch nachgerade dazu ein, euch mit ihnen zu identifizieren und euch so als getrennt zu erfahren: getrennt vom Göttlichen, getrennt vom Universum, getrennt von allen anderen Wesen einschließlich euresgleichen. Wie aber sollte DAS keine Angst hervorrufen? Die Angst vor allem „anderen", „Fremden" zum Beispiel. Wenn ihr an eure „Nazis" denkt, dann seht ihr, wie ihre Aggression aus solcher Angst stammt. Und dann die Angst, verletzt zu werden. Ihr habt sie in euren tausend Leben auf der Erde abertausende Male „bestätigt" bekommen. Warum? Wer Angst vor dem anderen hat, der erwartet, von ihm verletzt zu werden. Und was ihr erwartet, das geschieht auch, denn ihr seid die Schöpfer eures Lebens, im Negativen wie im Positiven!

Die Grundlage jeglicher psychischen Erkrankung ist also selbstverständlich ebenfalls die Angst, das wird euch gleich ersichtlich werden: Wer einen Weckruf seiner Seele – denn darum handelt es sich hier immer – auf dem Wege über eine psychische Erkrankung erhält, der fühlt sich abgetrennt von der LIEBE wie jeder andere „normale" Mensch auch, nur in einem noch höheren Maße. Warum? Er hat in seinen tausend Erdenleben die entsprechenden Erfahrungen immer wieder gemacht und ist vielleicht nur sensitiver als andere, „normale", Menschen. Wo diese bestimmte Erlebnisse, die DU als tiefe Kränkung aufnimmst, einfach mit einem Achselzucken wegstecken, da siehst DU dich wieder in deiner Erwartung bestätigt: „Keiner liebt mich, keiner will mich, niemand ist für mich da." Und dann kommt unweigerlich deine Schlussfolgerung: „Also bin ich auch nichts wert!" Die Minderwertigkeitsgefühle psychisch kranker Menschen sind extrem stark, viel stärker als die „gesunder" Zeitgenossen. Und entsprechend stark ausgeprägt ist auch ihr Selbsthass!

Wie du siehst, sind wir von der Angst ausgegangen und beim Selbsthass gelandet. Hass entspringt aus der Angst, Hass ist ja Aggression. Wo der Mensch aber sich selber hasst, da befindet er sich in einem extremen Ungleichgewicht, denn das bedeutet, dass er sich extrem stark von der LIEBE entfernt hat. Und die höchste Form der Liebe, das sagen WIR euch, die wir es WISSEN, ist die SELBSTLIEBE! Auf diese kommen wir aber später noch zurück, wenn wir über den Heilungsweg bei einer psychischen Erkrankung sprechen. Nun aber wollen wir noch auf einige Formen der psychischen Erkrankung und ihre Symptome eingehen:

Depression: Das ist die Nacht der Seele par excellence, und sie endet auch manchmal in der Nacht des Todes, in der Selbsttötung also. Du siehst die Dinge nicht nur grau in grau, sondern pechschwarz in pechschwarz. Auch das letzte bisschen Freude ist aus deinem Leben gewichen. Du hast keinerlei Antrieb, fühlst dich permanent wie gelähmt, machst dir gleichzeitig Vorwürfe, dass du nicht aktiv bist. Viele schwer Depressive liegen den ganzen Tag lang apathisch im Bett, können nachts aber nicht schlafen. Auch sind ihre Gefühle vollkommen erstorben, sie können weder lachen noch weinen, fühlen sich innerlich vollkommen hohl und leer – ihr Herz ist verschlossen, für sich selbst und für andere... Wer noch Tränen vergießen kann, der ist nicht in einer Depression, sondern nur verstimmt. Wohlmeinende, nichtsahnende Mitmenschen machen dem an Depression Erkrankten häufig das Leben noch unnötig schwerer durch wohlmeinende Aussprüche wie: „Nun reiß dich doch einfach mal zusammen, ich weiß gar nicht, was du überhaupt hast. Da ist doch keinerlei Anlass, dich so gehen zu lassen!" Damit verstärken sie nur noch die ohnehin extremen Schuldgefühle und Selbstvorwürfe des Depressiven.

Die Depression entsteht aus einer extremen Angst vor dem Leben, aus einer zutiefst verletzten Seele. In der Vergangenheit früherer Inkarnationen findest du dann zahlreiche Extremerfahrungen sowohl als „Täter" wie als auch als „Opfer". Ja, sehr wohl, nicht nur als Opfer von Gewalt, sondern auch als Ausübender von Machtspielen, Gewalt und Manipulation! Letzteres ist nämlich die Grundlage für die starken Selbstvorwürfe und den Selbsthass des Depressiven. Hinter der Lähmung versteckt sich außerdem eine riesengroße Wut des „Opfers" gegen die früheren „Täter". Wir müssen übrigens um Nachsicht bitten: Wir verwenden in diesem Kapitel sehr häufig die Vokabel „extrem", und das hat seinen Grund einfach darin, dass es keine zutreffendere gibt, um über die Erfahrung der psychischen Erkrankung zu sprechen...

Bipolare Störung: Diese wurde früher als manisch-depressive Erkrankung bezeichnet. Im Gegensatz zur „normalen" Depression verläuft sie in Phasen von extremen emotionalen Hochs, der „Manie", und extremen emotionalen Tiefs, der Depression. Bipolar Erkrankte fühlen sich in ihren manischen Phasen normalerweise pudelwohl in ihrer Haut, manchmal können aber auch Wut und Aggression zum Vorschein kommen. Sie sind in diesen Zeiten hyperaktiv, oft auch sehr kreativ, voller Ideen und Tatendrang, fühlen sich stark enthemmt und tun dann Dinge, die „man" als normaler Mensch nicht tut: nackt auf der Straße demonstrieren, im Wirtshaus auf dem Tisch tanzen, einkaufen bis zum Exzess... Die Psyche ist in dieser Phase überreizt, überhitzt, überdreht. Der Betroffene kommt nicht zur Ruhe, kann auch normalerweise kaum schlafen. Irgendwann kommt dann folgerichtig der Zusammenbruch und die Depression setzt ein. In der seelischen Dunkelheit sehnt sich der Mensch nach der nächsten Manie und fürchtet sie doch wie die Pest, weil er weiß, dass ihr die unerträgliche Depression unweigerlich auf dem Fuße folgt... „Himmelhoch jauchzend – zu Tode betrübt" könnte über einem solchen Leben als Motto stehen. Was fehlt, ist eine „mittlere" Gefühlslage, eine fröhliche Nüchternheit, die sich auch und gerade an den kleinen Dingen eures Lebens freuen kann.

Auch die bipolare Störung, ebenso wie die nachfolgend behandelte Psychose, entspringt natürlich einer in ihren tiefsten Tiefen traumatisierten Psyche. Auch hier ist letztlich das grundlegende Thema die Angst. Im Grundsatz gilt für alle seelischen Erkrankungen das vorhin über die Hintergründe der Depression Ausgesagte – der Mensch wird von extremen Verletzungen dominiert, die aus vergangenen Opfer- *und* Täter-Erfahrungen stammen.

Schizoaffektive Psychose: Der Begriff erklärt sich folgendermaßen:

> ➤ „schizo" steht für „schizophren", also „bewusstseinsgespalten". Hiermit ist die Neigung zu den beschriebenen medialen Erfahrungen gemeint.
> ➤ „affektiv" bedeutet, dass dieser Mensch starken emotionalen Schwankungen, ähnlich wie bei der Bipolaren Störung, unterliegt. Dazu können auch starke Panikzustände gehören.
> ➤ „Psychose" meint eine psychische Erkrankung, die den „Verlust des Realitätsbezuges" beinhaltet, wie die Psychiatrie sagt.

Nun ja... „Verlust des Realitätsbezuges" ist so falsch gar nicht, finden wir. Natürlich versteht die Schulmedizin unter „Realität" einzig und allein die materielle. Ihr fehlt der Bezug zu all den anderen Bereichen der Realität, die nicht-materiell sind (*herzliches Lachen*). Zutreffend ist, dass ein Mensch, der sich gerade in einem psychotischen Schub befindet – alle erwähnten Erkrankungen verlaufen in Schüben –, tatsächlich den Bezug zur Alltagsrealität verloren hat. Er nimmt sie entweder kaum oder gar nicht wahr, oder er deutet sie im Sinne seiner „Fantasien" oder anderen Wahrnehmungen um. So erfuhr sich unser Kanal in einer frühen Phase einmal als ein Wesen, das von einem anderen Stern kam und im Haus ihrer Familie landen wollte. Sie war so weit weg vom Alltag, dass sie ihre Familie nicht wirklich erkannte, jedoch meinte, sie würde von *ihnen* nicht erkannt... Natürlich sind dies schwerwiegende und traumatisierende Erfahrungen für alle Beteiligten!

Nun möchten wir aber darlegen, was aus unserer Sicht den eigentlichen Realitätsverlust bei der Psychose ausmacht: Es ist der komplette Verlust des ursprünglichen Einheitsbewusstseins! Niemand fühlt sich so getrennt von seiner eigenen Inneren Quelle wie gerade der Psychotiker. Das bedeutet, dass sich dieser Mensch in einer extremen Form getrennt fühlt vom Göttlichen. Wobei es eine Tatsache gibt, die dem zu widersprechen scheint: Viele Psychotiker mit dieser Diagnose haben intensive religiöse Erlebnisse, die von normalen Menschen als „religiöser Wahn" angesehen werden. Und hier liegt auch genau „der Hase im Pfeffer": Es handelt sich meist um illusionäre Erfahrungen, nämlich um Vorspiegelungen aus der Astralwelt!

Da aber auch und gerade eine solche Psychose einen besonders intensiven Weckruf eurer Seele beinhaltet, finden sich auch immer wieder Erfahrungen, in denen diese sich bemerkbar zu machen sucht. Unser Kanal erhielt im Frühjahr 1982 aus ihrem Inneren eine Reihe von wunderschönen Sätzen, wie zum Beispiel:

„Ich folge dem Atem – dem Hauch des Lebens."

Kommen wir nun zur Seite der HEILUNG eines solchen schwerwiegenden Ungleichgewichts. Die Selbstheilung jeglicher psychischen Erkrankung ist immer eine Lebens-Aufgabe, ist ein Lebens-Weg. Deine Seele lädt dich ein, zu DIR SELBST zurückzukehren, und das kannst du nur Schrittchen für Schrittchen, jeden neuen Tag eines mehr, vollbringen! Ja, „Ich folge dem Atem" ist dabei sogar keine gar so schlechte Handlungsanweisung: Wie der Atem regelmäßig aus- und einströmt, immer wieder aus und ein, solange dein Herz auf Erden schlägt, so kannst du mit jedem Atemzug dein Leben – das „kleine" wie das GROSSE – annehmen und immer wieder neu werden lassen. Es braucht aber deine Bereitschaft dazu, es braucht deine Entscheidung, es braucht deine WAHL!

Hier ist nun gerade ein sehr bedeutsames Stichwort gefallen: deine eigene, freie WAHL. Du hast als Mensch die freie Wahl auf diesem Planeten und niemand im Universum darf und wird sie dir abnehmen. Lebst du allerdings unbewusst, dann wirst du von deinen unbewussten Glaubensmustern gesteuert, und diese treffen „Wahlen" für dich, die dir normalerweise überhaupt nicht gefallen: Du rackerst dich ab, stolperst von Ungemach zu Ungemach, kommst auch finanziell auf keinen grünen Zweig... Wir kommen auf diese Glaubensmuster zu einem späteren Zeitpunkt noch zurück. Solange du ihnen ausgeliefert bist, bleibst du ein Wesen, das reagiert

– auf andere Menschen, auf Ereignisse im Außen, auf deine eigenen Gefühle... Erst wenn du beginnst zu erwachen, wirst du anfangen, bewusst zu wählen und zu agieren, also eigenständig zu handeln.

Womit kannst du beginnen? Wir meinen nicht nur dich, der oder die du von einer psychischen Erkrankung betroffen bist, sondern auch diejenigen Leserinnen und Leser, die sich jetzt fragen, wie sie in die Position hineinkommen können, wirklich frei zu wählen. Wir schlagen euch vor: Trefft einfach eine allererste Wahl – **Bittet um eine Korrektur, eine Erneuerung eurer Matrix!**

Was meinen wir mit „Matrix“? Wir meinen die persönliche Blaupause eurer Seele. Sie enthält das „Gesetz, nach dem ihr angetreten seid“, wie Goethe es ausdrückte. Alle Menschen haben in dieser beginnenden Neuen Zeit ein Anrecht auf eine Korrektur und Erneuerung dieser Matrix. Bittet darum, und niemandem wird es abgeschlagen! Nein, schon in demselben Augenblick, in dem ihr diese Bitte aussprecht, beginnt das Universum mit den ersten Schritten der Hilfe! Macht euch dann auf einen längeren Prozess gefasst, der auch schon einmal herausfordernd werden kann: Heilungsgeschehen wird in Gang gesetzt, und das bedeutet immer, dass altes Dunkel und alte Wunden ans Licht kommen werden. Vielleicht werdet ihr zwischendurch auch körperlich krank, ihr fühlt euch unwohl in eurer Haut, habt Angst, seid deprimiert... Besonders „psychisch Kranke“ werden häufig vorübergehend subjektiv eine Verschlimmerung ihres Zustands erfahren, aber auch Menschen, die sich für ganz stabil hielten, fallen plötzlich in ein Loch... All das ist völlig normal und Teil des Heilungsgeschehens!

Was aber in diesem Prozess letztendlich wirklich geschieht, das ist die Erlösung und Auflösung eures persönlichen **Schmerzkörpers**. Dieser ist aus unserer Sicht ein Teil eures Emotionalkörpers, und verschiedene eurer bekannten spirituellen Lehrer haben schon über ihn geschrieben. In eurem Schmerzkörper sind sämtliche jemals von euch als unangenehm erlebten Erfahrungen gespeichert – aus allen euren Erdenleben. Ursprünglich habt ihr ihn als Speicherort erschaffen, um euer Tagesbewusstsein zu entlasten. Um euren Alltag besser meistern zu können, habt ihr allen Schmerz sozusagen weggesteckt, damit er euch nicht ständig stören sollte. Mit der Zeit und mit der immer weiter fortschreitenden Anhäufung von Schmerz jedoch hat sich euer Schmerzkörper – und das gilt in besonderem Maße für psychisch Kranke – so sehr aufgebläht, dass er übermächtig geworden ist. Und anstatt ein Ort der ENTlastung zu bleiben, ist er im Gegenteil zu einer BElastung geworden, die ihr mühselig mit euch herumschleppt und die euer Leben dominiert!

Was aber könnt ihr selbst dazu beitragen, um euren persönlichen Schmerzkörper zu erlösen und schließlich aufzulösen? Es geht ganz einfach – und wir wissen, wie schwierig das in Wirklichkeit für die meisten von euch ist – darum, dass ihr aus jeglicher Negativität herauskommt und euer Leben durch die **Selbstliebe** bestimmt sein lasst. Was ist das aber, die Selbstliebe? Viele verwechseln sie immer noch mit rücksichtslosem Egoismus, aber das ist eine irrige Ansicht. Selbstliebe ist die Liebe zu SICH SELBST, zu dem Wesen, das du *wirklich bist*, und das schließt allerdings auch die Liebe zu dem „kleinen" Menschenkind ein, das du *auch* bist... Wenn du dir klarmachen möchtest, wer und was du wirklich bist, dann solltest du dich in deiner Ganzheit anschauen: Du bist – so wie wir Bäume auch – göttliches und physisches Wesen zugleich. Als physisches Wesen bist du begrenzt und fühlst dich oft sehr schwach und klein. Aus der Sicht der Selbstliebe kommt es darauf an, dich als dieses begrenzte Wesen auch voll und ganz anzunehmen – so wie du JETZT gerade bist, mit allen „Fehlern" und Schwächen, mit allen Gefühlen, die gerade jetzt in dir und durch dich hindurch fließen wollen. Als göttliches Wesen aber bist du unbegrenzt und unendlich groß. Du bist die LIEBE und die FÜLLE und der FRIEDE selbst... Den meisten von euch fällt es immer noch sehr schwer, diese ihre tiefere und höhere, ureigene Seite zu sehen und zu akzeptieren. Sie macht euch sogar Angst... Die FREIHEIT macht euch Angst, die dieser Seite zu eigen ist...

Betrachte also dich selbst mit den Augen der LIEBE! Umarme immer wieder jeden schmerzenden Teil von dir, der sich bemerkbar macht und durch den du dich gequält fühlst. Lasse nicht nach in dieser Übung, führe sie jeden Tag neu aus. Wir erinnern dich an die Übung, die wir dir gegeben haben: Lasse deine feinstofflichen Wurzeln wachsen, lasse deine Aura sich ausdehnen, und dabei atme weich und nimm die Liebe deiner Seele, die Liebe des Universums, die Liebe der Erde an... Vergiss diese Übung nie; lass sie dich begleiten bis an das Ende deiner Erdentage! Selbstheilung ist eine Lebensaufgabe, ein Lebens-Weg, das betonten wir schon, und das gilt nicht nur für psychisch Kranke. Manche Menschen glauben, sie bräuchten bloß mal eben zu einem der inzwischen zahllos praktizierenden Geistheiler zu gehen und sich ein Wunder abzuholen – aber so funktioniert das nicht! Wenn deine Seele nicht bereit ist für die Heilung, wenn du selbst dich nicht zutiefst dafür öffnest, dann kann der Geistheiler dir vielleicht eine momentane Erleichterung verschaffen, aber wirklich heilen kann er dich nicht! Ein seriöser Heiler wird ohnehin niemals davon sprechen, dass „er dich heilen wird", sondern er wird dir im Gegenteil deutlich zu machen versuchen, dass er dir lediglich bei deiner Selbstheilung helfen kann. Und er kann dir nur helfen, wenn DU das auch wirklich WILLST!

Nun wirst du jetzt vielleicht sehr laut ausrufen: „JA, natürlich will ich Heilung, natürlich will ich all diese quälenden Symptome loswerden, die Angst, die Depression, die innere Unruhe, die Minderwertigkeitsgefühle und den Selbsthass!" Aber sei wachsam und lausche wirklich einmal in dich selbst hinein: Ist das wahr? Willst du das wirklich, wirklich, wirklich, oder hältst du eigentlich immer noch hartnäckig am Leiden und am Schmerz fest – aus Gewohnheit und weil du es nicht anders kennst? Weil du Angst vor etwas ganz anderem, Neuen, hast? Verneine dies nicht voreilig, lausche wirklich in dich hinein, denn nur so kannst du auch dem Wirken deines Schmerzkörpers auf die Spur kommen, der sich selbstverständlich gegen seine Auflösung wehrt. Ja, dein Schmerzkörper sieht es überhaupt nicht ein, dass er gehen soll – er ist doch in tausend Leben dein treuer Diener gewesen! Das war er wirklich, und darum ist es auch sehr wichtig, dass du dich jetzt einmal bei ihm dafür bedankst. Sage ihm aufrichtig und aus tiefster Seele Danke für seine Dienste. Und dann – wenn du tatsächlich bereit dafür bist – sage ihm, dass du JETZT etwas Neues wählst. Dass du jetzt die FREUDE wählst und dein ganz persönliches Lebensglück. Sage ihm, dass er jetzt in den FRIEDEN gehen darf. Was immer das konkret bedeuten mag, du brauchst es gar nicht zu wissen...

Ja... die Erlösung deines Schmerzkörpers bedeutet, dass er in den Frieden geht, was sonst? Und auf diesem Wege gehst auch DU in deinen eigenen Inneren Frieden ein, der die Grundlage ist für ein Leben in Freude. Wenn dein Schmerzkörper geht, trittst DU in die Schwingung der FREUDE ein, die die Schwingung der LIEBE ist – die Schwingung der Selbstliebe. Dies ist ein längerer Entwicklungsprozess, wir dürfen es noch einmal betonen, und er kann umso länger dauern, je tiefer das psychische Ungleichgewicht war, von dem du ausgehen musstest. Lasse dich nicht beirren – entscheide dich für den Weg der Selbstliebe und folge ihm Tag für Tag, Schritt für Schritt, und manchmal auch Babyschritt für Babyschritt... deine Seele wird immer bei dir sein, das Universum und Mutter Erde werden dich mit ihrer Liebe begleiten, die Engel werden dich tragen, „auf dass dein Fuß an keinen Stein stoße"...

Liebes Menschenwesen, du bist unendlich geliebt, vergegenwärtige dir das jeden Tag deines Lebens und finde zu der unendlichen Liebe, die für dich DA IST, und nur für dich! Es ist die Liebe deiner Seele, deiner göttlichen Essenz, zu DIR, und dies ist eine ganz persönliche Liebe, die wirklich nur dir allein gilt. Sie möchte dich tragen und nähren alle Tage deines Lebens, und sie möchte dir helfen, der Mensch zu sein, der du wirklich sein willst. Sie möchte dir helfen, deine ureigene Bestimmung auf die Erde zu bringen, das, wofür du immer wieder in diese Welt gekommen bist, das, wofür du in früheren Inkarnationen Folter und Tod auf dich genommen hast, das, wovor du aus diesen Gründen immer noch Angst hast... Wir sprechen noch darüber...

Wir sind in diesem Kapitel von der psychischen Krankheit ausgegangen und sind in unseren Ausführungen über den Heilungsweg bei besonders starkem seelischen Ungleichgewicht unversehens wieder allgemeiner geworden, haben Wege aufgezeigt, die für ALLE gelten, nicht nur für Menschen mit einer „Diagnose". In den folgenden beiden Kapiteln möchten wir fortfahren, über eure Wege der Heilung zu sprechen: Das nächste Kapitel ist der freien Wahl gewidmet und das letzte dem Weg in eure Bestimmung. Vollständige Heilung bedeutet nämlich nichts anderes, als dass ihr den Weg eurer Bestimmung annehmt und konsequent geht...

Die freie Wahl

Tassilolinde, Ginkgo, Buche

Die Erde ist für euch Menschen ein Planet des freien Willens. Ihr habt also die Wahl – in jeglicher Hinsicht und in jeglicher Situation. Wir Bäume beneiden euch nicht immer darum... Die meisten von euch wissen nämlich mit dieser freien Wahl nichts Rechtes anzufangen, ihr verschlaft sie einfach. Und solange ihr schlaft, *glaubt* ihr nur zu wählen, wobei ihr euch wundert, dass das, was ihr gewählt zu haben glaubt, nicht eintrifft, sondern häufig genau das Gegenteil. Es wählt in Wirklichkeit euer Unterbewusstsein für euch, und dieses wählt die Erfahrungen, die ihr schon kennt, die ihr immer wieder gemacht habt, die euch also vertraut sind – allerdings auf eine Weise, die euch nicht besonders gut gefällt. Also sagt ihr: „Ich will aber jetzt diese oder jene *angenehme* Erfahrung machen, ich will Glück in der Liebe, Erfolg im Beruf, Geld und Fülle, Gesundheit..." Und wieder wird nichts daraus... Warum? Weil ihr wieder nicht wirklich, und das heißt, BEWUSST und mit eurem ganzen Wesen, gewählt habt!

Wir möchten uns also in diesem Kapitel mit euch darüber unterhalten, was es für euch bedeutet, **bewusste Wahlen** zu treffen. Wie kommt ihr dahin, wie „macht" ihr das? Wir setzen das „machen" in Anführungszeichen, denn „machen" könnt ihr es in Wirklichkeit überhaupt nicht. **Ihr müsst eure Bewusstwerdung geschehen lassen!** Und wie? Wie „macht" ihr das, eure Bewusstwerdung geschehen lassen? (*heiteres Lachen*) Nun, die allererste Voraussetzung ist, dass ihr **ankommt**. Ankommt wo? Ankommt bei euch selbst, und zwar genau dort, wo ihr JETZT seid und steht. Ankommen also unter Umständen im allergrößten „Schlamassel", im Desaster einer Krankheit, einer kaputten Beziehung, einer finanziellen Pleite... ankommen auf jeden Fall in einer Alltagsrealität, die häufig in höchstem Maße frustrierend für euch ist und die ihr unbedingt ganz anders haben wollt, als sie ist. Achtung! Ihr wollt sie unbedingt anders haben, und genau darum ändert sich nichts...! Ihr befindet euch in dem Irrtum, das „Anders-haben-wollen" sei eine bewusste Wahl – es ist alles andere als das! Wenn ihr etwas anders haben wollt, weil es euch nicht gefällt, weil ihr es unangenehm, im höchsten Maße unangenehm findet, dann steckt ihr immer noch mitten in der Falle! In unserem ersten Buch mit diesem Kanal haben wir euch unter anderem den Satz gegeben: „Nimm an, was IST". Wir möchten euch an dieser Stelle einen Auszug aus unserem Kommentar zitieren:

„Ein Baum hadert nicht mit seinem Standort, mit seiner Gestalt, mit dem Sturmwind, der durch seine Zweige fährt. Er hadert nicht einmal mit euch Menschen, die ihr Missbrauch mit uns betreibt, indem ihr uns als nützliche oder nutzlose Objekte betrachtet – je nachdem, wie es euch passt. Ein Baum nimmt an, was ist, und das bedeutet, er nimmt an, was IST, nämlich das Göttliche in allem und in allen."

Was wir hier und heute damit sagen wollen: Jegliche missliche Situation ist zuallererst einmal ein Ausdruck des Göttlichen, das in sein ursprüngliches Gleichgewicht zurückkehren möchte. Sie enthält eine Information für euch, nämlich dass etwas nicht in Balance ist und also nach Heilung strebt. Wenn ihr aber nun mit dieser Situation hadert, dann überseht ihr genau diese ihre Botschaft der Heilung! Und indem ihr diese zentrale Botschaft ignoriert, bringt ihr euch zugleich um die Heilungschance, die in der Situation verborgen ist. Unser Rat an euch lautet also noch einmal: Kommt an „mitten in diesem Schlamassel"! Stellt euch vor allen Dingen den ungeliebten Gefühlen, die dieser Schlamassel mit sich bringt. Lasst den Frust, die Todesangst, die Wut... in den Fluss kommen, lasst diese Energien fließen! DANN kann sich etwas ändern, und das wird es auch...

Wenn ihr im Hier und Jetzt eurer aktuellen Situation angekommen seid, dann werdet ihr merken, wie sich schrittweise ein Gefühl der inneren Befreiung einstellt. Es ist nämlich ungeheuer befreiend, all das Kämpfen gegen eure „Widrigkeiten" und gegen eure eigenen Schwächen einzustellen und loszulassen. Genau dies tut ihr ja, wenn ihr euch erlaubt anzukommen. Nun könnt ihr einen zweiten Schritt unternehmen, und auch diesen Schritt geht ihr wieder in eurem Inneren: **Ihr erlaubt Veränderung.** Was bedeutet das aber, Veränderung zu erlauben? Es ist das Gegenteil von Veränderung herbeizwingen zu wollen! Wenn ihr mit eurer Situation nicht ausgesöhnt seid, dann versucht ihr, Veränderung herbeizuzwingen. Nun habt ihr euch aber erlaubt anzukommen, und damit könnt ihr auch Veränderung erlauben. Das heißt mit anderen Worten, dass ihr innerlich zutiefst damit einverstanden seid, dass Veränderung geschehen darf. Merkt wohl: Es können immer noch unerlöste Seelenanteile im Spiel sein, die Angst vor etwas Neuem haben und Widerstand leisten. Diese Anteile gilt es zunächst nach Hause, zurück in die Seele, zu begleiten. Anschließend könnt ihr eure neue Absicht formulieren – es handelt sich um eine Absichtserklärung zur Kenntnisnahme an das Universum. Ihr könnt sie zunächst in einer ganz allgemeinen Form aussprechen, zum Beispiel: „Ich erlaube, dass JETZT Veränderung in meinem Leben wirksam wird." Sprecht den Satz laut aus, am besten drei Mal, und setzt am Ende hinzu: „So ist es und so wird es sein."

Wenn ihr diese Absichtserklärung ausgesprochen habt, dann seid sicher: Das Universum hat sie gehört. Die Engel haben sie gehört, die euch helfen möchten, die Aufgestiegenen Meister haben sie gehört, alle Kräfte, die zu eurer Unterstützung bereitstehen und stets bereitgestanden sind. Diese helfenden Kräfte hatten bis zu diesem Zeitpunkt keine Informationen darüber, was ihr wirklich, wirklich wolltet! Sie hörten euch seufzen und klagen und vielleicht auch um Veränderung beten, aber immer erhielten sie daneben die Signale aus eurem Unterbewusstsein, die das Gegenteil von dem verlangten, was ihr zu wünschen glaubtet! Nun aber, da ihr angenommen habt, was IST, nun, da ihr mit Veränderung tatsächlich einverstanden seid, und zwar mit eurem ganzen Wesen, nun können und dürfen eure Helferteams in Aktion treten und euch unterstützen. Nun können sie euch die Wunder schenken, auf die ihr stets gehofft, an die ihr aber in Wirklichkeit nie geglaubt habt. Denn seid einmal ehrlich: Habt ihr in eurer Unbewusstheit und in eurem Kampf gegen eure Lebensumstände jemals wirklich VERTRAUEN ins Universum gehabt?! Nein, das hattet ihr nicht...

Wenn ihr also diese Absichtserklärung ausgesprochen habt, dann gilt es zu lauschen: in euer Inneres hinein und in das Leben hinaus. Will etwas getan sein? Will eine Handlung im Draußen vollzogen werden? Vielleicht auch kommt euch das Leben zuvor und konfrontiert euch mit einer Überraschung. Ihr lernt einen Menschen kennen, der euch weiterhilft, oder es kommt auf völlig unerwartete Weise ein Geschenk herein... Seid OFFEN! Haltet euch offen! Die Wandlung ist schon im Gange...

Nun möchten wir in diesem Zusammenhang ein Thema anschneiden, das wir bisher noch nicht behandelt haben. Es geht um die Arbeit mit **positiven Affirmationen**. Hierbei handelt es sich um Glaubenssätze, die im Gegensatz zu euren alten, negativen Affirmationen Veränderung bewirken können. Negative Affirmationen behaupten zum Beispiel: „Ich bin nichts wert", „Ich bin es nicht wert, erfolgreich zu sein", „Ich bin nicht liebenswert und deshalb mag mich auch niemand"... Unser Kanal Ines quälte sich über lange Zeit mit einem Glaubenssatz herum, der aussagte: „Mühsam ernährt sich das Eichhörnchen". Dies war ein typischer Ausdruck des Mangeldenkens in der alten Energie. Er beinhaltete die Überzeugung, dass es Mühe koste, für den eigenen Lebensunterhalt zu sorgen, und dass man trotz aller Mühen nur das Notwendigste zum Leben haben werde. Falsch! Jedes Eichhörnchen würde euch auslachen, wenn es diesen Satz hören könnte! Keines dieser Tiere hat es jemals als Mühe empfunden, seine Wintervorräte zu sammeln. Und ihr wisst doch auch, dass sie sehr viel sammeln und sich verschiedene Vorratsdepots anlegen, von denen sie manche nicht wiederfinden. Dennoch kommen sie gut über den Winter... Der natürliche Zustand, das Geburtsrecht eines jeden Wesens im Universum, ist die FÜLLE! Ihr glaubt es nur nicht, weil ihr euch durch euer Mangeldenken seit Jahrtausenden das Gegenteil davon erschaffen habt. Ja, sogar die Gier eurer Reichen und Superreichen nach immer mehr Macht und Geld hat ihre Ursache in diesem Mangeldenken...

Habt ihr dies einmal verstanden und seid ihr die zuvor beschriebenen Schritte gegangen, dann kann es sehr sinnvoll für euch sein, positive Affirmationen für euch und eure Entwicklung einzusetzen. Denn solche Affirmationen sind unter diesen Voraussetzungen der Ausdruck einer bewussten Wahl. Unser Kanal ersetzte vor einigen Tagen ihren alten Glaubenssatz durch einen neuen: „Gut ernährt Gott das Eichhörnchen." Das entspricht der Wahrheit – nicht nur das Eichhörnchen betreffend, sondern auch euch selbst. Es ist Gott, es ist das Universum, das euch ernährt und für eure Fülle sorgt – in allen Bereichen eures Lebens. Nun kann es allerdings sein, dass ihr plötzlich einen inneren Widerstand spürt, wenn ihr einen Satz wie diesen laut aussprecht. Denn laut und mit Emphase aussprechen solltet ihr ihn, damit er wirken kann – nach innen und nach außen. Und erst beim lauten Aussprechen können euch innere Widerstände richtig klar werden. Diese Widerstände kommen aus eurem Unterbewusstsein; sie kommen von Seelenanteilen, die immer noch gegenteiliger Überzeugung sind, und diese Seelenanteile dürft ihr auf keinen Fall ignorieren. Es gilt vielmehr, auch sie – am besten mit dem weichen Atem – nach Hause zu begleiten und in die Seele zu reintegrieren. Unterlasst ihr dies, dann richtet ihr in eurem Inneren ein Chaos an, was wiederum dazu führt, dass die von euch gewünschte Veränderung nicht eintreten kann.

Halten wir also fest: Positive Affirmationen können euch durchaus dabei helfen, euch selbst und euer Leben zu transformieren, aber ihr dürft sie NIE verwenden, um eine Veränderung gegen den Widerstand von unerlösten Seelenanteilen zu erzwingen. Wir raten euch, sie maßvoll einzusetzen und nur solche Sätze zu verwenden, mit denen ihr euch wirklich gut fühlt. Lauscht immer wieder auf die Reaktionen in eurem Inneren, damit ihr euch nicht selbst vergewaltigt – das würde genau das Gegenteil dessen hervorrufen, was ihr eigentlich beabsichtigt.

Aus dem zuletzt Gesagten geht hervor, dass ihr euch immer noch in einem Transformationsprozess befindet, auch wenn ihr den grundlegenden Schritt getan habt, bei euch selbst und in eurer bis dahin ungeliebten Ausgangssituation anzukommen. Ja, eigentlich geht die Transformation eures Inneren und eures Lebens dann erst richtig los! Ihr braucht Geduld, Geduld und nochmals Geduld mit euch selbst... Wir wissen, dass das nicht gerade eure Stärke ist (*heiteres Lachen*). Ihr lasst das Wachsen nicht gerne geschehen, obwohl es die natürlichste Sache der Welt ist... Oft wünscht ihr euch, dass es einen lauten Knall gäbe und alles wäre neu. Aber wünscht euch das nicht – ihr würdet überhaupt nicht damit zurechtkommen! Stellt euch einmal vor, da ist ein zartes junges Baumpflänzchen, und auf einmal gäbe es einen Donnerschlag und eine tausendjährige Linde wäre aus ihm geworden! Stellt euch den Schock vor, den dieses Bäumchen erleben würde! Ganz genauso würde es euch ergehen, wenn sich alle eure Wünsche und Träume mit einem Schlage erfüllen würden. Stelle dir zum Beispiel vor, du wolltest eine Praxis für Lebensberatung eröffnen und mit einem Schlage hättest du zwanzig Klienten pro Tag. Unmöglich... du würdest total durchdrehen und nach spätestens drei Tagen selbst Hilfe brauchen. Was wir damit ausdrücken möchten: Von eurer ersten Wahl bis zur Erfüllung eurer Herzenswünsche braucht es eine Entwicklung, braucht es viele, viele innere und äußere Entwicklungsschritte. Immer wieder sind Seelenanteile zu integrieren, die den Weg nicht mitgehen wollen, weil sie Angst davor haben – aufgrund von alten traumatischen Erfahrungen. Immer wieder neu sind Wahlen und Entscheidungen zu treffen, im Innenraum wie draußen. Immer wieder neu gilt es auf das Leben zu lauschen und sich seinen Überraschungen zu stellen...

Vielleicht ist euch jetzt aber immer noch nicht klar, was das eigentlich IST, eine bewusste freie Wahl? Wir wollen daher das „Pferd" von einer anderen Seite her neu aufzäumen: Stellt euch vor, ihr schlaft und habt einen Albtraum. Schweißgebadet wacht ihr auf und stellt erleichtert fest, dass ihr in eurem sicheren, weichen Bett liegt und es eben nur ein Traum war. Ganz ähnlich ist es mit dem spirituellen Erwachen: Solange ihr unbewusst lebt, befindet ihr euch in einem Albtraum, in einer Illusion, die euch vorgaukelt, alles Leben sei leidvoll und müsse so sein. Es ist eine Illusion, die euch die Trennung von Gott und die Trennung von allen anderen göttlichen Wesen vorgaukelt. Ihr lebt nicht selbst, sondern ihr „werdet gelebt", nämlich von euren nicht integrierten, unerlösten Seelenanteilen. Diese sind es, die euch mit ihren Emotionen erfüllen und hierhin und dorthin treiben. Ja, ihr seid wie Treibholz auf dem Ozean, von den Wellen der Emotionen eurer Anteile hin- und hergeworfen, ihr treibt steuerlos auf dem Meer und merkt es nicht einmal. Ihr träumt nämlich, euer Verstand wäre der Kapitän und der Steuermann auf eurem Schiff... In Wirklichkeit ist er aber der Erfüllungsgehilfe eurer Anteile, indem er deren alte Erfahrungen und Emotionen ständig rationalisiert und ihre Reaktionen rechtfertigt. „Mühsam ernährt sich das Eichhörnchen", sagen eure mangelerfahrenen Anteile, und „Ja", antwortet der Verstand, „stimmt ja wirklich, denn ich kann mich anstrengen, wie ich will, mein Konto kommt nur immer noch mehr in die roten Zahlen."

Und was geschieht, wenn ihr beginnt, aus diesem Albtraum zu erwachen? Zunächst will es erscheinen, als verstricket ihr euch immer nur noch mehr darin! Wenn ihr euch der Existenz eurer unerlösten, abgespaltenen Seelenanteile bewusst werdet, kommt es geradezu gesetzmäßig dazu, dass ihr deren Emotionen noch stärker ausgesetzt seid als bisher schon. Und wenn ihr euch dann auch noch darauf einlasst, diese Emotionen wirklich bewusst zu fühlen, dann kann es manchmal schon extrem unangenehm für euch werden... Mit anderen Worten, es kann eine „Verschlimmbesserung" eintreten, die ihr alles andere als lustig findet. Aber lasst euch nicht beirren – es ist eine Verschlimmerung, die zur Besserung führt, Schrittchen für Schrittchen! Mit etwas Übung wird es euch gelingen, die unangenehmen Gefühle ins Fließen kommen zu lassen, immer wieder neu, und damit kann der Wandel hin zur Lebensfreude sich vollziehen – Schrittchen für Schrittchen. Ja, ganz kleine Schritte sind angebracht, Babyschritte sozusagen, denn wenn ihr versucht, mit Siebenmeilenstiefeln voranzustürmen, werden euch die Umstände des Lebens immer wieder zurückwerfen. Babyschritte im Inneren, abwechselnd mit Babyschritten im Draußen bringen euch jedoch dauerhaft und verlässlich weiter auf eurem Weg des Erwachens.

Ihr merkt schon, erneut sprechen wir vom „Ankommen" bei euch selbst, wie ihr jeweils JETZT gerade seid. Und in diesem Prozess des Ankommens dürft ihr allmählich erfahren, dass es noch etwas anderes gibt als eure Seelenanteile, euren Verstand und euer Ego – etwas anderes, das auch DU bist und das den Emotionen nicht unterworfen ist. Dieses andere ist Leben pur, und du findest es in der Stille tief in deinem Inneren, dort, wo der Ozean am tiefsten ist und die sturmgepeitschten Wellen an der Oberfläche nicht spürbar sind. Wir Bäume sind mit diesem Leben, das uns erfüllt, stets in voller Bewusstheit verbunden, und wir wünschen euch Menschen, dass ihr zu dieser inneren Quelle bald wieder zurückfindet! Wach sein, voll bewusst sein, das bedeutet nämlich nicht mehr und nicht weniger, als mit deiner inneren göttlichen Quelle dauerhaft verbunden zu sein und aus dieser Verbundenheit heraus zu SEIN, zu leben und zu handeln. Wenn du die Präsenz dieser Quelle in dir spürst, die Präsenz deiner Essenz, deiner höheren Seele, dann kannst du frei wählen: **Willst du dich weiterhin klein machen, dich ohnmächtig fühlen, der Angst folgen, oder willst du in der Schwingung der Liebe und der Freude leben?** Dies ist die grundlegende Wahl, die du zu treffen hast, und dann wird dich dein Leben im Großen wie im Kleinen an immer wieder neue Scheidewege führen, wo du erneut zu wählen hast! In welchen Bereichen auch immer – seien es deine Beziehungen zu anderen Menschen, sei es dein Beruf, seien es Entscheidungen für eine andere Wohnung, ein Haus, ein neues Auto – das Leben wird dich wieder und wieder auffordern zu wählen zwischen der Angst und der Freude.

Als Leitstern bei deinen Wahlen lasse dir stets das Gefühl deines Herzens dienen. Spüre immer wieder voller Achtsamkeit in dich hinein und frage dich: „Wie fühlt sich diese Alternative an? Ist das in dieser Situation liebevoll für mich?" Dein Herz ist ein untrüglicher Kompass, dessen sei gewiss! Wie oft schon hast du in der Vergangenheit genau *gegen* das leise Unbehagen gehandelt, das dich liebevoll warnte, nicht deiner Ungeduld zu folgen, sondern zu vertrauen und abzuwarten? Eure Ungeduld, die die Dinge immer wieder in die Richtung zwingen will, die euer Verstand euch weisen zu müssen glaubt, ist ein großes Hindernis auf dem Wege eures Erwachens. Übt, lernt stattdessen, dieser leisen Stimme eures Herzens zu folgen! Sie ist niemals aufdringlich, sie versucht nicht, euch zu nötigen, aber sie weist euch immer, immer, immer den Weg, der liebevoll für euch ist.

Kommen wir noch einmal zurück zu der grundlegenden Voraussetzung des freien Wählens. Was macht den erwachten Menschen aus? Was kennzeichnet den voll bewussten Menschen? Wir sagten schon, dass er in ständiger Verbundenheit mit seiner Inneren Quelle lebt, möchten diese Aussage aber noch stärker verdeutlichen. Erwacht – manche sprechen auch von Erleuchtung – ist derjenige Mensch, der genau weiß, *wer er wirklich ist*. Das Entscheidende hierbei: Es handelt sich nicht um ein Wissen des Verstandes. Ja, euer Verstand, wenn er ein wenig auf eurem Wege mitgegangen ist, ruft sehr schnell: „Ist doch klar, ich bin ein Wesen von göttlicher Natur, das gerade eine Erdenerfahrung durchläuft!" Es ist wahr, genau das BIST du, nur... solange das Wissen darum in deinem Verstand hängen bleibt, bist du dir deines Wesens nicht wirklich bewusst... Dein Verstand plappert die Wahrheit nämlich völlig verständnis-los nach. Das „Wissen" des Intellekts ist nicht das WISSEN deiner Seele. In der Tat stoßen wir hier an eine Grenze: Wir versuchen, etwas zu vermitteln, was in Wirklichkeit mit dem Mittel der menschlichen Sprache nicht vermittelbar ist! Was Erwachtsein tatsächlich bedeutet, was Erleuchtung wirklich ausmacht, das lässt sich letztlich nicht erklären... Du kannst es nur zutiefst FÜHLEN. Es hat mit Freude zu tun, mit Dankbarkeit für jeden Atemzug, den du tust, mit unendlicher Liebe dir selbst gegenüber und für alle Wesen im Universum, denn wir sind EINS. Erleuchtung, Bewusstheit ist etwas grandios Einfaches, das von eurer komplizierten Sprache nicht erfasst werden kann. Es kann nicht einmal wirklich benannt werden. Deshalb vollführen wir hier gerade einen Eiertanz, um euch eine Ahnung von dem näherzubringen, was wir meinen...

Lasst uns über Achtsamkeit sprechen und über die Position des Neutralen Beobachters, denn dies sind wesentliche Haltungen, die ein Erwachter einnimmt. Beide hängen innerlich eng zusammen: Achtsam sein bedeutet, das Leben und alle seine und deine Regungen von einer neutralen Position her zu beobachten, und der Neutrale Beobachter ist immer achtsam. Was aber genau ist Achtsamkeit? Wir verstehen hierunter eine gesteigerte Form von Aufmerksamkeit, die eben gerade von einer neutralen Haltung ausgeht. Ein Beispiel: Du „leidest" momentan unter starkem Sodbrennen. Wenn du „leidest", bist du nicht achtsam und nicht neutral, sondern du wehrst dich, du versuchst, gegen die körperlichen „Beschwerden" anzukämpfen. Mit anderen Worten, du träumst einen Albtraum – den alten Albtraum. Welche Haltung nimmt ein erwachter, bewusster Mensch diesem Sodbrennen gegenüber ein? Er begibt sich sozusagen in die höchste Etage – er verbindet sich mit seiner Inneren Quelle. Er geht in die Stille und in den Frieden, erkennt, dass seine Seele niemals Sodbrennen hat, sondern sich stets in Harmonie und in Balance befindet. Von dieser Position aus nun beobachtet der Erwachte achtsam und ohne Wertung sein körperliches Befinden. Wer so vorgeht, wird nicht „leiden", sondern einfach nur ein körperliches Phänomen wahrnehmen. Und wer so vorgeht, der wird bald beobachten können, wie das Symptom des Sodbrennens abklingt. Warum? Die innere Harmonie und Balance, in die sich der Mensch begeben hat, bewirken eine Wiederherstellung der Harmonie und Balance auch auf der körperlichen Ebene!

Was hat dieses Beispiel mit unserem Thema, der freien Wahl, zu tun? Sehr viel! Das bewusste Sich-verbinden mit der „höchsten Etage", mit der Inneren Quelle, IST ja eine freie Wahl! Du hast dich entschieden, nicht zu kämpfen und zu leiden, sondern die Harmonie deiner göttlichen Essenz zu erfahren. Du hast dich für den Weg entschieden, der liebevoll für dich ist. Ja, und wenn du genau hinschaust und hinspürst, dann bist du gleichzeitig der Stimme deines Herzens gefolgt, denn dein Herz rät dir niemals zum Leiden, sondern immer zur Freude!

Wir Bäume möchten uns mit der Stimme eurer Herzen vereinigen und euch Menschen dazu einladen, euren alten Lebens-Albtraum hinter euch zu lassen! Ja, es ist ein Weg, es ist ein Übungs-Weg, und auch wenn ihr euch als die Meister erkannt habt, die ihr wirklich seid, werdet ihr noch weiter üben... Das tut jeder Spitzensportler und jeder Geigenvirtuose, sonst ist er seine Meisterschaft bald los... Also laden wir dich auf deinen ganz persönlichen Übungsweg ein, der DICH in deine ganz persönliche Meisterschaft, in dein ganz persönliches Erwachen führen wird! Woran erkennst du deinen ganz persönlichen Erwachensweg? Ein Sufi-Meister in der alten Energie sagte einmal: „Dies ist für dich des Weges Zeichen: dass du, obwohl du vorwärts gehst, dein Elend größer werden siehst." Nun, das klingt ja ganz schrecklich und nach Albtraum? Tatsächlich beschreibt der alte Meister nur den Abschnitt des Weges, der am Anfang liegt – was wir die „Verschlimmbesserung" nannten. Wenn du aber diesen Abschnitt des Weges hinter dir gelassen hast, dann erkennst du deinen Weg daran, dass an seinen Rändern die **Blumen der Freude** wachsen!

Lieber Mensch, entscheide dich JETZT für die Freude! Ganz gleich, wie es dir gerade geht, was dir gerade widerfährt, entscheide dich für die Freude. Wähle sie nicht mit dem Verstand, sondern gemeinsam mit der Stimme deines Herzens. Frage dich von JETZT an in jeder Situation, die eine – innere oder äußere – Entscheidung von dir verlangt: „Was macht mir jetzt Freude? Was tut mir jetzt gut? Was ist jetzt liebevoll für mich?" Und du darfst dir sicher sein: Wenn du dabei wirklich, wirklich, wirklich der Stimme deines Herzens folgst, dann wird deine Wahl nicht nur für dich selbst gut sein, sondern auch für alle anderen, die in irgendeiner Weise davon betroffen sind. Auch wenn diese anderen das vielleicht jetzt noch nicht sehen können, weil sie sich noch im Albtraum-Modus bewegen...

Was bleibt uns zum Abschluss dieses Kapitels noch zu sagen? Eure freie, bewusste Wahl ist DIE wesentliche Voraussetzung dafür, dass sich die Menschheit als Ganze wandeln kann, dass sich das Leben auf diesem Planeten wandeln kann, dass sich in eurer Gesellschaft, und damit für die gesamte Gemeinschaft aller Wesen auf der Erde, etwas grundlegend Neues entwickeln kann! Je mehr Menschen sich aus dem Albtraum des Leidens und der Trennung vom Göttlichen herausbewegen und für *sich selbst* die Freude wählen, desto leichter wird der Übergang in eine Neue Zeit. Die Entscheidung für die Freude ist zugleich eure Entscheidung für die vollständige Heilung eures Geistes, eurer Seele, eures Körpers. Ein Wesen, das in der Freude lebt, stellt natürlicherweise Schritt für Schritt seine eigene innere Balance wieder her. Und ein Wesen in Balance ist weder ängstlich noch aggressiv.

Wähle die Freude, dann wählst du den Frieden und die Liebe – für dich selbst und für die gesamte Menschheit, für den gesamten Planeten! Und noch eines: Wenn du für dich die Freude wählst, dann wählst du zugleich ganz natürlicherweise, dass du den Weg deiner individuellen Bestimmung gehen wirst...

Wähle den Weg deiner Bestimmung

Ginkgo, Tassilolinde, Buche

Dein persönlicher Erwachensweg, dein persönlicher Herzensweg, der Weg, an dessen Rändern die Blumen der Freude wachsen, das ist der Weg deiner individuellen Bestimmung. Was wir darunter verstehen, möchtest du wissen? Nun, wir wiesen schon mehrfach darauf hin: Deine Bestimmung ist das, wofür du auf die Erde gekommen bist, immer wieder und wieder. Sie ist DEIN ganz besonderer Beitrag zum großen Ganzen – der Beitrag, der nur von DIR erbracht werden kann und von niemandem sonst. Wenn du ein Mensch bist, der häufig eine unbestimmte Sehnsucht in sich spürt, der das Gefühl hat, dass da doch noch irgendetwas anderes sein muss, etwas „Eigentliches", etwas, das dich wirklich ganz erfüllt, du aber keine Ahnung hast, WAS das denn sein könnte, dann ist die Wahrscheinlichkeit groß, dass du in einem oder sogar in mehreren vergangenen Leben versucht hast, diese deine Bestimmung zu leben und dabei zutiefst traumatische Erfahrungen geerntet hast. Als „Hexe" zum Beispiel oder als „Ketzer" oder in noch früheren Zeiten als ein Mensch, der aus anderen Gründen ausgegrenzt, verfolgt, gefoltert, getötet wurde. Solche Erfahrungen, tief in deinem Inneren gespeichert, führten dazu, dass du heute Angst hast, deine Bestimmung in die Welt einzubringen. Es kann andererseits aber auch sein, dass du beim Einbringen deiner Bestimmung zu Macht gekommen bist und diese missbraucht hast, um andere zu manipulieren und zu unterdrücken. Dann haben Teile von dir ein „schlechtes Gewissen" und Angst davor, erneut Macht zu missbrauchen. Wie auch immer, die meisten Menschen, auch sehr viele Erwachende, wissen noch nicht, wofür sie eigentlich auf die Erde gekommen sind.

Wir möchten daher versuchen, euch ein paar Hinweise zu geben, wie ihr zu eurer persönlichen Bestimmung finden könnt. Entscheidend sind die „Blumen der Freude"! Deine Bestimmung hat mit Spaß, Freude, Begeisterung zu tun, sie fühlt sich nie nach „Arbeit" an, sondern nach **Spiel**. Ja, auch wenn du täglich viele Stunden damit verbringst, was andere als Arbeit ansehen würden, so gibst DU dich deiner Passion hin, du spielst. Mit was auch immer... Es kann das Schreiben sein, das Fotografieren, eine andere kreative Tätigkeit, aber es kann auch etwas völlig anderes sein, ein Garten zum Beispiel oder der Umgang mit Zahlen, eine Wissenschaft, die Produktion von Gegenständen, die „Arbeit" mit Klienten... Die entscheidende Frage ist: **Was bringt dein Herz zum Singen?** Was macht dir wirklich, wirklich, wirklich Freude?

Manche Erwachende, die bereits zu ihrer Bestimmung gefunden haben, haben diese inzwischen schon zu einem Beruf gemacht, von dessen Einnahmen sie gut leben können. Etliche von ihnen „coachen" andere, um ihnen zu helfen, ihren eigenen Weg zu finden. Es gibt aber auch andere Beispiele, so die Winzer, die „Schwingungsweine" produzieren[14], die gelernte Optikerin, die eine ganz neue Methode einer „integrativen Sehtherapie entwickelte[15], die Frau, die nach jahrzehntelanger Suche nach dem ihr Eigenen die kalligraphischen „Signs" entwickelte und zahlreiche Produkte auf den Markt brachte[16], die mit diesen Worten verziert sind... Wichtig zu bemerken ist: Viele dieser Menschen haben sich einen neuen Beruf sozusagen erfunden, maßgeschneidert auf sich selbst und die ganz persönlichen Fähigkeiten!

Nun möchten wir aber nicht verschweigen, dass es *noch* mehr Menschen gibt, die zwar schon eine Ahnung davon haben, was ihnen wirklich Freude macht, die aber noch kein Geld damit verdienen oder nur sehr wenig. Auch unsere Freundin Ines gehört aktuell noch zu diesen Menschen. Was steht ihnen und ihrem Erfolg im Wege? Nun, ganz einfach: im Wesentlichen sie selbst. Bevor ihr empört aufschreit, möchten wir das genauer erklären und euch mit den inneren Hindernissen vertraut machen, die euch ausbremsen.

Hindernis Nummer 1: Ihr seid im Innersten davon überzeugt, dass es obszön sei, mit dem, was ihr gut könnt und was euch Freude macht, auch Geld zu verdienen. Dieser Glaube ist in spirituellen Kreisen sehr weit verbreitet. Was dahintersteckt, sind alte spirituelle Traditionen, in denen materielle Fülle verpönt war. Da ihr, die ihr jetzt erwacht, allesamt in früheren Inkarnationen jede Menge Armutsgelübde abgelegt habt – nicht erst in Zeiten des Christentums –, sitzt euch die Überzeugung, dass „Geld stinkt", wortwörtlich tief in den Knochen. Wir wissen, dass diese Tatsache vielen von euch bekannt ist, und viele haben schon verschiedene Rituale zur Auflösung alter Gelübde durchgeführt. Dennoch ist das Hindernis immer noch da... Was könnt ihr also dafür tun, dass es endlich verschwindet? Seid zuversichtlich, die Zeit ist reif dafür und die Energien, die euch heute zur Verfügung stehen, warten nur darauf, von euch genutzt zu werden! Die gute Nachricht ist: Ihr braucht überhaupt nichts zu „tun"! Ihr braucht einfach **erlauben, dass euer inneres Wachstum geschieht**, das ist alles. Wir kommen weiter unten noch darauf zurück.

Hindernis Nummer 2: Ihr seid der Überzeugung, dass ihr es nicht „verdient" habt, mit eurer Bestimmung erfolgreich zu sein. Den Hintergrund hierzu haben wir schon erwähnt: vergangene Inkarnationen, in denen ihr Macht missbraucht habt. Nun, allein die Tatsache, dass du heute dabei bist, zu DIR SELBST zu erwachen, zeigt an, dass deine Seele längst gelernt hat, andere Menschen in ihrem So-Sein zu respektieren. Du brauchst keine Angst mehr vor deiner eigenen Stärke zu haben! Jedoch, wir wissen es, sitzt diese deine Angst ebenfalls sehr, sehr tief. Wie kannst du damit umgehen? **Übe dich im Mitgefühl!** Das bedeutet, dass du zunächst einmal Mitgefühl mit dir selbst entwickelst, denn ohne dieses kannst du kein Mitgefühl mit anderen empfinden. Umarme also die Anteile, die Angst vor dem Erfolg haben, die Angst vor dem Machtmissbrauch haben, und schicke sie heim in deine höhere Seele. Anschließend kannst du dich auf die Menschen einstimmen, mit denen du in Verbindung treten möchtest. Auch hierauf kommen wir zurück.

Hindernis Nummer 3: Ihr habt kein Vertrauen – weder in euch selbst und eure eigene Kraft noch in das Leben, in das Universum, das Göttliche, oder wie immer ihr es nennen wollt. Spüre einmal in dich hinein; du wirst schnell merken, dass wir die Wahrheit sprechen. Und warum ist dein Vertrauen so klein? Wieder sind es „schlechte Erfahrungen", die dahinterstecken. Erfahrungen aus vergangenen Leben, aber auch aus diesem gegenwärtigen. So hat unser Kanal mit einigen ihrer Bücher einen „Flop" erlebt und glaubt nun, das „müsse" immer so bleiben... Und solange sie dieser Überzeugung ist, wird sie die entsprechenden Erfahrungen wieder und wieder neu erschaffen... **Übe dich also im Vertrauen!** Wie „machst" du das? Du kannst es nicht „machen". Du kannst es dir aber erlauben. Du kannst dir das Vertrauen schlicht und einfach erlauben! Zum Beispiel, indem du regelmäßig unsere Übung durchführst (weich atmen, feinstoffliche Wurzeln wachsen lassen, Aura ausdehnen, Liebe annehmen, Vertrauen erlauben). Hierzu sagen wir ebenfalls später noch mehr.

Bitte, versteht uns nun nicht falsch: Wir wollen euch NICHT nahelegen, dass ihr mit dem, was eure Bestimmung ist, Geld verdienen „müsst"! Ihr könnt es, ihr dürft es, aber ihr „müsst" überhaupt nichts! Setze dich also jetzt aufgrund unserer Worte auf keinen Fall selbst unter Druck. Wozu wir dich aber einladen möchten, ist dies: **Überprüfe deine Motivation.** Warum bist du in deinem aktuellen Job – falls du einen hast? Ist es primär, um deinen Lebensunterhalt zu verdienen, also, weil du „arbeiten musst"? Dann hängst du noch in der Energie des Zeitalters fest, das sich gerade verabschiedet. Oder bist du mit Neigung, vielleicht sogar einer gewissen Leidenschaft bei dieser Arbeit, nur stören dich manche äußeren Umstände? Chef/in, Kolleg/innen, Arbeitsbedingungen, Arbeitszeiten? Dann bist du möglicherweise deiner Bestimmung schon auf der Spur und brauchst nur noch etwas Übung auf energetischer Ebene, um gewisse Bedingungen zu verändern. Manche Erwachende glauben, sie „müssten" sich auf alle Fälle selbstständig machen, um selbstbestimmt leben und arbeiten zu können. Es ist aber durchaus möglich, dass deine Bestimmung im Rahmen einer Teamarbeit in einem kleineren oder größeren Unternehmen auf dich wartet – vor allen Dingen verhake dich nicht in bestimmten Vorstellungen, wie etwas „zu sein habe"!

Wenn du zu dem Ergebnis kommst, dass du deine Arbeit überhaupt nicht liebst und nur deshalb widerwillig Tag für Tag dorthin trottest oder fährst, weil du ja das Geld zum Überleben brauchst, dann möchten wir dir ein paar kleine Vorschläge unterbreiten:

Erstens: Du brauchst jetzt nicht in Panik zu geraten und auf der Stelle zu kündigen! Das wäre sehr unklug, denn dann hättest du wirklich ein massives materielles Problem, ohne für eine Alternative vorgesorgt zu haben.

Zweitens: Setze dich zuallererst einmal regelmäßig ruhig hin und führe unsere Übung durch. Nimm die Liebe an, die im Universum und von deiner Seele im Übermaß für dich DA ist – du brauchst sie dringend, und wahrscheinlich wirst du feststellen, dass es eine ganze Menge Seelenanteile gibt, die Angst vor dieser Liebe haben und sie ablehnen. Diese Anteile lasse „nach Hause" kommen.

Drittens: Nach einiger Zeit, wenn du beharrlich geübt hast, wirst du spüren können, dass etwas Neues sich in dir regen möchte. Was auch immer es sei, öffne dich dafür! Vielleicht kommen dir Ideen, die du für vollkommen verrückt und undurchführbar hältst – lasse sie zu und atme mit ihnen weiter! Es handelt sich um deine Potenziale, die durch dich auf die Erde gebracht sein wollen. Gib ihnen daher die ihnen gebührende Aufmerksamkeit. Du kannst sie durch dich hindurchfließen lassen und ihnen erlauben, in die Erde zu strömen. Wenn du auf diese Weise mit einem Potenzial umgegangen bist, lass es los, gib es frei. Im weiteren Verlauf beobachte, was in deinem Inneren und in deinem äußeren Leben geschieht.

Viertens: Oft fühlt sich deine Bestimmung wie etwas an, das dich einerseits total begeistert, dir andererseits aber völlig unmöglich, völlig undurchführbar, vorkommt. Jedenfalls ist es „außerhalb deiner Komfortzone", wie es einer eurer menschlichen Meister[17] auszudrücken pflegt. Viele Anteile in dir werden sich also heftig dagegen wehren, ja, das Ganze mit allen möglichen Mitteln zu boykottieren versuchen. Hierzu gehören auch Krankheiten und Unfälle! Unser Kanal Ines zum Beispiel hat sich zu Weihnachten 2012 eine schwere Verbrühung mit kochendem Kaffee zugezogen und schlägt sich zurzeit, im Februar 2013, mit einem starken Husten herum, weil manche ihrer noch nicht integrierten Anteile Angst vor ihren Projekten haben: Es steht für sie an, dass sie unser erstes gemeinsames Buch[18] unter die Menschen bringt, und außerdem möchte sie mit einem Puppentheater in die Welt… Solche Seelenanteile wollen natürlich heimgebracht werden…

Fünftens: Lasse dir also Zeit und übe dich in Geduld, vor allen Dingen mit dir selbst. Inneres Wachstum möchte erlaubt sein, auch in diesem Zusammenhang. Was dir heute als völlig unmöglich und undurchführbar erscheint, kann sich dir dann unter Umständen schon ein paar Wochen oder Monate später wie ein fröhlicher Sonntagsnachmittagsspaziergang präsentieren.

Nun möchten wir noch etwas mehr zum Thema „inneres Wachstum" ausführen. Ihr könnt mit einer Entwicklung in eurem äußeren Leben nicht Schritt halten, beziehungsweise eine solche kann sich erst gar nicht in eurem Sinne einstellen, wenn ihr euch nicht synchron hierzu auch innerlich entwickelt – mit anderen Worten, wenn ihr nicht innere Grenzen überschreitet und euch weiter werden lasst, immer weiter, bis ihr Horizonte überschritten habt, von deren Existenz ihr zuvor gar nichts gewusst habt. Jawohl, so ist es, und das ist euch möglich! Das ist euer Potenzial, bei jedem und jeder von euch. Denkt doch nur noch einmal an den kleinen Baumschössling, von dem wir neulich sprachen: Sein Potenzial beinhaltet, dass er eine tausendjährige Linde werden kann. Kann dieses kleine Pflänzchen sich das vorstellen? Kann es sich vorstellen, wie es sich anfühlen wird, ein Baum mit tausendjähriger Erfahrung zu sein? Nein, das kann es nicht. Aber: Dieser Schössling weiß um sein Potenzial, und er weiß, wie er es Realität werden lassen kann: Er braucht sich selbst nur das Wachsen zu erlauben! Und glaubt mir, wenn sich dieser kleine Baum dieses nicht auch innerlich erlauben würde, dann würde er verkümmern und bald absterben! Nun, was für einen Grund könnte es geben, dass ihr euch dieses Wachstum nicht erlaubt? Wie immer ist es eure Angst, genauer gesagt, die Angst von Anteilen, die früher einmal traumatische Erfahrungen gemacht haben, wenn ihr euch auf Wachstum eingelassen habt. Seelenanteile haben aber nicht nur Angst vor „Bestrafung", sie haben ganz allgemein auch Angst vor jeglicher Veränderung, vor allem Neuen. Kennt ihr das? Ist euch das bewusst? Beim Atmen und in der Verbindung mit Mutter Erde und dem Universum könnt ihr zu diesen Anteilen hinspüren. Wahrscheinlich werdet ihr erstaunt sein, wie stark ihr Widerstand sich äußert. Es ist notwendig, dass ihr diese verängstigten Anteile liebevoll umarmt und sie „nach Hause" holt, bevor ihr Wachstum geschehen lassen könnt. Es geht darum, dass ihr eine bewusste Wahl trefft, euch nicht mehr von der Angst leiten zu lassen, sondern das Neue in eurem Leben zu begrüßen. Wenn ihr die ängstlichen Anteile zurück in die Seele begleitet habt, könnt ihr die Wahl auch in der Form einer Affirmation laut aussprechen, zum Beispiel: „Ich lasse JETZT inneres Wachstum geschehen."

Wenn ihr eure verängstigten Seelenanteile umarmt, dann übt ihr Mitgefühl mit euch selbst, wie ihr JETZT gerade seid, dann übt ihr das Ankommen bei euch selbst in der aktuellen Situation. Ihr respektiert euch selbst, so wie ihr gerade seid, und gebt euch Wertschätzung. Diese Haltung ist auch der Schlüssel dafür, dass ihr euch selbst JETZT den Erfolg erlauben könnt, den ihr verdient und euch berechtigterweise wünscht. Und: Diese Haltung ist die Voraussetzung dafür, dass ihr euch für andere öffnet, wie sie jetzt gerade sind. Für andere, mit denen ihr über Angebote jeglicher Art in Verbindung treten möchtet. Kunden, Käufer, Klienten, Patienten... Vielleicht ist euch der Gedanke ganz neu, dass ihr auf einer energetischen Ebene mit ihnen Kontakt aufnehmen könnt. Ja, ihr könnt euch regelrecht auf sie einstimmen und ihre Energien wahrnehmen! Praktiziert dies ebenfalls im Rahmen unserer Übung, die wir euch gegeben haben. Wenn ihr weich atmet, eure Wurzeln tief in die Erde hinein wachsen lasst und eurer Aura erlaubt, sich weit auszudehnen, dann kommt ihr in Berührung mit vielen, vielen Wesen im Universum, auch und gerade mit denen, die genau auf EUCH gewartet haben und die euch gerne auf einer physischen Ebene kennenlernen möchten. Ob ihr es glaubt oder nicht, wenn ihr auf energetischer Ebene mit ihnen Verbindung aufnehmt, dann kann das Universum euch viel besser helfen, dass ihr euch auch „im richtigen Leben" trefft! Ihr dürft fest darauf vertrauen, dass das funktioniert!

Ja, damit sind wir beim Vertrauen angelangt. Wenn euer Meister Jesus früher zu seinen Jüngern sagte: „Ihr Kleingläubigen!", dann meinte er genau dieses: Er forderte die Menschen auf zu vertrauen! Vertrauen ist etwas anderes als Hoffnung. Hoffnung enthält immer den Faktor Angst in sich versteckt, den geheimen Gedanken: „Und wenn es nun doch nicht eintrifft..." Daher fordern wir euch nicht dazu auf zu hoffen, sondern fest zu vertrauen. Auch das könnt ihr üben. Übung ist überhaupt das Alpha und das Omega auf jeglichem Wege in eine Meister-schaft hinein... Auch Meister müssen stetig weiter üben, wir wiesen schon darauf hin. Wie könnt ihr euch also im Vertrauen üben? Der erste Schritt ist wieder, dass ihr diejenigen Seelen-anteile heimbringt, die NICHT vertrauen. Das sind diejenigen, die immer wieder Erfahrungen von Misserfolg gemacht haben, bei unserem Kanal zum Beispiel die Anteile, die sich dadurch verletzt fühlten, dass sich ihre Bücher nicht gut verkauften. Was für Anteile sind das aber? Wir Bäume nehmen sie als ganz kleine Kinder wahr, die sich von ihren Eltern nicht in ihrer wahren Größe gesehen und angenommen fühlten! Diese inneren kleinen Kinder wünschen sich hier und heute Anerkennung, und DU bist es, DU ALLEIN, der oder die sie ihnen wirklich ge-währen kann! Sieh es einmal andersherum: Wenn du selbst nicht an dich glaubst, wenn du selbst dir nicht vertraust und dir keine Wertschätzung und Anerkennung zukommen lässt, dann können noch so viele „Fans" dich bejubeln, in deinem tiefsten Inneren bleibst du davon überzeugt, „nichts wert zu sein"! Das ist der wahre Grund dafür, warum manche „Stars" nie genug Applaus bekommen können... Häufig ist es allerdings so, dass du selbst deinen Erfolg von vornherein blockierst, wenn du nicht an dich glaubst und noch dazu nicht auf die Hilfe des Universums vertraust. Also: Wenn DU dich und deine Werke nicht wertschätzt, wer soll es dann tun?! Bringe also deine „kleinen Kinder" nach Hause, die nach deiner Anerkennung weinen. Anschließend kannst du in die freie Wahl gehen und sprechen: „Ja, ich vertraue mir selbst und dem Himmel, der mich trägt" – oder Ähnliches. Und dann – lasse los! Lasse alle Er-wartungen los, die „positiven" wie die „negativen" – vielleicht ist das für dich sogar der schwie-rigste Teil der Übung. Deine Erwartungen, deine Hoffnungen lässt du los indem du dich in die „höhere Etage" begibst, in den Status des neutralen Beobachters. Beobachte das Leben, wie es in den Fluss kommt, und wundere dich über die Überraschungen, die es dir bereitet. Jetzt können nämlich die echten Wunder geschehen, mit denen du nie „gerechnet" hättest. Neue Menschen treten in dein Leben und bringen Veränderung mit, neue Chancen, neue Perspek-tiven eröffnen sich. Du kannst zu spielen beginnen...

Über das **Spiel** wollen wir zum Abschluss dieses Kapitels und damit auch unseres Teils in diesem Buch noch genauer sprechen. Zunächst einmal: Das Spiel ist der natürliche Zustand des Universums, des Lebens insgesamt, auch des menschlichen Lebens. Jegliche „Arbeit" ist unnatürlich! Alles, was seit Anbeginn der Schöpfung im Kosmos geschah und geschieht, war und ist immer nichts weiter als ein Großes Spiel, das sagen auch viele eurer Weisen seit Jahr-tausenden. Ein Spiel, das, spiralförmig aufsteigend, immer in Zyklen von Neuerschaffung und

Wiederzerstörung verlief – lasst euch durch diese Feststellung keine Angst einjagen! Altes geht und Neues kommt, so könnt ihr es auch formulieren – Stillstand wäre Tod, und den Tod gibt es nicht (*fröhliches Lachen*). Hier und heute ist das Große Spiel auf unserer Erde an einem Wendepunkt angelangt: Es geht um die bewusste Rückkehr zu unseren göttlichen Ursprüngen. Liebe Menschen, das ist eine gute Nachricht und kein Weltuntergang! Der ist ja neulich sowieso schon ausgefallen... (*Kichern*) Nun also, die bewusste Rückkehr zu unseren göttlichen Ursprüngen bedeutet für euch Menschen nichts weiter als die bewusste Rückkehr zum Spiel! Ist das nicht wirklich eine gute Nachricht?

Schaut euch eure kleinen Kinder an! Wie erobern sie die Welt? Sie spielen! Sie spielen so intensiv, dass ihr Erwachsenen sagen würdet, sie „arbeiten". Alles, einfach alles wird zum Gegenstand ihrer Untersuchungen, ihrer Experimente. Am allerliebsten gehen kleine Kinder mit Gegenständen des alltäglichen Gebrauchs um, die sie zu allen möglichen Zwecken „umfunktionieren": Kochtöpfe werden zu Trommeln, Schlüssel werden in alle verfügbaren Vertiefungen gesteckt, Schubladen selbstverständlich ausgeräumt... Kleine Kinder sind Wissenschaftler, die ihre Umwelt untersuchen, die ausprobieren, was man damit anstellen kann. Wenn sie ungefähr drei Jahre alt sind, fangen sie an, „Warum?" zu fragen, und bringen euch Erwachsene damit manchmal ganz schön aus der Fassung. Oft genug wisst ihr nicht, was ihr ihnen antworten sollt, wenn sie euch auf euren „ganz normalen Wahnsinn" durch eine unschuldige Warum-Frage aufmerksam machen. Wenn kleine Kinder etwas größer werden, freuen sie sich auf die Schule. Sie freuen sich darauf, durch Lernen – weiteres Lernen, denn sie haben ja bisher auch gelernt, und eigenständig – noch mehr von der Welt zu verstehen und zu erobern. Was passiert nach ein paar Wochen? In der Schule bringt ihr ihnen bei, dass sie „arbeiten müssen", dass Lernen „harte Arbeit" sei. Spaß zu Ende, Freude vorbei... der „Ernst des Lebens" hat begonnen... Auch der siebenjährige Enkel unseres Kanals Ines mag schon nicht mehr gerne zur Schule gehen, und das nach kaum einem halben Jahr: „Immer nur arbeiten", mault er... Eure staatlichen Schulsysteme, und das betrifft alle Länder der Erde, sind mit das Perverseste, was eure Zivilisation hervorgebracht hat – aus unserer Sicht jedenfalls. Den Menschenkindern wird ihre natürliche Freude am spielerischen Lernen ausgetrieben, sie werden gezwungen, „arbeitend" zu lernen, und dazu müssen sie dann künstlich „motiviert" werden! Jeder Mensch ist von Geburt an dazu befähigt, sich selbst zu motivieren – das könnt ihr an euren kleinen Babys und Kindern so genau beobachten! Was tun sie anderes, als sich selbst Aufgaben zu stellen und immer wieder neu schöpferische Lösungen zu finden?

Ihr Lieben, wählt euch als euer neues Lebens-Motto: „**Nie mehr arbeiten!**" Findet zum kindlichen Spiel zurück, zur Selbstmotivation, zur Freude an der Muße und zur Freude an der Tätigkeit, was auch immer diese beinhaltet! Ganz besonders würde es uns Bäume freuen, wenn sich einige von euch für neue Schulen stark machen würden, in denen Kinder spielend lernen dürfen. Das bedeutet ja beileibe nicht, dass sie sich dann nicht intensiv mit dem „Lernstoff" befassen und auseinandersetzen würden – schaut euch nur noch einmal eure Kleinsten an, wie sie es machen! Wir Bäume fänden es großartig, wenn es auch Menschen gäbe, die sich mit dem Gedanken befassen, **Waldschulen** zu gründen. Waldkindergärten gibt es ja schon, aber eine junge Meisterin[19] hat im Frühjahr 2012 auch ein Potenzial für Waldschulen gesehen, und diese Vorstellung elektrisiert uns förmlich. Ruft dich jetzt vielleicht DEINE Bestimmung, du, der oder die du dies jetzt gerade liest? Klingt verrückt, nicht? Und geradezu undurchführbar? Atme damit, befasse dich damit, erlaube dir innerlich zu wachsen, folge DIR SELBST! Wir warten auf dich und freuen uns darauf, dir helfen zu dürfen! Denn wer immer sich solch einem Projekt verschreibt, der darf sicher sein, dass WIR da sein und ihn oder sie unterstützen werden – mit all unserer Kraft, und die ist groß!

In der heutigen Zeit sind viele Menschen spielsüchtig – gerade auch Kinder und Jugendliche. Wir möchten die Computerspiele und was es sonst noch so „im Angebot" gibt, nicht generell „verteufeln" und für schlecht erklären, aber die aktuelle Spielsucht zeigt eigentlich nur an, dass dem Menschen das Spielen nicht verboten werden kann – wenn es im „wirklichen Leben" nicht erlaubt ist zu spielen, dann verlagert er sein Spiel eben in eine virtuelle Welt! Viele Jugendliche entwickeln dabei die erstaunlichsten Fähigkeiten und große Kreativität. Wir wünschen uns, dass ihr eure Welt in den kommenden Jahrzehnten in einen Platz umwandelt, wo sie diese Fähigkeiten und diese Kreativität auf ALLEN Ebenen einbringen können! Lasst sie spielen... lasst sie SPIELEN! SPIELT selbst! Spielt selbstbestimmt! Euer Leben ein Spiel – euer Spiel ein Leben, was immer ihr tut. Werdet Global Players in einer ganz neuen Form – verwandelt spielend den Globus!

In tiefer Liebe zu euch Menschen –

die Bäume dieses Planeten

Nachwort der Autorin

Nun habe ich es also abgeschlossen, mein zweites Abenteuer mit den Bäumen. Mein erstes begann am Ostermontag 2012, und ich möchte es kurz schildern. Ich kam zu den Bäumen „wie die Jungfrau zum Kind", nämlich völlig unvermittelt und unvorbereitet. An diesem Ostermontag litt ich unter starken Schulter- und Rückenverspannungen und wünschte mir dringend Erleichterung. Plötzlich kam ein interessanter Gedanke in mir auf:

„Wenn der Sturm dich beutelt, sei biegsam!"

Woher dieser Gedanke? Er gefiel mir gut, und ich hatte gleich die Assoziation, dass der „Sturm" etwas mit „Herausforderungen des Lebens" zu tun haben könnte und das „Biegsamsein" mit flexibler Reaktion auf diese Herausforderungen. Bald stellte sich heraus, dass mir der Satz von einem Baum geschickt worden war, einer Fichte in einem Wald in der Nähe meines Wohnorts. Und es blieb nicht bei dieser einen Aussage: im Laufe des Abends und des folgenden Tages kamen noch weitere 23 Sätze hinzu. Ich freute mich und schrieb sie alle auf. Ich dachte aber, damit sei die Sache abgetan – weit gefehlt! Einen Tag später signalisierte mir die Fichte, sie wolle diese Aussagen auch kommentieren. So entstand unter dem Arbeitstitel „BaumWeisheit" mein erstes Projekt mit den Bäumen. Zu der Fichte gesellten sich andere, auch Laubbäume. Eine besonders liebevolle Botschaft erhielt ich von einer alten Buche im hiesigen Schlosspark. Während ich noch an den Kommentaren zu den ersten 24 Weisheitssätzen schrieb, erfuhr ich, dass es noch zweimal 24 weitere Aussagen geben sollte: die „Wachstumsgesetze" und die „Entwicklungs- und Expansionsgesetze". Im Juli 2012 beendete ich die Aufzeichnungen, nicht ohne den Wunsch der Bäume gehört zu haben, dass es eine Fortsetzung geben sollte. Sie wollten sich mit mir zusammen mit dem Thema „Heilung" befassen. Noch im Sommer 2012 begann ich mit ihnen das vorliegende Buch. Wie beim ersten, so haben auch hier die Bäume die Themen und ihre Abfolge vorgegeben. Ob es ein drittes Buch geben wird, liegt momentan noch im Dunklen.

Laupheim, Mitte Februar 2013   *Ines Nandi*

Anmerkungen

1 Der Bayernherzog Tassilo III. soll im Jahre 753 unter dieser Linde einen bedeutsamen Traum gehabt haben und daraufhin später in der Nähe das Kloster gegründet haben. Anm. der Autorin

2 s. „Wenn Bäume sprechen könnten" von Ines Nandi.

3 Im Buch „Wenn Bäume sprechen könnten" traten verschiedene Fichten als Sprecher auf.

4 www.eelea.de

5 Seit Anfang August 2012 trifft sich die Autorin fast jeden Abend mit einer Freundin am Telefon zum gemeinsamen Erschaffen eines neuen Lebens und zu gemeinsamer Heilarbeit.

6 „Wenn Bäume sprechen könnten", erschienen beim Verlag pax et bonum. ISBN 978-3-943650-39-6

7 Während einer Reise der Autorin meldeten sich verschiedene Gruppen von Bäumen zu Wort, deren Botschaften im Folgenden wiedergegeben werden.

8 Diese Bäume begannen nach einer Fernsehsendung zu sprechen.

9 Das Süntelgebirge, aus dem diese Buchen wohl ursprünglich stammen, ist Teil des Weserberglandes. Die Süntelbuchen haben korkenzieherartig gewachsene Äste und ihre Krone bildet einen breiten Schirm.

10 Hutebäume sind Bäume, bei denen früher das Vieh gehütet wurde.

11 Diese Tatsache hob schon vor Jahren der spirituelle Arzt Rüdiger Dahlke hervor.

12 Geschrieben Ende Oktober 2012.

13 Katholische Formel, die sich auf Jesus bezieht: „Durch ihn und mit ihm und in ihm wird dir, Himmlischer Vater, alle Ehre und Herrlichkeit".

14 Weingut Tauss; Weingut Muster; Weingut Werlitsch, beschrieben in dem Buch „Erfolg ist menschlich" von Karl Gamper; Anm. der Autorin

15 Ursula Büchler, www.sehtherapie.com

16 Jwala Gamper, www.gamper.com

17 Veit Lindau, Anm. der Autorin

18 „Wenn Bäume sprechen könnten"

19 Lea Hamann; www.eelea.de

Vorbemerkungen des Windes

Ich bin der Atem Gottes, verehrte Menschen, ich bin der Bote des Geistes, und ich bin so froh, dass endlich, endlich einmal eine von euch mir zuhört! Wisst ihr, dass ich euch liebe? Ich sehe, das beruht nicht unbedingt auf Gegenseitigkeit – jedenfalls liebt ihr mich keineswegs in all meinen Gestalten, oder besser gesagt, Manifestationen. Ja, ihr mögt mich an heißen Sommertagen, wenn ich euch als laue Brise Abkühlung schenke. Und früher, als die Seeleute noch auf mich angewiesen waren, damit ihre Segel sich blähten und sie freie Fahrt hatten, wurde ich mich Begeisterung begrüßt, wenn ich nach einer langen Flaute auffrischte und ihre Schiffe wieder in Bewegung brachte. Aber ansonsten? Ihr singt nicht mit mir, wenn ich als Sturmwind heranbrause, und ihr lacht nicht mit mir, wenn ich die Blätter der Bäume zum Rauschen bringe. Es ist wahr, ich kann sehr kraftvoll sein und auch zerstörerisch in euren Augen, dann hasst und fürchtet ihr mich, obwohl ich es auch dann gut mit euch meine. Wir sprechen noch darüber.

Ich bin bewegte Luft, liebe Menschen, und als solche euer Lebenselixier, denn ohne den Sauerstoff aus eurer Atemluft könnt ihr nur für wenige Minuten überleben. Habt ihr euch das schon einmal klargemacht, dass ICH bewegte Luft BIN? Ich bin die Luft, die ihr einatmet und die euch streichelt, wenn ich um eure Gesichter und Leiber wehe, ich bin der Atem Gottes, der euch belebt. Hört mir zu, ich habe euch sehr viel zu sagen! Ich werde es in kleinen, überschaubaren Häppchen sagen, um euch nicht zu überfordern und damit meine Botschaften gut verdaulich für euch sind. Fürchtet euch nicht! Ich will euch wohl.

„…denn der Wind kann nicht lesen" lautet der Titel eines eurer berühmten Romane, einer Liebesgeschichte zwischen einem amerikanischen Soldaten und einer Japanerin, die im Zweiten Weltkrieg spielt. Nun, so schön und ergreifend dieses Buch ist, so unwahr ist sein Titel: denn der Wind KANN lesen! Ich lese nicht nur in euren Gedanken, sondern auch in euren Büchern und in euren Gefühlen. Ich lese in der ganzen Natur, deren Teil ihr seid, auch wenn ihr das oft nicht mehr wahrhaben wollt. Ich lese im Gesang der Bäume, wenn ich mit ihnen spiele, und ich lese im Rauschen der Wasser. Ich bin der Gespiele von Mutter Erde und der Vermittler zwischen dem Himmel und ihr. Ich bin der Bote des Geistes. Hört mir bitte zu!

Über die Gedanken der Menschen

Ich beginne mit ein paar Gedanken über eure Gedanken, verehrte Menschen. Eure Gedanken gleichen mir, sie gleichen dem Wind, der eine Wasseroberfläche in Bewegung setzt, denn euer Bewusstsein gleicht dem Wasser. In seinen tiefsten Tiefen herrscht die Stille, nur seine Oberfläche wird von mir beeinflusst. Genauso verhält es sich mit eurem Bewusstsein und euren Gedanken: Diese versetzen die Oberfläche eures Bewusstseins oft in die heftigsten Turbulenzen, während tief in eurem Inneren der Friede IST.

Was weiß der Wind über eure Gedanken? Sehr viel – ich möchte sagen, alles! Denn ich lese sie Tag für Tag, Stunde für Stunde, Sekunde für Sekunde. Ich fange sie alle auf, welche Formen sie auch annehmen; oft genug sind es grausig düstere, zerstörerische und selbstzerstörerische Formen. Ich beginne daher damit, euch die Auswirkungen eurer selbstzerstörerischen Gedanken zu zeigen, denn es liegt mir sehr am Herzen, dass ihr diese klar seht!

Was sind selbstzerstörerische Gedanken? Wie schauen sie aus? Es sind Gedanken wie: „Ich bin es nicht wert, geliebt zu sein", „Ich habe das Glück/den Erfolg/die Liebe nicht verdient", „Hab ich's doch gewusst, das musste ja schiefgehen", um nur die gängigsten zu nennen. Sie sind so tief in euer Bewusstsein eingeprägt – ihr sprecht in diesem Zusammenhang auch von „negativen Glaubenssätzen" oder „Affirmationen", dass ihr sie oftmals gar nicht mehr bewusst wahrnehmt und denkt. Aber sie sind DA! Und an der Oberfläche generieren sie weitere Gedanken – Gedanken der Angst, der Wut, des Neides und des Hasses... Diese wiederum nehmen buchstäblich Gestalten an, die ich sehen kann: Sie sind grau oder schwarz, sehen manchmal wie schreckenerregende Monster aus, manchmal wie zackige, zerrissene geometrische Figuren, manchmal auch wie verängstigte, in Grauen erstarrte kleine Kinder. Es ist eine Pein für mich, diese Gedankenformen ständig vor Augen zu haben und euch nicht helfen zu dürfen! Denn ihr missdeutet bislang alle meine Versuche, euch zu helfen...

Eure düsteren Gedankenformen wirken auf direktem Wege „negativ verstärkend", wie ihr sagen würdet, auf eure Lebensumstände ein. Was ihr denkt, das geschieht euch. Wenn ihr euch selbst für unwert haltet, wird euch auch im Außen niemand respektieren. Wenn ihr nur Übles vom Leben erwartet, wird es euch übel mitspielen. In Wahrheit wird es einfach nur mitspielen – euer eigenes Spiel! Wenn ihr euch ängstigt, dann erhöht ihr die Wahrscheinlichkeit dafür, dass das eintritt, wovor ihr euch fürchtet. Die Erwachenden unter euch wissen all dieses sehr wohl, aber auch sie haben häufig noch Schwierigkeiten, sich anders zu orientieren. Ja, manche von euch arbeiten seit längerem mit „positiven Affirmationen", aber wenn ihr dies nicht in der angemessenen Weise ausführt, dann richtet ihr in eurem Inneren und in eurem äußeren Leben Verwirrung an! Eure negativen Glaubensmuster hängen mit traumatischen Erfahrungen zusammen, die ihr in diesem und auch in früheren Leben gemacht habt. Gewisse Seelenanteile, die im Rahmen solcher Erfahrungen abgespalten wurden, sind seither mit starken Emotionen geladen und gleichzeitig Träger der damit zusammenhängenden negativen Überzeugungen. Es funktioniert nicht, gegen diese Seelenanteile anzudenken! Ihr müsst sie zunächst zurück zur Seele begleiten, bevor ihr ihre Gedanken durch positive ersetzen könnt. Im Kapitel über die Macht des Atems werde ich mehr hierzu sagen.

Positive Gedanken sind Gedanken der Selbstliebe. Es sind Gedanken, die euren Bezug zum Göttlichen in Worte fassen, Gedanken, die euch zu dem werden lassen, was ihr wirklich seid. Gedanken der Selbstliebe formulieren die Wertschätzung für euch selbst, den Respekt vor euch selbst, die Dankbarkeit euch selbst gegenüber. Ja, Dankbarkeit euch selbst gegenüber, ganz genau! Eure spirituellen Lehrmeister betonen häufig die Wichtigkeit der Dankbarkeit, aber sie sprechen nicht allzu oft davon, dass es gilt, euch selbst gegenüber dankbar zu sein. Jetzt fragt ihr vielleicht, was ihr denn für einen Anlass hättet, euch selbst zu danken. Nun, der erste Anlass ist: Ihr habt es unternommen, euch auf dieses Erdenabenteuer einzulassen, auf dieses unglaubliche Wagnis, als Wesen göttlichen Ursprungs Erfahrungen im physischen Körper auf diesem Planeten zu durchlaufen. Dafür gebührt einem jeden und einer jeden von euch Dankbarkeit und Lobpreis! Zweitens dürft ihr euch für jede einzelne konkrete Erfahrung danken, die ihr hinter euch gebracht habt, sei es aus eurer Sicht nun eine „gute" oder eher eine „schlechte" Erfahrung. Die sogenannten schlechten Erfahrungen sind unter Umständen aus der Sicht des Geistes ganz besonders wertvoll! Drittens dürft ihr euch selbst dankbar sein für alle eure Taten, seien sie nun „gut" oder „böse" gewesen. Die Dynamik eurer Taten hat das „Rad eures Karmas" angetrieben und auf diese Weise konntet ihr all diese Erfahrungen machen, die für Gott so unendlich wichtig sind.

Wie schauen eure Gedanken der Selbstliebe für mich aus? Leider bekomme ich noch nicht allzu viele zu sehen, aber diese sind ausgesprochen lieblich. Manchmal ähneln sie schönen, jugendlichen Männern und Frauen, manchmal neugierigen, unschuldigen Kindern, manchmal sind es einfach klingende Formen und Farben, die mich erfreuen. Oh, ich wünsche mir so sehr, dass immer mehr von euch immer häufiger solche Gedanken denken! Sie lassen die düsteren Schemen der Negativität verblassen, die jetzt noch das Gedankenfeld der Menschheit beherrschen; ein einziger Gedanke der Selbstliebe löst tausend solcher negativen Gedankenformen auf! Übt euch im Denken solcher Gedanken, übt euch im Annehmen der göttliche Liebe, lasst eure traurigen, ängstlichen, wütenden Seelenanteile nach Hause gehen!

Kommen wir zurück zum Anfang, liebe Menschen. Ich habe gesagt, dass eure Gedanken MIR gleich seien und euer Bewusstsein dem Wasser. Ich meine das Wasser des Ozeans, das ich nicht in der Lage bin, bis auf den Grund aufzuwühlen. Ebenso können eure Gedanken, so tief sie auch mit ihren Wurzeln reichen mögen, was gewisse Glaubenssätze betrifft, niemals den Grund eures Bewusstseins erreichen. Sie können die Tiefe eures Seins, wo im JETZT der göttliche Friede herrscht, niemals antasten. Eure Essenz ist unverletzlich, während eure Gedanken kommen und gehen wie der Wind, wie die Wolken am Himmel. Ihre Kraft, Lebensumstände zu erschaffen, ist groß, größer aber ist euer SEIN jenseits aller Gedanken...

Der Wind und das Wasser

Nun möchte ich über meine Beziehung zum Wasser sprechen. Ich bin in großer Liebe mit ihm verbunden, wenn ich es auch manchmal peitsche. Unser beider Natur nach ist es immer ein Tanz, den wir miteinander vollführen, wobei ICH die männliche Seite repräsentiere und das Wasser die weibliche. Auf einer höheren Ebene stehe ich auch für den Geist und das Wasser für die Energie. Der Geist weht, wo er will, und die Energie fließt, wohin sie will...

Wenn die Regenwolken tief am Himmel hängen und ich, der Sturmwind, sie vor mir hertreibe, so nennt ihr Menschen dies „schlechtes Wetter". Die regenschwangeren Wolken aber und ich, wir tanzen miteinander und freuen uns des Lebens. Wenn dann der Regen fällt und ich, der Sturmwind, ihn gegen eure Fenster schlagen lasse, seid ihr froh, wenn ihr euch in euren warmen Stuben verkriechen könnt. Der prasselnde Regen und ich aber, wir tanzen miteinander und freuen uns des Lebens. Warum geht ihr nicht einmal bei solchem „Sauwetter" nach draußen und tanzt mit uns wie die kleinen Kinder? Hu, auch mein Kanal Ines schüttelt sich bei diesem Gedanken... Beim „erwachsen" und „vernünftig" werden haben die allermeisten von euch den Spaß an der Freude verloren...

Ich lese in euren Gesichtern, dass ihr mir nicht gerne folgt. Dennoch fahre ich damit fort, euch von meiner Liebesgeschichte mit dem Wasser zu erzählen: Das Wasser und ich, wir sind Gespielen, die sich seit Anbeginn aller Zeiten kennen und lieben. Hier auf der Erde gibt es uns, seit sich die Atmosphäre bildete und die Lufthülle entwickelte. Das Wasser war in MIR, der Luft, und fiel als Regen auf die Erde. Nun werdet ihr sofort sagen, dass ich unlogisches Zeug vorbringe: Ich nannte mich vorhin die „männliche Seite", wenn aber die Luft mit dem Wasser schwanger war, dann müsste sie doch „weiblich" sein? Nun, ich werde euren Verstand mit diesem Rätsel, oder eher Geheimnis, allein lassen. Es kann nicht alles ausgesprochen werden, was IST.

Von den Wassern der Binnenseen möchte ich nun sprechen. Manchmal sind sie gar nicht tief und ich kann sie bis auf ihren Grund aufwühlen, wenn ich als kräftiger Sturm daherbrause. Ich liebe diese Wasser wie meine Kinder, da sie im Vergleich zu den Ozeanen so klein sind. Daher streichele ich sie am liebsten ganz zärtlich, sodass sich ihre Oberfläche nur leicht kräuselt – das ist mein schönstes Spiel mit ihnen. Gelegentlich möchten aber auch sie mit mir herumtoben und sich in hohen Wellen erheben. Für mich ist es dann wie der Tanz eines Vaters mit seiner Tochter, die erwachsen werden will. Die Wasser und ich, wir genießen diesen Spaß beide sehr, und wenn eines eurer Schiffe auf den Wellen mit uns tanzt, so gefällt uns das ganz besonders, auch wenn IHR es weniger mögt...

Und die Ozeane, die großen Weltmeere? Sie sind mein Harem, wenn ihr erlaubt, dass ich mich so ausdrücke. Wenn ihr es aber nicht erlaubt, dann sage ich es trotzdem! Jedes der Weltmeere ist anders, hat einen anderen Charakter. Ich, ihr Liebhaber, nähere mich jeder dieser Damen auf eine andere Weise, und ich bin immer bei allen zugleich präsent, wie ihr wisst. Das unterscheidet mich allerdings von einem menschlichen Sultan... Anders als ein menschlicher Sultan habe ich auch keine Lieblingsfrau. Da bin ich eher wie euer Casanova, der alle Frauen liebte und sich nie für eine einzige entscheiden konnte. Gott verlangt ja auch nicht von mir, dass ich nur den Indischen Ozean liebe oder einzig und allein den Pazifik oder die Nordsee. Der Indische Ozean ist übrigens seinem Charakter nach weich und lieblich, während der Pazifik zwar – wie der Name es auch ausdrückt – einen friedfertigen Charakter hat, zugleich aber auch sehr kraftvoll ist. Er/sie ist ja auch der Fläche nach das größte aller Meere. Die relativ kleine Nordsee hingegen ist rau und wild, weshalb ihr sie auch gelegentlich „Mordsee" nennt. Ja, ich tobe sehr gerne mit ihr! Die Ostsee ist wiederum eher wie ein kleines Mädchen, das sich von seinem Vater nur ungern umarmen lässt – aus welchem Grunde auch immer. Ja, sie ist ein bisschen spröde, die Ostsee, aber das finde ich auch wieder anziehend... Das Mittelmeer ist heißblütig wie die Menschen, die an seinen Ufern leben, und ich finde es besonders „sexy". Der Atlantische Ozean schließlich hat einen ähnlichen Charakter wie die Nordsee: ein bisschen jungenhaft und eher rau. Oh, beinahe vergaß ich das Polarmeer! Es ist eisig und gefroren, meistens, aber wenn es auftaut, dann zeigt es einen ganz eigenen Charme. Mit seinem Eis kann ich ja nicht tanzen, aber wenn die Wasser von ihm befreit sind, dann ist das beiderseitige Vergnügen umso größer!

Wind und Wasser gehören zusammen wie Yang und Yin. Beide repräsentieren wir das Tao, das ewig Fließende. Auch ich, der Wind, bin ja fließende Luft. So wie das Wasser strömt, ströme auch ich. Verehrte Menschen, lasst euch auf Wind und Wasser in all unseren Manifestationen ein, spürt uns auch physisch ganz bewusst, dann werdet ihr besser begreifen können, was

LEBEN ist. Das Spiel des Windes mit dem Wasser, es bringt unendlich viele Wellen hervor und jede einzelne ist anders. So manifestiert sich auch das Leben in unzähligen individuellen Formen. Jede ist besonders, keine ist überflüssig. Und so wie die Wellen des Wassers kommen und gehen, so kommen und gehen auch die individuellen Formen des Lebens – auch eure Körper, liebe Menschen. Die Wellen des Wassers, aufgewühlt von mir, dem Winde, sind ein wunderbares Bild für das ewig sich wandelnde EINE Leben. Es gibt keinen Stillstand, es gibt keinen Tod, es ist nur alles ständig im Wandel. Lernt vom Wasser das Loslassen, liebe Menschen: Niemals hält es an einer bestimmten Form fest, in jedem neuen Augenblick lässt es viele, viele neue zu. Ich, der Wind, bin der Partner, der dem Wasser seine wechselnden Formen buchstäblich einbläst... Ich kann euch gar nicht sagen, wie viel Freude ich dabei empfinde!

Der Wind und die Bäume

Die Bäume sind für den Wind Partner ganz anderer Art als das Wasser. Ihr Menschen zählt sie zu den Pflanzen und damit zur lebenden Natur, während ihr euch über den Wind und das Wasser als Lebensformen normalerweise keine Gedanken macht. Ihr, beziehungsweise eure Naturwissenschaftler, habt eine sehr enge Definition von „Leben": Ihr zählt dazu nur solche Formen, die sich selbst fortpflanzen. Für mich, den Wind, ist Leben ALLES, was ist. Und alles, was IST, ist bewusst, während ihr Menschen in eurer Mehrheit nicht einmal den Pflanzen Bewusstsein zubilligt. Da seid ihr sehr, sehr kurzsichtig und voreingenommen, muss ich sagen! Ihr tendiert auch dazu, Bewusstsein als Funktion des Verstandes – eures eigenen Verstandes – zu definieren. Dabei stellt ihr eine Hierarchie her, an deren Spitze ihr selbst als die „vernünftigsten" Wesen steht. Ach, das tut mir weh!

Aber ich will nicht abschweifen. Ich möchte von meinen Partnern, den Bäumen, sprechen. Mein Kanal Ines hat schon zwei Bücher zusammen mit ihnen geschrieben und denkt nun, dass sie wohl wisse, was ich über sie sagen werde. Sie irrt! Die Bäume aus meiner Sicht stellen sich ganz anders dar als aus menschlicher Sicht. Sie sind meine Spielgefährten auf eine ganz besondere Weise. Ich, in meiner Form als Orkan, kann dabei allerdings Bäume töten oder verletzen: Ich kann sie entwurzeln, abbrechen lassen oder ihnen Äste abreißen. Das Wasser kann ich niemals töten oder verletzen! Nun denkt ihr wahrscheinlich sofort, dass die Bäume also meine „Opfer" sein können. Weit gefehlt! „Täter" und „Opfer" gibt es nur in eurer Vorstellung, aber nicht in der Natur. Die Bäume sind, wie gesagt, meine Partner und meine Spielgefährten. Auch mit ihnen tanze ich, aber auf eine ganz andere Weise als mit dem Wasser: Ich bringe ihre Äste, Zweige und Blätter in Bewegung, und wenn es sich um jüngere Bäume handelt, auch ihre Stämme. Das Rascheln oder Rauschen ihrer Blätter aber kann ich als Flüstern, Sprechen oder Singen wahrnehmen, je nachdem wie stark ICH sie bewege. Ja, die Bäume fangen an zu singen, wenn ICH anfange zu stürmen! Am lautesten singen sie, wenn ich am stärksten wehe. Denkt ihr, dass sie aus Angst singen, so wie ihr es manchmal tut, wenn ihr euch im Dunklen fürchtet? O nein! Was ein rechter Baum ist, der hat keine Angst vor dem Orkan. Ich kann nur diejenigen entwurzeln oder umbrechen, deren Zeit abgelaufen ist. Versteht ihr: Kein Wesen wird jemals sterben, dessen Zeit noch nicht gekommen ist. Im Jahr 2012 ist auf einem Golfplatz das Folgende passiert: Drei Frauen suchten in einer Holzhütte Zuflucht vor einem Gewitter, aber der Blitz schlug in die Hütte ein. Zwei starben, die dritte blieb unversehrt. Warum? Ihre Lebenszeit war noch nicht beendet. Wie bei den Menschen, so bei den Bäumen!

Ich habe mit jeder Baumart und auch mit jedem einzelnen Baum eine individuelle Liebesgeschichte. Das braucht ihr nun nicht erotisch zu verstehen, auch wenn ich bezüglich des Wassers wie von einer Geliebten gesprochen habe. Die Bäume sind mir liebe Freunde. Ehrlich gesagt, habe ich unter ihnen engere und weniger enge Freunde. Am besten verstehe ich mich mit den Linden, jedenfalls was die Bäume der gemäßigten Zone in Europa betrifft. Sie werden besonders alt und sind sehr weise. Zugleich besitzen sie einen göttlichen Humor und lachen sehr gerne. Mit den Fichten streite ich gelegentlich; sie können ziemlich mürrisch sein. Die Birken wiederum ähneln in ihrer Jugend euren jungen Mädchen. Sie kichern und necken sich gegenseitig, wobei sie häufig ohne jeglichen für mich ersichtlichen Grund in das albernste Gelächter ausbrechen. Die Eichen sind ehrwürdig und eher ernst, die Buchen ganz besonders menschenfreundlich. Sie erzählen sich keine Witze über euch, wie andere Baumarten dies manchmal tun. Lasst mich noch die Eschen erwähnen: Sie haben eine sehr sympathische, männliche Art, mit mir zu tanzen.

Was die Bäume so interessant für mich macht, ist die Tatsache, dass sie in der Erde verwurzelt sind und senkrecht (meistens...) zum Himmel wachsen. Dabei sind sie in ihrer Jugend in ihren Stämmen elastisch, später immer noch in ihren Ästen und Zweigen. So können sie sich wiegen und biegen, wenn ich durch sie hindurch fahre. Das macht mir Freude! Im Kontrast zum Wasser haben sie eine klare Form, jeder Baum eine andere, ausgeprägt individuelle. Das Wasser ist formlos und bildet nur dann an seiner Oberfläche Formen in der Gestalt von Wellen, wenn ich über es hinweg wehe. Ehrlich gesagt, reiße ich den Bäumen sehr gerne manchmal einen größeren Ast weg, um zu sehen, in welcher Weise sich dadurch ihre Form verändert. Sie nehmen es mir normalerweise nicht übel. Neulich allerdings, in einem Herbst, als ich stark stürmte, habe ich einem alten Apfelbaum einen krummen Ast weggerissen und darüber war er sehr erbost: Es habe sich um seinen ältesten und liebsten Ast gehandelt, ließ er mich wissen, und ich hätte gefälligst vorher fragen sollen, dann hätte er mir einen anderen zur Verfügung gestellt. Ja, so kann es gehen...

Ihr Menschen, besonders diejenigen, die in diesen Jahren einen Prozess des spirituellen Erwachens durchlaufen, habt eine besondere Beziehung zu den Bäumen, da sie euch von allen

Pflanzen am nächsten stehen. Ich, der Wind, lerne daher von ihnen sehr vieles über euch. Da sie im Gegensatz zu mir einen physischen Körper besitzen wie ihr, könnt ihr sie umarmen und auf diese Weise Energien austauschen. So erfahren die Bäume besonders viel von euch, und ihr könnt euch gegenseitig heilen. Wenn ICH als leichte Sommerbrise ihre Blätter zum Flüstern bringe, dann erzählen die Bäume mir häufig Geschichten von den Menschen. Es erstaunt mich immer wieder, wie sehr sie eure Spezies lieben und wertschätzen, obwohl ihr sie gnadenlos abholzt, wie es euch gerade in eure Pläne passt. Auch ich liebe und wertschätze euch, aber mir tut ihr ja nichts an – allerdings nur darum, weil es euch nicht möglich ist, Macht über mich zu gewinnen. Auch wenn ihr meine Kraft nutzt mittels alter und moderner Windräder, könnt ihr mich nur nutzen, aber niemals ausbeuten. Ja, daher bewundere ich die Bäume in ihrer Großherzigkeit! Sie sind herrliche Wesen und ich möchte sie euch wirklich ganz besonders ans Herz legen. Abgesehen davon sind sie lebensnotwendig für euch – ihr wisst ja: die Sache mit dem Sauerstoff...

Noch ein Wort zu eurer Holzwirtschaft: Seit ihr künstliche Wälder herstellt, Nutzwälder meine ich, habt ihr ein erhebliches Ungleichgewicht in die Natur gebracht. Die Bäume, die in diesen Wäldern wachsen, sind häufig charakterlich verformt – durch euch! Ihr zieht sie in „Baumschulen", und in der Tat, sie gehen dadurch bei euch in die Schule, werden von euch manipuliert. Ich spreche jetzt nicht von den genetischen Manipulationen, die ihr vor allem an Obstbäumen vornehmt, sondern von der Beeinflussung der Psyche der Bäume. Die Seele eines Baumes, der in einem eurer Nutzwälder aufwachsen muss, ist häufig geschwächt und in manchen Fällen sogar krank. Das betrifft vor allen Dingen die Fichten, die ich daher als „Orkan Lothar" – oder wie ihr mich sonst noch nennt – oft reihenweise entwurzeln kann. Das allerdings macht mir dann keinen Spaß mehr! Ich möchte mich daher an dieser Stelle bei den Fichten entschuldigen, weil ich sie weiter oben als „mürrisch" bezeichnet habe – wenn ICH so leben müsste wie sie, dann wäre ich das wahrscheinlich auch!

Tja... Wollt ihr wissen, was mir am meisten Freude macht, wenn ich an die Bäume denke? Es ist die Tatsache, dass sich die Menschheit wirklich in einem Prozess des Erwachens befindet, und das gibt mir Anlass zu der Hoffnung auf bessere Zeiten auch für sie! Daher habe ich eine Bitte an alle diejenigen, die diese Zeilen lesen: Hütet diesen Planeten in Zukunft gut! Gebt vor allen Dingen den Bäumen die Liebe zurück, die sie euch zukommen lassen. Setzt euch dafür ein, dass wieder Urwälder wachsen, auch und gerade mitten in Europa. Eure „Bannwälder", wo ihr gewisse Waldgebiete sich selbst überlasst, sind schon ein Anfang, aber es sind noch viel zu wenige. Ich, der Wind, wäre euch sehr verbunden und dankbar, wenn ihr meine Worte ernst nehmen wolltet!

Der Wind als Zerstörer

An einem lauen, sonnigen Frühlingstag wie diesem über meine Zerstörungskraft zu sprechen, lässt mich amüsiert schmunzeln. Heute bewege ich die Äste und Zweige der Bäume nur ganz sanft und niemand würde vermuten, dass ich auch ganz anders kann... Dennoch – sprechen wir über mich, den Wind, in meiner Eigenschaft als Zerstörer! Ihr Menschen fürchtet mich sehr, wenn ich als Orkan, Tornado oder Hurrikan auftrete, denn als ein solcher entwurzele ich nicht nur Bäume, sondern ich fege auch die Dächer von euren Häusern oder lasse sie sogar ganz in sich zusammenfallen. Als tropischer Wirbelsturm trete ich außerdem im Verbund mit dem Wasser auf, das euch in der Gestalt von sintflutartigen Regenfällen oder Überflutungen durch das Meer noch zusätzlich in Schrecken versetzt.

Verehrte Menschen, wir „Naturgewalten" zerstören nicht, um euch zu terrorisieren. Wir zerstören nicht, weil wir eine „Strafe Gottes" wären, und wir zerstören auch nicht, weil wir euch nicht mögen. Wir entfalten diese unsere Kräfte einzig und allein darum, weil wir ein bestehendes energetisches Ungleichgewicht wieder in die Balance bringen wollen! Gewiss, eure Meteorologen sehen das anders. Sie analysieren Luftdruckverhältnisse, Luftfeuchtigkeit, Temperaturen und tappen, was die Entstehung von Tornados betrifft, immer noch weitgehend im Dunkeln. Bei den tropischen Wirbelstürmen sehen sie bezüglich der äußeren Bedingungen etwas klarer, aber in jedem Falle schauen sie an den wahren Ursachen, die rein energetisch sind, vorbei. Diese Ursachen haben einerseits mit Verhältnissen in der Natur selbst zu tun, andererseits gehen sie auf euch Menschen zurück, und das zu einem sehr großen Teil. Überall dort nämlich, wo zum Beispiel verhärtete gesellschaftliche Strukturen herrschen oder wo Menschen allzu hartnäckig an Altem und Überholtem festhalten, besteht ein starkes energetisches Ungleichgewicht. Solche Regionen sind dann besonders „anfällig" für „Naturkatastrophen" aller Art – Erdbeben, Feuersbrünste, Überflutungen oder eben Orkane und Wirbelstürme. Versteht mich nicht falsch: Ich sage jetzt nicht, dass ihr „selbst schuld" wäret, wenn ICH komme und euch und eure Strukturen ordentlich durcheinander wirbele. Von Schuld ist überhaupt nicht die Rede. Aber ihr seid mit verantwortlich, ohne Frage.

Diese eure Mitverantwortung aber eröffnet euch auch eine Chance zur Mitwirkung! Ob ihr es glaubt oder nicht: Zuzeiten einer friedvollen, auf gegenseitigem Respekt und Anerkennung basierenden menschlichen Gesellschaft, wie ich sie mir für eure Zukunft wünsche und erhoffe, wird es viel weniger Naturkatastrophen geben als jetzt noch! Ja, was ihr Menschen als eine Folge des „Klimawandels" anseht, das sind in Wirklichkeit Arbeiten von Mutter Erde im Verbund mit den anderen Elementen, also auch MIR, um energetisches Ungleichgewicht auszubalancieren, das zu einem großen Teil auf euch Menschen und eure Aktivitäten sowie euer Bewusstsein zurückgeht. Das bedeutet aber, von der anderen Seite her gesehen, dass IHR mittels des Wandels eures Bewusstseins Einfluss auf das Klima und das Wetter nehmen könnt! Schon ein einziger voll bewusster Mensch, der innerlich ganz mit seiner ihm innewohnenden göttlichen Essenz verbunden ist, kann in einer Region das Wetter maßgeblich beeinflussen. Ein Weg, wie ihr das tun könnt, ist der bewusste ATEM. Es gibt verschiedene Möglichkeiten, den Atem einzusetzen, die einfachste ist das *weiche Atmen*. Dieses besteht schlichtweg darin, dass ihr euren Atem ganz natürlich fließen lasst. Ihr braucht dazu keinerlei besondere Technik, ihr lasst das Atmen einfach geschehen. Dies könnt ihr im Sitzen oder im Liegen üben und euch dabei mit jedem Atemzug immer tiefer in euren Körper hineinfallen lassen, euch immer tiefer mit ihm verbinden.

Der Einsatz eures Atems ist ganz besonders effektiv, wenn ihr mit MIR, dem Wind, Verbindung aufnehmen wollt, denn der Atem ist bewegte, fließende Luft, so wie ICH; und daher von derselben Natur wie ICH! Probiert es einmal aus, wenn ich als Sturm um euer Haus tobe: Übt den Weichen Atem, verbindet euch mit eurem Körper und dann nehmt Kontakt zu MIR auf. Atmet mit mir zusammen, lasst eure Atemluft friedlich ein und aus strömen und beobachtet MICH. Atmet mit mir zusammen! Habt dabei bedingungsloses Vertrauen in euch selbst und in mich. Ihr werdet nach einer Weile bemerken, wie ich abflaue und immer weniger werde. Ähnlich können bewusste Menschen auch schon bei einer Hurrikanwarnung vorgehen: Atmet mit der Energie des Wirbelsturms, verbindet euch mit ihr und bitte sie/MICH, die Energien, die im Ungleichgewicht sind, auf eine sanfte Weise und mit euch zusammen zu balancieren. Auch hier ist absolutes Vertrauen vonnöten. Wenn dieses auf eurer Seite vorhanden ist, dann wird der Hurrikan sich auf wunderbare Weise abschwächen und eure Region verschonen. Mein Kanal kennt eine junge Frau, die ein ähnliches Vorgehen einmal auf Hawaii praktiziert hat – mit Erfolg!

Noch einmal: Ich komme als Orkan oder Wirbelsturm nicht, um mutwillig zu zerstören – das liegt mir fern. Ich entwurzele nur diejenigen Bäume, deren Zeit gekommen ist, und ich habe niemals die Absicht, euch Menschen Leid zuzufügen. Ich arbeite lediglich mit Mutter Erde zusammen, um Energien zurück ins Gleichgewicht zu bringen. Wenn mit eurer Hilfe ein sanfter Weg gefunden werden kann, um dies zu bewerkstelligen, dann freue ich mich sehr! Ich rufe euch daher auf, verehrte Menschen, werdet euch dieser Tatsachen bewusst und setzt euren Atem ein, um mit mir zusammenzuarbeiten! Es ist so einfach für euch, das Weiche Atmen zu praktizieren, es braucht nur eure Absicht und dann könnt ihr es geschehen lassen. ICH, der Wind, bin eine gewaltige Kraft des Ausgleichs und der Veränderung – und euer Atem, der mir wesensgleich ist, ist eine ebensolche Kraft. Unterschätzt die Macht eures Atems nicht! Ich komme noch darauf zurück.

Der Wind als Tröster

Alles hat seine andere Seite, so auch ICH. Wo ihr mich als den Zerstörer fürchtet – wahrscheinlich auch noch nach meinen Ausführungen im vorangegangenen Kapitel – da könnt ihr mich als den TRÖSTER begrüßen… Es sind zwei Seiten einer einzigen Münze, nur ist euch diese meine andere Seite wahrscheinlich nicht so bewusst. Aber denkt einmal an einen brütend heißen Sommertag. Sehnt ihr euch da nicht nach einer kühlenden Brise? In meiner Eigenschaft als laues Lüftchen bin ich ein Tröster. Das leuchtet euch vielleicht eher ein als die Behauptung, die ich zusätzlich aufstelle: Auch in meiner Eigenschaft als Sturm bin ich ein Tröster. Warum? Weil ich alte Energien aufwirble und hinwegfege, die euch nicht mehr dienlich sind! Ihr versteht nicht so recht, was daran tröstlich sein soll? Nun, es ist die Tatsache, dass ihr danach freier atmen könnt, die euch Trost bringt.

Diesen Trost können allerdings nur solche Menschen empfangen und empfinden, die sich für die heilenden Kräfte der Naturgewalten öffnen. ALLE von euch als furchtbare Katastrophen erlebten Ereignisse tragen nämlich ein Potenzial für Heilung in sich! Insbesondere trifft diese Aussage auf alle „Naturkatastrophen" zu. Ich setze diesen Ausdruck in Anführungszeichen, weil es sich nur aus eurer menschlichen Sicht und nicht aus der Sicht der Natur um Katastrophen handelt.

„Lieber Wind, du hast gut reden – DU kennst doch weder den Tod noch Schmerzen und Verletzungen, du brauchst weder Haus noch Kleider", höre ich jetzt einige von euch sagen. Es ist wahr, was ihr meint, denn ich bin formlos und für euch auch unsichtbar, und den Tod kenne ich in der Tat nicht. Aber wenn ihr denkt, ich sei deswegen ohne Mitgefühl mit euch, so irrt ihr! Ganz im Gegenteil, mich dauert es, wenn ich euch ohne Haus und Kleidung sehe – oder verletzt oder auch tot. Es tut mir weh, euch leiden zu sehen, und noch dazu so sinnlos. Es ist ja überhaupt nicht notwendig, dass ihr leidet! Wenn ihr zurückkehrt zu eurem Ursprung, wenn ihr zurückkehrt zu eurer inneren QUELLE, dann braucht ihr nicht zu leiden und werdet es auch nie mehr tun, ganz gleich, was euch widerfährt. Das ist der Trost, den ich euch bringe: Ihr seid in eurer wahren Essenz ebenso unverletzlich und formlos wie der Wind! Ja, selbst wenn euer Körper schmerzt oder friert oder schwitzt, braucht ihr nicht zu leiden. Sobald ihr euch wirklich in die Verbindung mit eurer eigenen Quelle begebt, werdet ihr feststellen, dass solche Beschwerden vergänglich und nichtig sind und dass sie euch nicht mehr berühren. Sie sind euch nicht „egal", sie sind euch gleich gültig – alle Empfindungen gleich gültig.

In meiner Essenz als WIND bin ich dem Heiligen Geist wesensgleich, der ja von euren Kirchen auch der Tröster genannt wird. In der Apostelgeschichte kommt er nach der Himmelfahrt Christi zu den Jüngern, um sie zu trösten und zu inspirieren. Trost und Inspiration bringe auch ich zu euch! Ich bringe euch direkte Botschaft aus Gott, aus der ewigen Quelle allen Lebens. Was auch immer euch geschieht, wisst, dass ihr unendlich geliebt seid – jeder und jede Einzelne von euch! Alles, was euch geschieht, hat einen tiefen Sinn, denn alles dient eurem inneren Wachstum. Auch wenn ihr euch durch unbewusste Wahl alles mögliche Leid erschafft, weil ihr noch nicht mit eurer Essenz im Inneren verbunden seid, dient dies dennoch immer eurem Wachstum. Verzweifelt daher nicht an euch selbst, wenn ihr erkennt, dass ihr immer noch nicht „erleuchtet" seid. Dankt vielmehr eurer Seele für jede Erfahrung, die sie euch zu durchlaufen hilft, denn jede dieser Erfahrungen lässt euch einen Schritt weiter in die Richtung eures Erwachens gehen. Übt euch in Geduld mit euch selbst! Eure SEELE wird niemals ungeduldig mit euch, denn sie liebt euch bedingungslos, genau *so* wie ihr gerade JETZT seid. Geduldig mit sich selbst zu sein, bedeutet daher auch, sich in der Selbstliebe zu üben. Und zur Selbstliebe möchte ich euch bewegen, denn nichts tröstet euch mehr als die Liebe zu euch selbst. Die Liebe zu euch selbst lässt euch offen werden und bleiben für jegliche Erfahrung. Sie lässt euch offen werden und bleiben für alle eure sogenannten Fehler und Schwächen. Wenn ihr euch selbst liebt, dann fordert ihr nicht von euch selbst, perfekt sein zu müssen. Ihr seht dann, dass ihr bereits vollkommen seid, so wie ihr seid mit sämtlichen „positiven" und „negativen" Eigenschaften. Vollkommen sein ist etwas völlig anderes als perfekt sein: Wer perfekt sein will, der gesteht sich keinerlei Fehler oder Schwächen zu. Wer sich hingegen seiner Vollkommenheit bewusst ist, der weiß, dass Gott ihn mit ALLEM liebt, was er IST.

Seid also getrost: Ihr braucht euch nicht unter Druck zu setzen, euch nicht mit der Peitsche vorwärts zu treiben, euch nicht mit anderen zu vergleichen, die angeblich „weiter" auf dem Weg des Erwachens sind als ihr. Übrigens, in diesem Kapitel spreche ich bewusst und gezielt euch Menschen an, denn die Pflanzen, die Tiere und die Steine brauchen keinen Trost. Auch das Wasser benötigt ihn nicht. Die Natur leidet nicht, denn sie besitzt nicht den menschlichen Verstand, sondern IST stets präsent in ihrem höheren Bewusstsein, das jenseits eures Verstandes liegt. Ihr lest richtig: Die Quelle all euren Leidens ist euer Verstand, der Erfahrungen bewertet und für erwünscht oder unerwünscht erklärt.

Kommen wir aber zurück auf eure Praxis des Vergleichens. Auch dies ist eine Funktion eures Verstandes, der stets wertet. Wenn ihr seht, dass ein anderer Mensch mit den Herausforderungen des Lebens souveräner umgeht als ihr selbst, sagt euer Verstand euch, dass dieser Mensch „weiter" sei als ihr selbst, und das ist jedes Mal mit einer Abwertung eurer eigenen Person verbunden. Meine Einladung an euch: Lasst euch stattdessen durch einen solchen Menschen inspirieren und anregen! Lasst euch durch ihn dazu ermutigen, selbst mit mehr Bewusstheit und Achtsamkeit an das Leben heranzugehen. Ihr werdet erleben, dass dann viel mehr Zufriedenheit und auch Dankbarkeit in euer Leben einkehren.

Zum Abschluss dieses Kapitels noch eine weitere Einladung: Wann immer ihr euch bedrückt fühlt, überfordert, niedergeschlagen, erinnert euch bitte an den Tröster, den Wind! Ihr könnt mich jederzeit rufen und mir erzählen, was euch fehlt. Ich bin immer für euch da und werde euch helfen, in eure Mitte zurückzukehren oder vielleicht auch zum ersten Mal in sie einzukehren. Denn ich bin der Atem Gottes, liebe Menschen, ich bin der Bote des Geistes, und Gott liebt euch – so wie ICH euch liebe!

Ein Gedicht

Mensch,
ärgere dich nicht
wenn ein anderer
besser ist als du –
nimm einen tiefen Atemzug
und lass dich inspirieren

Mensch,
geißele dich nicht
wenn du meinst
versagt zu haben –
nimm einen tiefen Atemzug
und lass dich trösten

Mensch,
verzweifle nicht
wenn der Erfolg
deiner Bemühungen ausbleibt –
nimm einen tiefen Atemzug
und lass dich fallen

Mensch,
kränke dich nicht
wenn ein anderer
Kritik an dir übt –
nimm einen tiefen Atemzug
und lasse los

Mensch,
freue dich mit mir
wenn ich das Wasser
zum Tanzen bringe –
nimm einen tiefen Atemzug
und tanze mit

Der Wind

Geist und Energie

Ich bin der Atem Gottes, liebe Menschen, ich bin der Bote des Geistes. Und vom Geist möchte ich in diesem Kapitel sprechen – vom Geist und von der Energie, die aus ihm hervorgeht. Im Anfang ist der Geist. ES IST. ES ist der Reine Geist, der sich Seiner Selbst bewusst ist. Der Geist ist Bewusstheit und Klarheit an sich. Er ist in seiner Essenz kein „Er" und auch keine „Sie". Der Geist ist ES ohne geschlechtliche Differenzierung. Als Bote und Wesensverwandter des Geistes bin auch ich, der Wind, kein geschlechtliches Wesen, auch wenn ich mich mit Bezug auf das Wasser als „männlich" bezeichnet habe. Ja, hier wird es ein bisschen schwierig... „Männlich" und doch nicht „männlich", „weiblich" und doch nicht „weiblich"... Bitte öffnet euch und lasst euren Verstand zumindest teilweise beiseite!

Im Anfang IST der Geist. Der Geist ist nichts, ist Leere, ist reines Bewusstsein, ist nicht manifestiert. Der Geist ist der Urgrund von Allem, was manifestiert ist, aber er ist selbst formlos und ohne alle Eigenschaften. Der „Gott" oder die „Götter" eurer Religionen sind Manifestationen dieses Geistes, denn ihr stellt sie euch in mannigfachen Gestalten vor. Eigentlich sind sie Energien, die aus dem Geist hervorgehen. Ja, der Geist ist der Ursprung jeglicher Energie, daher ist jede Energie ihrem Wesen nach göttlich, auch wenn sie „gefallen" und niedrig schwingend ist. Ihr fragt nach dem Wie? „Wie, auf welche Weise geht die Energie aus dem Geist hervor?" Das kann ich euch nicht beantworten – es ist ein tiefes Geheimnis, das sich niemals in menschliche Worte fassen lässt, auch von dem besten Kanal nicht! Was aber ihr erwachenden Menschen „die Quelle" nennt, genau das ist der Anfang der Energie. Die Quelle entspringt direkt aus dem Geist und ergießt sich als dessen Schöpferkraft in das gesamte Universum hinein. Manche von euch sagen auch „Omniversum", denn es gibt viele Paralleluniversen, das wissen ja inzwischen auch eure Physiker.

Wo der Geist EINS ist, da ist die Energie in gewisser Weise teilbar. In Wirklichkeit ist natürlich auch sie immer EINS, aber sie hat sich im Laufe der Schöpfungsgeschichte immer wieder individualisiert. Nehmen wir als Beispiel zunächst einmal das Wasser als eine sehr wichtige Manifestation der Energie: Das physische Wasser manifestiert sich im Regentropfen, im Tümpel, in der Quelle, im Bach, im Fluss, in den Seen und Meeren. Jedes dieser Wasser-Wesen ist eine individuelle Verkörperung von Energie. Eine wichtige Eigenschaft des Wassers ist das Fließen und Strömen – dies ist auch eine zentrale Eigenschaft von Energie überhaupt. Wenn ihr Menschen aber einen Staudamm baut, dann wird der Fluss des Wassers aufgehalten. Es bildet sich ein stiller See, und auf der anderen Seite des Dammes fließt nur ein kleines Rinnsal weiter. Auf eben dieselbe Weise können sich Energien in eurem Inneren stauen, wenn ihr sie blockiert und am Weiterfließen hindert.

Auch eure menschlichen Seelen sind Individualisierungen der göttlichen Energie. Hinzu kommt, dass sich im Laufe eurer Entwicklung durch viele Erdenleben hindurch immer wieder Teilenergien abgespalten haben, die Träger von Schmerz und negativen Emotionen sind – ich erwähnte es schon. Diese Abspaltungen dürft ihr in der heutigen Zeit „nach Hause", zurück in eure Seele, bringen. Hierzu könnt ihr euren bewussten Weichen Atem einsetzen. Wie, das beschreibe ich genauer im nächsten Kapitel. Ja, eure Seelen sind göttliche Energie und ihre Essenz ist Reiner Geist! Eure Seelen haben bis zum heutigen Tage ungezählte Erfahrungen durchlaufen, nicht nur auf der Erde, aber ganz besonders hier. Sie sind unendlich weise und liebevoll, denn die Weisheit und die Liebe gehören zu den Eigenschaften der göttlichen Energie. Ihr lest richtig: Die Energie ist die erste Manifestation des Geistes und sie hat Eigenschaften. Weisheit, Liebe, Friede, Fülle sind Eigenschaften eurer Seelen in ihrem Ursprung. Eure „gefallenen", niedrig schwingenden Seelenanteile hingegen sind Energien, die mit Angst in allen möglichen Ausprägungen geladen sind – hierzu gehören auch der Hass und die Wut. Jegliche Form von Aggression entspringt nämlich der Angst. Spürt einmal in euch hinein, dann werdet ihr die Wahrheit dieser Aussage erkennen. Die „negativen" Emotionen wiederum sind ihrem Wesen nach ebenfalls Energien, die fließen wollen. Hier verweise ich zurück auf das Bild des Staudamms: Wo ihr zum Beispiel eure Wut aufstaut und nicht fließen lasst, da werdet ihr auf der anderen Seite kraftlos und schlapp! Was aber bedeutet das Fließen-lassen von Zorn? Es bedeutet nicht, dass ihr diese Emotion auslebt und den Menschen, auf den ihr wütend seid, verprügelt oder gar umbringt. Es bedeutet auch nicht, dass ihr auf einen Punchingball einschlagt. Es bedeutet überhaupt nicht, dass ihr irgendetwas tut. Den Zorn, die Wut, die Angst, den Neid, die Frustration lasst ihr fließen mit dem ATEM! Dann können sie wieder zu dem werden, was sie eigentlich SIND, nämlich reine, göttliche Energie! Auf diesem Wege könnt ihr zurück zu der wahren Kraft finden, die eure Seele in sich trägt.

Alles Manifestierte, sei es auf den feinstofflichen Ebenen, sei es auf der materiellen Ebene, ist Energie und kommt aus dem Geist. Pointiert könnten wir sagen, dass alles Materielle „in die Form gefallener" Geist ist. Um sich physisch zu manifestieren, musste die göttliche Energie sich nämlich in immer niedrigere Schwingung und damit verbunden in immer größere Dichte begeben. In dieser beginnenden Neuen Zeit nun kehrt die Erde – und mit ihr alle Wesen, die auf und in ihr manifestiert sind – ihre Bewegung um von hoher Dichte hin zu immer größerer Leichtigkeit. Ihr Weg geht vom Grobstofflichen zurück ins Feinstoffliche! ICH, der Wind, bin bei diesem Unterfangen einer ihrer wichtigsten Partner, denn ich breche nicht nur auf der materiellen Ebene alte Verkrustungen auf, die der Rückkehr des Planeten ins Licht hinein im Wege stehen. Als Sturm und Orkan fege ich Altes hinweg, sodass Raum für das Neue entsteht. Mit meiner Hilfe könnt auch ihr Menschen euch auf den Geist zurückbesinnen, der euch allen innewohnt. Anstatt mich zu fürchten oder gar zu hassen, wenn ich euch zu bedrohen scheine, könnt ihr Verbindung mit mir aufnehmen und mich um Hilfe bei der Klärung eures eigenen Geistes bitten. Dann kann ich – mit eurer Erlaubnis – durch euer Hirn fahren und euch zu klaren Gedanken der Liebe, der Zuversicht und der Freude verhelfen.

Und mehr: Wenn ihr euch liebevoll mit mir verbindet, dann helfe ich euch auch, eure eigenen Energien in den Fluss zu bringen. Da ich von derselben Natur bin wie euer Atem, unterstütze ich diesen, wenn ihr ihn einsetzt, um bewusst Emotionen fließen zu lassen und Seelenanteile „nach Hause" zu bringen. Mehr hierzu im folgenden Kapitel.

Die Macht des Atems

Habt ihr es euch schon einmal vergegenwärtigt? Ihr könnt Wochen überleben, ohne zu essen, wenige Tage, ohne zu trinken, aber nur ein paar Minuten, ohne zu atmen! Euer Atem ist damit eure wichtigste Lebensquelle, eure wichtigste Energiequelle. Kein Wunder: Mit dem Atem nehmt ihr ja die göttliche Energie selbst auf, die Lebenskraft selbst, die von den Chinesen Qi genannt wird, von den Indern Prana... Auf der materiellen Ebene ist es der Sauerstoff, den eure Körper zum Leben brauchen, auf der feinstofflichen eben dieses Qi. Die alten Chinesen haben die Übungen des Qigong entwickelt, um die Lebensenergie in euren Körpern in den Fluss zu bringen und im Fluss zu erhalten. Das ist ein wunderbarer Weg für diejenigen von euch, die ihn gehen möchten. Für die anderen gibt es aber noch einen einfacheren: den Weg über den Atem. Und es ist noch nicht einmal notwendig, dass ihr euch komplizierte Atemübungen aneignet: Es genügt, wenn ihr euch immer wieder, möglichst täglich, für ein paar Minuten ruhig hinsetzt oder legt und euren Atem ganz weich und natürlich einfach fließen lasst. Ihr könnt euch dabei mit jedem Atemzug immer tiefer in euren Körper sinken lassen, euch mit ihm verbinden. Diese einfache Übung könnt ihr mannigfach kombinieren und variieren: Ihr könnt mit jedem Atemzug die Liebe eurer Seele annehmen, ihr könnt die Fülle annehmen, die euer Geburtsrecht ist, ihr könnt Potenziale durch euch hindurch fließen lassen – Letzteres erläutere ich noch weiter unten. Wenn ihr zugleich, wie die Bäume es anraten, eure feinstofflichen Wurzeln aus euren Füßen bis tief in die Erde wachsen lasst und eurer Aura erlaubt, sich bis weit ins Universum hinein auszudehnen, dann kommt ihr in eine tiefe Verbindung mit Himmel und Erde hinein. Dies verstärkt noch die Wirkung des Weichen Atems. Wenn ihr ihn täglich praktiziert, werdet ihr mit der Zeit beobachten können, wie euer Leben sich umwandelt. Freudeblumen werden an eurem Wegrand zu wachsen beginnen und kleine und große Wunder werden zu euch kommen.

Mittels des Weichen Atems könnt ihr auch abgespaltene Seelenanteile zurück zu eurer Seele fließen lassen. Wie geht ihr vor? Immer dann, wenn ihr zum Beispiel Angst oder einen Widerstand spürt, der euch daran hindert, einen neuen Schritt zu tun, dann sind solche Seelenanteile im Spiel. Eigentlich sind sie früher einmal – in eurer Kindheit oder in einem vergangenen Leben – entstanden, um eure Psyche von Druck zu entlasten. Sie haben negative Emotionen für euch getragen, die mit traumatischen Erfahrungen in Verbindung standen. Nehmt sie daher mit Empathie wahr und dankt ihnen zunächst einmal für die Dienste, die sie für euch geleistet haben. Umarmt sie und erklärt ihnen, dass ihr diese nun nicht mehr braucht und sie nach Hause gehen dürfen. Anschließend atmet ihr mit ihnen. An einem Gefühl der Erleichterung werdet ihr erkennen, wenn sie gegangen sind. Jeder von euch trägt viele, viele solcher Anteile in sich, und es ist notwendig, dass ihr diese Übung immer wieder und wieder ausführt. Viele unglückliche, weinende kleine Kinder möchten auf diesem Wege zu ihrer wahren „Mama", der Seele, zurückkehren. Die Bäume haben in ihrem Teil dieses Buches sehr viel Wesentliches über eure Seelenanteile gesagt, daher fasse ich mich hier kurz.

Nun möchte ich euch noch erklären, wie ihr auf dem Weg über den Atem Potenziale in die physische Manifestation bringen könnt, das heißt, wie ihr vorbereiten könnt, dass Dinge Wirklichkeit werden, die sich zuvor nur im Bereich des Möglichen befanden. In diesem Zusammenhang solltet ihr die Übung der Bäume – Wurzeln wachsen lassen und die Aura ausdehnen – mit dem Weichen Atem kombinieren, denn auf diese Weise öffnet sich euer „Schöpfungsraum"[1]. Nehmt wahr, welches Potenzial heute auf die Erde gebracht werden möchte – es könnte zum Beispiel das Potenzial für etwas ganz Handfestes sein wie ein neues Auto. Wenn euer Schöpfungsraum geöffnet ist, spürt in ihn hinein und nehmt wahr, ob sich dort ängstliche Seelenanteile aufhalten, die aus irgendwelchen Gründen kein neues Auto wollen. Geht mit ihnen um wie oben beschrieben. Anschließend atmet mit eurem Auto. Hilfreich kann es sein, wenn ihr euch vorstellt, wie es aussieht und dass es schon da ist – ihr könnt es vor eurem Haus sehen. Lasst das Potenzial mit eurem Atem in und durch euren Körper fließen, in die Erde hinein. Ihr werdet die Energie in euren Füßen spüren in Gestalt von Wärme und/oder Kribbeln, sobald sie in die Erde fließt. Wenn dieses Gefühl abgeebbt ist, lasst los! Bewegt Hände und Füße, atmet ein paar Mal tief durch, sprecht vielleicht laut aus: „So, das war's." Und dann vertraut dem Leben und lasst geschehen, was geschehen will!

Euer Atem hat Teil an der Weisheit eures Körpers. Diesen Satz findet ihr vielleicht befremdlich; ich versuche ihn euch zu erklären: Euer Körper ist manifestierte Energie und manifestierter

---

1 Anmerkungen siehe Seite 192

Geist und IST damit selbst höchste Weisheit. Euer Atem aber repräsentiert den Geist auf einer formlosen Ebene, denn er ist „bewegte Luft" wie ICH. So ist auch euer Atem Weisheit, aber da er durch euren Körper fließt und ihn am Leben erhält, nimmt er auch dessen individuelle Erfahrung und Weisheit auf. Warum betone ich dies? Euer Atem verbindet auf diese Weise Himmel und Erde! Er bringt den Himmel zu euch und er bringt eure Menschenerfahrung zum Himmel. Einfach dadurch, dass ihr Tag und Nacht ohne Unterlass ein- und ausatmet, wird der göttliche Geist, wird die göttliche Quelle, mit eurer Erfahrung „gefüttert". Und er liebt diese Nahrung! Denn der Geist erfährt durch jede von euch selbst noch so geringgeschätzte Erfahrung ein Stückchen mehr über *sich selbst*. Er erfährt, was und wie er auch noch IST. Und er unterteilt diese Erfahrungen keineswegs in „gute" oder „schlechte" - jede Erfahrung ist ihm gleich gültig! Mit anderen Worten: Wenn der Geist „Eigenschaften" hat, dann sind das eure, denn *Ihr Seid* aus *Ihm* hervorgegangen. Gott hat euch *Seinen* Atem eingehaucht, um es mit den Worten der *Genesis* zu sagen.

Da also euer Atem den göttlichen Geist selbst repräsentiert, braucht ihr euch nicht zu wundern, welch ungeheure Macht ihm innewohnt. Er hat tatsächlich die Macht zu erschaffen, und er hat die Macht zu zerstören – auch euer eigenes Leben. Letzteres geschieht, wenn ihr unbewusst atmet, also nicht achtsam mit dem Atem und mit eurem Körper umgeht. Dann „passieren" euch all die Dinge, die ihr nicht wirklich wollt... Das muss nicht sein, auch wenn es bislang noch eurer alltäglichen Erfahrung entsprechen sollte! Gewöhnt euch die Praxis des täglichen weichen Atmens an, es ist doch überhaupt nicht aufwändig! Mit der Zeit werdet ihr erkennen, dass ihr bewusst wählen könnt, welche Erfahrungen ihr machen wollt, denn ihr werdet durch diese Praxis immer tiefer in die Verbindung mit dem Göttlichen IN euch kommen.

Energien der neuen Zeit

Diese Tage im März 2013, in denen ich mit meinem Kanal schreibe, sind für euch Menschen und auch für Mutter Erde und alle Wesen, die auf und in ihr leben, sehr herausfordernd. Aus dem Universum, nicht nur von eurer Sonne, kommen täglich sehr hoch schwingende Energien zu euch, die für eure Körper manchmal schwer zu verkraften sind. Viele Menschen sind jetzt krank, gehen durch Infekte oder „Schlimmeres", wie ihr es seht. Auch psychisch sind viele von euch ziemlich angeschlagen, fühlen sich in einem tiefen „Loch" oder haben vorübergehend die Orientierung verloren. Die Erde und alles Leben gehen durch eine Übergangskrise, die unumgänglich ist und voraussichtlich auch noch nicht ganz ausgestanden sein wird, wenn meine Worte als Buch erscheinen. Daher möchte ich jetzt einiges hierzu sagen.

Eigentlich, und das muss ich ganz besonders betonen, gehen die neuen Energien, geht die Neue Energie von euch Menschen aus, und zwar von den Erwachenden und Erwachten unter euch, die seit einigen Jahrzehnten auf dem Weg zu sich selbst wandern. Durch eure Transformationsarbeit – indem ihr euch euren Traumata gestellt habt, altes Karma erlöst habt, eure Gefühle in den Fluss gebracht habt, um nur einige Punkte zu nennen – sind ganz neue, sehr hochschwingende Energien entstanden und ins Universum übergegangen. Von dort schicken die Engel – hierzu zähle ich auch eure Sonne – sie wieder zurück zu euch auf die Erde, und zwar in wohldosierten Portionen, die dennoch für viele zunächst einmal zu hoch sind... Die neue Zeit, die jetzt geboren werden will, braucht diese Energien, denn ohne sie kann sich die Menschheit als ganze nicht umformen, und die Transformation der Einen Menschheit ist die Voraussetzung dafür, dass ein neues Zeitalter auf diesem Planeten anbrechen kann. Zwar ist der Aufstieg der Erde selbst inzwischen unumkehrbar, und sie würde auch ohne euch ihren Weg machen, aber es ist der Wille Gottes und ihr eigener Wille, dass die Menschen mitgehen.

In eurer globalen Wirtschaft und Gesellschaft leistet das Alte zurzeit noch erheblichen Widerstand, ja, man könnte manchmal geradezu meinen, dass es am Ende doch noch siegt und die gesamte Menschheit und den ganzen Planeten mit sich in den Untergang zieht. Denn dass ihr untergehen würdet, wenn ihr ohne Umkehr so weitermachen würdet wie bisher, das ist offenkundig! Dies entspricht aber, wie ich schon sagte, keineswegs dem Willen Gottes. Daher senden euch die Engel täglich und stündlich die neuen, hohen Energien auf die Erde zu eurer, der Erwachenden, Unterstützung. Macht euch dies bewusst und nutzt sie! Auch hier wieder könnt ihr den Weichen Atem anwenden, um mit diesen Energien mitzufließen. Atmet sie ein und lasst sie bewusst durch euren Körper hindurch fließen, dann werden sie euch nicht mehr „krank" machen, sondern euch dabei unterstützen, immer gesünder und heiler zu werden. Wenn ihr die Übung der Bäume anwendet, also eure feinstofflichen Wurzeln wachsen lasst und eurer Aura erlaubt, sich auszudehnen, dann wird die Atemübung mit den neuen Energien noch effektiver, denn ihr verbindet euch dabei mit Himmel und Erde. Probiert es einmal aus!

Wie könnt ihr euch immer noch besser auf die Energien der neuen Zeit einstellen? Ich sagte schon, dass sie zu eurer Unterstützung auf die Erde kommen und nicht, um euch Probleme zu bereiten. Wenn ihr dennoch Schwierigkeiten damit habt, so liegt das bei der Mehrheit der Menschen daran, dass sie noch gar nichts davon wissen. Ich wünsche mir sehr, einen Teil dieser Mehrheit auf dem Weg über dieses Buch zu erreichen! Andere unter euch wissen davon, „vergessen" diese Tatsache aber immer wieder über ihren alltäglichen Verrichtungen und Mühen. Dabei müsstet ihr den Alltag überhaupt nicht als mühselig erleben, wenn ihr euch vergegenwärtigen würdet, welche Hilfe ihr täglich und stündlich und in jedem Augenblick erhaltet. Mit anderen Worten, es geht in diesem Zusammenhang um euer Bewusstsein, um eure Bewusstheit. Wie könnt ihr diese schärfen? Mein Vorschlag ist: Haltet in eurem Tagesablauf immer wieder einmal für einen kurzen Moment inne! Ihr müsst dabei nicht unbedingt mit dem Tun aufhören, bei dem ihr gerade seid; es genügt ein *innerliches* Innehalten. Sagt einfach in Gedanken zu euch selbst: „Stopp, Moment mal!" und besinnt euch kurz auf das große Ganze. Macht euch bewusst und fühlt, wie es euch selbst und eurem Körper in diesem Augenblick geht und begrüßt die Energien aus dem Universum. Dankt ihnen für ihre Unterstützung und atmet sie ein. Tut dies vor allen Dingen immer dann, wenn ihr euch unter „Stress" und in Bedrängnis fühlt, wenn ihr krank seid oder das Leben euch anderweitig in besonderer Weise herausfordert. Gerade dann, wenn die Wellen über euch zusammenzuschlagen drohen, ist es wichtig innezuhalten und euch auf euch selbst und auf eure Bedeutung für das Ganze zu fokussieren. Jeder und jede Einzelne von euch ist ein strahlendes göttliches Wesen in einem menschlichen Körper! Die Energien der neuen Zeit wollen euch dabei helfen, dies wieder sehen und erkennen zu können. Wenn sie euch herausfordern, dann nur, um euch einzuladen, die hohe Schwingung wieder anzunehmen, die in Wahrheit die eure ist.

Manche Menschen glauben, sie könnten ihre allgemeine Situation verbessern, indem sie den Kopf in den Sand stecken. Was ich damit meine? Die betreffenden Personen leugnen ihre eigene spirituelle Herkunft und betrachten sich aufgrund dieser Tatsache als besonders „bodenständig" bzw. „gut geerdet". Das Gegenteil ist der Fall! Um einmal ein Bild zu bemühen: Solche Personen gleichen einem Baum, der zwar Wurzeln schlägt, aber sich weigert, einen Stamm und eine Krone zu entwickeln. Absurd, nicht wahr? Einen solchen Baum gibt es nicht und hat es nie gegeben... Andersherum gesehen: Ich behaupte, dass ein Mensch, der seine Herkunft aus dem Göttlichen leugnet, in Wirklichkeit überhaupt keine echten Wurzeln in der Erde schlagen kann. Warum? Es fehlt ihm das Gewahrsein des Samens, der in seinem Inneren ruht. Wenn du aber nicht weißt, dass du diesen Samen in dir trägst, dann kannst du ihn nicht in die Erde legen und folgerichtig auch keine Wurzeln schlagen; kannst nicht wachsen. Die Energien der neuen Zeit sind selbstverständlich für Menschen dieser Gruppe ganz besonders schwierig zu verkraften, besonders dann, wenn sie auch noch die Existenz von Energie außerhalb der materiellen Welt leugnen. Diese Menschen werden in der Regel ohnehin ein Buch wie dieses erst gar nicht in die Hand nehmen, geschweige denn, es lesen. Ihr aber, die ihr es lest: Lasst euch einerseits durch sie nicht verunsichern, andererseits aber ehrt sie in ihrem Sosein und respektiert ihre Entscheidung, jetzt noch nicht aufwachen zu wollen! Über den Respekt jeglichem Sein und Wesen gegenüber möchte ich im nächsten Kapitel noch ausführlicher sprechen.

Über den Respekt

„Nicht respektiert zu werden, ist eine große Beleidigung für jedes Wesen", sagen die Bäume.[2] Sie fügen hinzu, dass es die Seele verletzt, und so ist es!

Sprechen wir zunächst einmal über deine Beziehung zu dir selbst, lieber Mensch. Respektierst du dich selbst oder merkst du nicht einmal, wie sehr du dich, deinen Körper, deine Seele, deine Fähigkeiten abwertest? Der Respekt, die Achtung dir selbst gegenüber ist die unerlässliche Grundlage dafür, dass du auch andere Wesen und jegliches Sein respektierst und achtest! Dies sollte eine Selbstverständlichkeit sein, ist es aber leider bei euch nicht. Im Gegenteil, ihr habt euch im Verlaufe eurer zahlreichen Verkörperungen auf der Erde eine ziemlich zerstörerische Haltung euch selbst gegenüber antrainiert. Die allermeisten von euch leben mit dem Grundgefühl, nichts wert zu sein und weder Liebe noch Glück, noch Fülle in irgendeiner Form verdient zu haben. Mit euren Körpern treibt ihr häufig Schindluder, als wären sie eure Sklaven. Ja, manchmal behandelt ihr sie sogar noch schlimmer als Sklaven und ihr seid euch dessen nicht bewusst. Selbst wenn ihr Sport treibt oder ins Fitnessstudio rennt, bedeutet das nicht unbedingt, dass ihr euren Körpern dabei Achtung erweist. Vielmehr zwingt ihr ihnen Leistung ab und vergewaltigt ihre natürlichen Bedürfnisse: Im Studio wollt ihr sie „stylen", damit sie euren ästhetischen Ansprüchen oder vielmehr den Ansprüchen der herrschenden Vorstellungen von Schönheit entsprechen. Überhaupt... eure jeweils modischen Vorstellungen von Schönheit... „Wer schön sein will, muss leiden", sagt eines eurer geflügelten Worte. Das spricht für sich! Welche Perversion drückt sich in einem solchen Gedanken aus! In Wahrheit ist ein jeder Körper schön, sei er nun dick oder dünn, rund oder eckig, groß oder klein, krumm oder gerade. Jeder Körper ist schön, denn er ist der Tempel einer heiligen Seele. Ich, der Wind, der ich keinen Körper mein eigen nenne, liebe die euren darum umso mehr!

Nun zu eurem Grundgefühl des Unwertseins: Ihr habt es euch, wie ich schon sagte, im Verlaufe eurer Verkörperungen auf der Erde antrainiert. Auf welchem Wege, wollt ihr wissen? Nun, ihr wart nicht immer „lieb" in euren vielen Leben. Auch diejenigen unter euch, die sich heute schon in einem Erwachensprozess befinden, hatten etliche Inkarnationen, in denen sie „böse" waren, in denen sie andere manipulierten und auf vielfältige Weise missbrauchten. Diese Erfahrungen und die zugehörigen Schuldgefühle sitzen in eurem Unbewussten fest, ja, sie sind auch in euren Zellen gespeichert. Mit anderen Worten, ihr bestraft euch selbst, ohne euch davon Rechenschaft abzulegen. Werdet euch heute dieser Tatsache bewusst und übt euch darin, euch selbst Achtung und Respekt entgegenzubringen! Ja, ihr habt Achtung und Respekt verdient für jede einzelne Erfahrung, die ihr in jedem einzelnen eurer Leben gemacht habt! Ihr könnt euch diese Erde als eine Bühne vorstellen, auf der ihr zahlreiche Rollen gespielt habt – mal wart ihr „gut", mal „böse", meistens beides zusammen. Verprügelt das Publikum am Ende einer Vorstellung den Darsteller des Bösewichts? Natürlich nicht, vielmehr klatscht es laut Beifall, wenn er seine Rolle überzeugend gespielt hat. Ebenso respektiert euch die geistige Welt, achtet euch der Göttliche Geist für jegliche „Performance" auf dieser Erde. Ich, der Wind, schließe mich dem an! In eurer Essenz seid ihr strahlendes Licht, eingegangen in einen physischen Körper, um eben die Erfahrungen zu machen, die das Leben euch bringt. Lernt nun, euch selbst dafür zu ehren, für jede einzelne von ihnen!

Der Respekt und die Achtung dir selbst gegenüber, lieber Mensch, sind die unerlässliche Voraussetzung dafür, dass du auch andere achtest. Du kannst andere nicht achten, wenn du dich selbst nicht respektierst. Jeder andere Mensch verdient selbstverständlich denselben Respekt, der auch dir gebührt. Jeder Mensch, sei er wach oder schlafend, liebevoll oder hasserfüllt, mit dir im Einklang oder im Widerspruch... Jede Seele hat für ihr Leben auf der Erde ganz bestimmte Wahlen getroffen, auch wenn der Mensch sich dessen nicht bewusst ist. Die Wahlen einer jeden Seele sind zu respektieren und zu achten, und ebenso ist jeder Mensch zu respektieren und zu achten, der diese Wahlen lebt. Wenn ihr dahin kommt, dass ihr euch eurer geistigen Herkunft voll bewusst seid, dann trefft ihr selbst aus einem höheren Bewusstsein heraus eure Wahlen. Erst dann seid ihr auch in der Lage, euch selbst in der angemessenen Weise zu ehren und diese Ehre auch anderen Menschen zukommen zu lassen. Bis ihr soweit seid, übt euch darin!

Sprechen wir nun von der Achtung allen anderen Wesen und jeglichem Sein gegenüber. Dieser Respekt entspringt aus dem Bewusstsein der Göttlichkeit allen Seins. Es gibt im gesamten Universum NICHTS, was nicht aus dem Göttlichen Geist entsprungen wäre. Ja, auch das sogenannte Böse kommt letztlich aus Gott – es ist lediglich niedrig schwingende Energie, die irgendwann zu ihrer Quelle zurückkehren möchte und wird. Werden wir aber nun konkreter und schauen wir uns die Wesen auf dieser Erde an. Ich zähle durchaus zu ihnen, ebenso wie das Wasser, die Pflanzen, die Tiere, die Felsen… Ich möchte euch, liebe Menschen, dazu aufrufen, dass ihr wieder lernt, die Natur zu achten und zu respektieren! Ihr wisst es selbst, an dieser Stelle besteht bei euch ein hoher Handlungsbedarf, um es mal in euren Worten auszudrücken. Ich brauche nicht große Worte darüber zu verlieren, was die „Umweltzerstörung" betrifft, die eure Konzerne auch weiterhin heute betreiben. Die Gier nach Profit ist der Motor, auch das ist euch sattsam bekannt. Über das Mangelbewusstsein, das in Wirklichkeit hinter all eurer Gier steckt, werde ich im nächsten Kapitel einiges sagen. Nun also, ALLE Wesen auf dieser Erde verdienen euren Respekt! Übt euch darin, dem Wald, den Feldern, dem Wasser, den Bergen und Tälern, den Steinen, allen Tieren… mit Achtsamkeit und Achtung zu begegnen. Und wenn ihr schon Tiere schlachten und essen „müsst", dann bringt ihnen zumindest während ihres Lebens Achtung entgegen und behandelt sie bei der Tötung nicht wie Objekte!

Zum Abschluss dieses Kapitels noch ein Wort zu eurer Nahrung. Achtet und ehrt auch diese! ALLES, was ist, besitzt Bewusstsein, auch wenn es euch „tot" oder unbelebt vorkommt. Gewöhnt euch an, euer Essen zu segnen und ihm zu danken, dass es euch nährt, dann wird euch jegliche Nahrung gut bekommen, selbst Fast Food. Ich weiß, mit dieser Aussage brüskiere ich vielleicht manchen Gesundheitsapostel, aber ich, der Wind, weiß sehr genau, dass es so ist. Mit einem Wort also: Respektiert euch selbst und *alles, was ist*, denn alles *ist göttlich*.

Gier und Mangelbewusstsein

Liebe Menschen, wundert ihr euch, dass ich dazu übergegangen bin, von EUCH zu sprechen anstatt weiter über mich und die Natur zu reden? Nun, ICH BIN der Bote des Geistes und Spirit liegt so viel an euch! Von euch, von eurem baldigen globalen Erwachen, hängt so viel ab – für die Erde, aber auch für das gesamte Universum. Nicht nur dieser unser Planet, über den ich wehe, ist von eurer Bewusstseinsentwicklung betroffen. Ich komme noch darauf zurück. Dieses Mal möchte ich euer in zahlreichen Inkarnationen gewachsenes Mangelbewusstsein zum Thema machen.

Unter euch ist häufig die Rede von einem „Kuchen", der nach eurem Verständnis ziemlich klein ist und von dem jeder seinen Teil abbekommen sollte. Aber wenige, gierige Individuen grapschen sich den „Löwenanteil" und der Rest der Welt muss sich mit dem „schäbigen Rest" begnügen. Deutschland ist ein vergleichsweise reiches Land, aber auch bei euch ist der „Kuchen" ungleich verteilt: Kürzlich wurden Zahlen veröffentlicht, die belegen, dass zehn Prozent der Haushalte über beinahe sechzig Prozent des Gesamtvermögens verfügen. Das ruft Appelle nach „Umverteilung" auf den Plan, aber das eigentliche Problem ist nicht der kleine „Kuchen", der anders verteilt werden muss. Das eigentliche Problem ist, dass ihr nicht seht, dass die Erde euch unendliche Fülle bieten kann, wenn, ja, WENN ihr von eurer Gier ablasst, deren Quelle euer Mangelbewusstsein ist!

Ihr versteht vielleicht noch nicht so ganz, inwiefern Mangelbewusstsein hinter der Gier der Mächtigen und Superreichen steht? Schaut einmal genauer hin: Wer immer mehr und mehr besitzen will, der hat im tiefsten Inneren Angst. Existenzangst, genauer gesagt. Ja, auch die Zocker an den Börsen sind von dieser Angst getrieben, diejenigen, die viel riskieren, um an immer höhere Renditen zu kommen. Sie verschließen die Augen vor der Möglichkeit, durch ihr Verhalten alles zu verlieren, was sie schon besitzen, so wie jeder Spieler. Riskant spielen aus Angst? Ja, so paradox es in euren Ohren klingen mag, es ist so! Hinter jeder Gier steckt die Angst zu verhungern... Wisst ihr, ob der Börsenhai oder der Großbanker von heute im letzten oder sogar in mehreren vergangenen Leben nicht *real* verhungert ist? Wisst ihr, ob das heute in einem

„Entwicklungsland" verhungerte Kind in seinem nächsten Leben nicht als solch ein Banker wiederkommen könnte? Ihr wisst es nicht, aber ICH, der Wind, sehe es. Daher habt Mitgefühl auch mit diesen Menschen – aber hört auf, ihnen zu folgen! Gebt keine Macht mehr an sie ab, nehmt euer Leben in die eigenen Hände!

Euer Mangelbewusstsein rührt also einerseits aus bestimmten Erfahrungen her, die ihr in euren Vorleben gemacht habt. Andererseits aber – und das ist der tiefere Grund – konntet und könnt ihr solche Erfahrungen des Mangels nur machen, solange ihr euch getrennt fühlt. Getrennt nämlich von der göttlichen QUELLE, die auch eine Quelle der Fülle ist. Schaut euch doch nur einmal in der Natur um! Es ist das LEBEN in FÜLLE! Selbst die Wüsten der Erde sind in Wirklichkeit unendlich lebendig, was sofort zum Vorschein kommt, wenn es dort einmal regnet. Ja, Mutter Erde kann euch alle ernähren, und gut ernähren, wenn ihr nur wieder zurückkehrt in das Bewusstsein der EINHEIT – wenn jeder einzelne Mensch die göttliche Quelle in Sich Selbst wiederfindet, wenn jeder einzelne Mensch sich darauf zurückbesinnt, dass er und sie ein Wesen aus dieser Quelle ist, das gerade eine Erdenerfahrung durchläuft. Noch fühlen sich die meisten von euch klein, ohnmächtig und hilflos – es ist auch das uneingestandene grundlegende Lebensgefühl all eurer Mächtigen und Reichen, die von der Gier getrieben sind. Das Grundgefühl, klein, ohnmächtig und hilflos zu sein, geht nämlich direkt mit eurem Mangelbewusstsein einher. Solange ihr euch getrennt fühlt – getrennt vom Göttlichen und auch untereinander getrennt – nehmt ihr die Tatsache nicht wahr, dass ihr alle, jeder und jede Einzelne von euch, Erben der göttlichen Fülle seid. Und diese Fülle ist real, ist vollkommen wirklich – ihr könnt sie nur nicht sehen, solange ihr blind für eure eigene höhere Vollkommenheit seid. „Sucht also zuerst das Reich Gottes, und alles andere wird euch hinzugegeben werden", sagte einst euer großer Meister Jesus. Das Reich Gottes aber, oder wie manche Übersetzungen formulieren, das Himmelreich, „ist in euch", auch das sprach er aus, und nicht nur einmal.

Ich möchte noch ein wenig konkreter werden. In der Bundesrepublik Deutschland gibt es die Hartz-IV-Gesetze und den Niedriglohnsektor, der heute oft an Leiharbeit gekoppelt ist. Es gibt 1-Euro-Jobs für Hartz-IV-Empfänger und es gibt Minijobs. Viele Menschen, die davon betroffen sind, fühlen sich ausgegrenzt und gedemütigt, werden auch gar nicht so selten von Bessergestellten tatsächlich gedemütigt und als Faulpelze diskriminiert. Natürlich gedeiht in einem solchen Klima das Mangelbewusstsein besonders stark. Man ist zwar nicht vom Verhungern bedroht, aber man muss mit dem Cent rechnen, und zahlreiche Konsumwünsche, die die

Werbung weckt, können nicht erfüllt werden. Menschen, die ihr wenig Geld habt, besinnt euch auf eure innewohnende Größe! Tragt den Kopf hoch und haltet euren Rücken gerade, denn ihr seid Gottes Erben, nicht weniger und nicht mehr als ein Herr Jain von der Deutschen Bank! Signalisiert anderen durch eure Körperhaltung, dass ihr alles andere als klein und unbedeutend seid, dann werdet ihr euch auch in eurer eigenen Haut wieder wohlfühlen und Zugang zu eurem eigenen inneren Reichtum finden. Mangelbewusstsein gebiert Mangel, wenn du wenig „hast", oder gierige Jagd nach Geld, wenn du zu den Mächtigen gehörst. Füllebewusstsein aber, das auf Einheitsbewusstsein beruht, gebiert unendlichen inneren Reichtum, der sich früher oder später auch in äußerem Wohlstand niederschlagen wird. Dies allerdings ist dann ein Wohlstand, der niemals auf der Ausbeutung von Mutter Erde und von anderen Menschen beruht!

Liebe Menschen, euer Mangelbewusstsein hat euch in eine Sackgasse geführt – als Einzelne und auch als globales Wesen *Homo sapiens sapiens*. Macht eurem Namen Ehre, den ihr euch gegeben habt: „der weise, weise Mensch", und erweitert euren Horizont! Mangelbewusstsein hat mit Angst zu tun, und Angst mit innerer Enge. Lasst die Angst und die Enge hinter euch, überschreitet, ja, sprengt eure inneren Grenzen, wagt es, euch der euch innewohnenden Freiheit der Kinder Gottes zu stellen! Dies ist allerdings ein Weg, den jeder und jede Einzelne von euch nur für sich selbst gehen kann. Aber ihr könnt euch gegenseitig dabei unterstützen, was manche von euch ja auch schon tun – in Partnerschaften, in Freundschaften und in sozialen Netzwerken. ICH, der Wind, helfe euch gern bei eurem Unterfangen, indem ich euch kräftig durch das Hirn blase. Ihr müsst nur ab und zu einmal aus euren Häusern kommen, wenn ich daherwehe...

Macht und Machtmissbrauch

Liebe Menschen, ICH, der Wind, bin ein machtvolles Wesen. Wenn ihr euch genauer besinnt, werdet ihr sofort sehen, wie wahr diese Aussage ist. Meine Anwesenheit im Kreislauf der Natur ist notwendig – sonst gäbe es mich gar nicht, nebenbei bemerkt. Seid ihr der Ansicht, dass ich meine Macht und Kraft manchmal missbrauche, zum Beispiel wenn ich als Hurrikan heranbrause und unter Umständen eure Häuser zerstöre? Nun, ihr irrt, denn ich handle nicht so, weil ich euch schaden will oder weil ich euch für meine Zwecke instrumentalisieren möchte. Ich zerstöre auch nicht in der Absicht, euch zu unterdrücken, zu irgendwelchen Handlungen zu nötigen oder Profit aus euch zu schlagen. Wenn durch meine Kraft Dächer abgedeckt oder Bäume entwurzelt werden, dann ist das nicht einem bösen Willen von meiner Seite zuzuschreiben, sondern es ist sozusagen ein Nebenprodukt meiner Tätigkeit im Dienste der Natur! Ich sagte es ja schon: Meine Arbeit dient der Wiederherstellung von Gleichgewicht auf verschiedenen Ebenen, vor allen Dingen aber auf der energetischen. Als Tornado oder als Hurrikan zum Beispiel wirbele ich feststeckende Energien durcheinander und bewirke auf diese Weise, dass sie wieder in den Fluss kommen können. Leider kann ich dabei auf manche Hindernisse, die sich meinem Wirken in den Weg stellen, keine Rücksicht nehmen. Noch einmal: Es ist kein böser Wille, sondern ich diene IMMER einem höheren Zweck, nämlich dem höheren Interesse von Mutter Erde einerseits und – ob ihr es glaubt, oder nicht – eurem eigenen höheren Interesse andererseits.

Was ist also Machtmissbrauch? Ihr findet ihn vor allen Dingen auf den Ebenen des menschlichen Handelns, und jeder und jede von euch kennt ihn aus eigener Erfahrung. Nicht immer ist hierbei der von mir erwähnte böse Wille im Spiel: Machtmissbrauch beginnt schon dort, wo Eltern ihr Kind als Puffer bei ihren Ehestreitigkeiten einsetzen. Dies geschieht oft sogar ganz unbewusst. Allgemein gesprochen verstehe ich unter Machtmissbrauch jegliche Handlung, die eine Machtposition dazu ausnutzt, um einen Vorteil gegenüber anderen daraus zu schlagen. Sexueller Missbrauch ist natürlich eklatanter Machtmissbrauch, in diesem Falle wird die körperliche Überlegenheit ausgespielt – und zusätzlich oft auch ein Vertrauensverhältnis in der Familie oder im pädagogischen Bereich. Machtmissbrauch findet man sehr häufig in der Politik, in den Chefetagen der Wirtschaft, auch in religiösen Gemeinschaften und Sekten. Ein bekanntes Beispiel ist der Guru, der die Verehrung seiner Schülerinnen dazu ausnutzt, sie sexuell auszubeuten. Wobei ich natürlich nicht behaupte, dass alle spirituellen Lehrer sich so verhalten, aber es gab und gibt solche. Eine subtilere Form von Machtmissbrauch durch spirituelle Lehrer ist das ausgesendete Signal: „ICH bin großartig, und IHR werdet nie erreichen und können, was ICH kann und bin, daher werdet ihr auf immer meine Schüler sein und ich euer Meister." Selbstverständlich ist dies eine Perversion der spirituellen Meisterschaft, denn ein wahrer Meister, eine wahre Meisterin wird stets danach streben, sich selbst überflüssig zu machen und den Schülerinnen und Schülern zur eigenen Meisterschaft zu verhelfen. Meisterschaft beruht auf Selbstermächtigung, und Selbstermächtigung hat mit Machtmissbrauch nichts, aber auch gar nichts zu tun, sonst handelt es sich nicht um Selbstermächtigung!

In eurer Menschheitsgeschichte ist Machtmissbrauch ein sehr, sehr altes Phänomen, und ihr werdet lachen: Es hat durchaus etwas mit Mangelbewusstsein zu tun! Dieses wiederum entspringt ja aus dem Bewusstsein der Trennung vom Göttlichen. Das Trennungsbewusstsein aber ruft Angst hervor – pure Existenzangst. Tief in eurem Inneren habt ihr alle Angst davor, vernichtet zu werden, solange ihr euch in diesem Bewusstsein der Trennung befindet! Um diese Angst zu betäuben, habt ihr ALLE immer wieder in euren vergangenen Leben Macht an euch gerissen und diese missbraucht – als Könige, Priester, spirituelle Meisterinnen oder Meister, als Eltern, Lehrer, Ehepartner... Die Folge ist, dass die heute erwachenden Menschen große Schwierigkeiten damit haben, in ihre eigene Größe und Kraft hinein zu gehen: Das „schlechte Gewissen" sitzt euch buchstäblich in den Knochen und ihr habt Angst davor, wieder Macht zu missbrauchen und anderen zu schaden, wenn ihr euch auf eure eigene euch innewohnende Kraft besinnt. Wenn ihr euch aber wirklich und tatsächlich auf dem Weg des spirituellen Erwachens befindet, dann ist diese Angst unbegründet! Warum? Ihr geht ja den Weg hin zur Wiedererlangung eures ursprünglichen Einheitsbewusstseins. Wer sich jedoch im Einheitsbewusstsein befindet, der ist nicht in der Lage, Macht zu missbrauchen: er und sie erkennt in jedem Wesen sich selbst. Würdest du aber jemals auf den Gedanken kommen, dir selbst schaden, dich selbst verletzen zu wollen?

Ich möchte euch noch auf eine besondere Form von Machtmissbrauch hinweisen: die „Hilfe", die eigentlich nur dem „Helfer" nützt. Sie kommt häufig als „uneigennützig" daher und wird dem „Hilfsbedürftigen" geradezu aufgedrängt. Relativ harmlos ist in diesem Zusammenhang noch der „gute Rat", den du gar nicht hören willst und auf den du gerne verzichten kannst. Kitzliger wird die Angelegenheit schon, wenn jemand versucht, dich zu einer Handlung zu drängen, die angeblich in deinem Interesse ist, deren Nutzen für dich aber nicht ersichtlich ist. Der Gipfel aber: Man erledigt etwas hinter deinem Rücken, aber „in deinem Sinne". In jedem Falle wirst du mehr oder weniger entmündigt – dir wird unterstellt, dass du nicht in der Lage bist, für dich selbst angemessen zu sorgen. Der „Helfer" kommt sich dabei stark und großartig vor, aber in Wahrheit ist er nicht in seiner Kraft und Größe, denn wahre Größe spricht dem anderen die seine niemals ab! Wie ihr euch davor schützen könnt, in einer solchen Weise missbraucht zu werden? Geht in eure EIGENE Kraft! Dann strahlt ihr authentische Großartigkeit aus und niemand kommt mehr auf den Gedanken, euch „helfen" zu wollen...

Und zu guter Letzt: Macht ist von ihrer ursprünglichen Natur her nichts „Schlechtes". Seht, wie mächtig ICH bin, und ich bin darum nicht schlecht! Ebenso ist es mit euch: Wenn ihr in der Verbindung mit der göttlichen Quelle lebt, die IN EUCH IST, dann seid ihr ungeheuer mächtig, aber ihr werdet niemals mehr irgendeinem Wesen Schaden zufügen. Ihr werdet ungeheuer vieles bewirken können, aber dies wird immer zum Wohle aller sein. Ja, auch wenn ihr der Selbstliebe folgt, und das werdet ihr tun, wenn ihr euch EINS mit der Quelle wisst, dann werden eure Handlungen, die euch selbst nützen, zugleich gut für alle anderen sein. Ja, Macht ist etwas Wunderbares und sie wirkt Wunder, wenn sie das sein darf, was sie wirklich ist, nämlich der Ausdruck eurer ursprünglichen Göttlichkeit!

Menschheit und Universum

Ihr lieben Menschen, in diesem Kapitel möchte ich über eure Stellung im Universum sprechen. Eure christliche Religion lehrt, dass ihr etwas Besonderes seid – die „Krone der Schöpfung" – und sie hat recht, nur verhalten sich die Dinge ganz anders, als die Christen dies glauben... Sie denken nämlich, ihr Menschen wäret die einzigen Wesen eurer Art im Kosmos, und das ist ein grandioser Irrtum. Nein, die Erde ist definitiv nicht der einzige bewohnte Planet! Was allerdings richtig ist: Auf keinem Planeten hat sich das Leben zu einer solchen Dichte zusammengezogen wie hier, nirgendwo war die Frequenz seiner Schwingung so stark abgesenkt. ALLE Planeten unseres Sonnensystems sind bewohnt, nur hielten sich, solange die Erde und ihre Bewohner in der 3. Dimension verharrten, die Lebewesen dort zumeist in der 4. Dimension auf, die für eure Sinne nicht wahrnehmbar ist. Zurzeit schwingt aber die Erde schon in einer Frequenz, die der 5. Dimension entspricht, und ihr als Menschheit seid global in einem Systemwechsel begriffen, was eure Körper, eure Psyche und auch euren Geist betrifft. Viele von euch wehren sich noch instinktiv dagegen und das ergibt eine Menge Turbulenzen in eurem kollektiven Prozess. Auch im Leben des Einzelnen treten alle möglichen Probleme auf – angefangen bei vorübergehender großer Müdigkeit bis hin zu Krankheiten, Unfällen, starken Stimmungsschwankungen. Der Grund: Manche eurer Seelenanteile wollen die Veränderung nicht mittragen.

Was geschieht eigentlich konkret mit und in euch? Ihr steigt auf, ihr hebt eure Schwingung an, ihr kehrt schrittweise ins göttliche Einheitsbewusstsein zurück, ihr kehrt zu GOTT zurück! Dies geht einher mit einer Durchlichtung eurer Körper – sie werden immer weniger dicht. Eure DNS wird angepasst an eine neue Matrix, ein neues, grundlegendes „Computerprogramm" sozusagen, das es euch ermöglicht, alles Alte, das euch nicht mehr dienlich ist, abzulegen. Glaubenssätze wie „Ich bin nicht würdig", die auf jahrtausendealten Programmierungen beruhen, werden ersetzt durch das Wissen: „Ich bin der König/die Königin in meinem Reich". Schritt für Schritt verlasst ihr die Bereiche, wo die Angst herrscht und die Enge, und begebt euch in Bereiche, wo die FREUDE alles erleuchtet und das Bewusstsein sich immer mehr erweitert. Diese Veränderungen brauchen ihre Zeit, aber je bewusster ihr sie durchschreitet und je weniger ihr euch dagegen auflehnt, desto leichter und schneller können sie sich vollziehen. Atmet regelmäßig mit euren Seelenanteilen und schickt sie nach Hause, integriert sie in eure Seele. Dies wird euch eure persönlichen Prozesse merklich erleichtern. Geht, so oft es euch möglich ist, hinaus in die Natur und verbindet euch mit der Erde, auch das wirkt sehr förderlich.

Nun möchte ich euch erklären, warum euer Abstieg und der jetzige Aufstieg so einmalig im Universum sind und daher so immens wichtig für das Ganze: Ihr Menschen seid von eurem Ursprung her Engelwesen, die direkt aus der göttlichen Quelle stammen. Bevor ihr euch auf diesen Planeten begabt und in die physische Dichte hinein, habt ihr in den verschiedensten Bereichen des Universums mannigfache Erfahrungen durchlaufen. Ihr seid die mutigsten Wesen im Kosmos, immer auf neue Abenteuer aus, und so war es eure eigene Idee, die Ebene der dreidimensionalen Materialität zu erforschen. Ihr ahntet, dass es hier – im Gegensatz zu dem flüchtigen Erleben in den feinstofflichen Dimensionen – völlig Neues zu erfahren gab. Was dies aber sein könnte, das wusste vor euch niemand im ganzen Universum, auch Gott nicht. Nein, auch Gott wusste es nicht wirklich, denn es war noch nicht manifestiert. Es ist wahr, ALLES ist in der QUELLE enthalten und verborgen, aber was nicht manifestiert ist, was niemals von einem Wesen erfahren wurde, das kennt auch SIE nicht wirklich! Und so zogt ihr aus, für GOTT und für ALLE diese neuen Erfahrungen auf euch zu nehmen. Ihr erfandet die Zeit und den Raum, die in den feinstofflichen Bereichen nicht existieren und auf den geistigen Ebenen sowieso nicht, um euer neues Leben erschaffen zu können. Ihr erschuft euch eure männlichen und weiblichen Körper, deren Bau ihr von den Tieren übernahmt. Die Christgläubigen unter euch schreien jetzt vielleicht auf: „Es war doch Gott, der uns erschaffen hat!" Ja... es war Gott, der durch euch selber wirkte! Und so stiegt ihr hinab in die Dualität von „Gut" und „Böse", vergaßt euren göttlichen Ursprung jedes Mal, wenn ihr ein neues Körperkleid anzogt, und brachtet euch gegenseitig um... Es sind genau die Erfahrungen des „Böse-Seins", die eure Schwingung immer weiter herunter transformierten und euch in die ursprünglich gewünschte Dichte hinein brachten. Was aber diese Dichte euch gebracht hat und was somit GOTT nun über sich selbst weiß, das brauche ich euch nicht zu beschreiben.

Nun sind einige von euch möglicherweise verwirrt oder auch empört: Was, GOTT ist also „böse"?! ICH, der Wind, der ich SEIN Bote bin, sage euch: Es gibt nichts, was Gott NICHT ist – auch wenn manche Lichtarbeiter jetzt ebenfalls ärgerlich werden, weil sie sagen: „Gott ist das Licht und die Liebe". Es gibt nichts, was Gott NICHT ist, ich wiederhole es. Gott IST auch die extremsten Körper- und Gefühlserfahrungen, die der oder die Elendeste von euch jemals gemacht hat. Gott IST also auch der Hass und die Angst? Hm, so etwas möchtet ihr ganz gewiss nicht gerne hören! Aber ja doch, es ist so, denn eure Erfahrungen sind die Erfahrungen Gottes! Allerdings... **Hohe Schwingung hebt niedere Schwingung in sich auf.** LIEBE hebt Hass und Angst auf. Gott ist LIEBE und möchte nun die dreidimensionale Erfahrung von Trennung, Mangel, Angst und Hass zu einem Ende kommen lassen. Er WEIß nun, und das genügt. Jetzt ist Heilung angesagt – Heilung der Erde, Heilung der Seelen, Heilung der Menschheit und Wiederaufstieg, Rückkehr in die EINHEIT. Eure Erfahrung ist eine ganz außergewöhnliche, eine Erfahrung, wie sie nirgendwo sonst im Universum gemacht wurde noch gemacht werden konnte. Darum drängeln sich die Wesen aus allen möglichen anderen Bereichen seit Jahren – nach eurer „Zeit"-Rechnung – an den Pforten der Erde, um zur Inkarnation zugelassen zu werden und die jetzige Erdenerfahrung zu teilen! Aber nicht nur für die Erde und für euch Menschen selbst ist dieser Aufstieg von immenser Bedeutung, sondern auch für das gesamte Universum: dessen Schwingung hatte sich insgesamt mit eurer Erfahrung erniedrigt – ihr wisst ja, oder solltet es wissen, dass alles mit allem verbunden ist. Jetzt steigt sie wieder an, zusammen mit der Erhöhung der Schwingung dieses Planeten. Und nicht nur das – der Reichtum eurer Erfahrung bereichert auch das Ganze! Insbesondere die Arbeit der erwachenden Menschen und der jetzt schon Erwachten bringt unendlich viel Licht und Liebe in alle Bereiche des Kosmos, auch in die feinstofflichen astralen Bereiche, wo sich noch zahlreiche unerlöste Wesen aufhalten. Diese können jetzt auch dort Heilung erfahren und zurück ins Licht finden, während sie in früheren Zeitaltern immer wieder zurück in neue Erdeninkarnationen mussten, um auf ihrem Seelenweg fortzuschreiten. Ich werde hierauf im folgenden Kapitel zurückkommen und wünsche mir für diesen Augenblick, dass ich euch wenigstens eine kleine Ahnung von eurer immensen Bedeutung für das Ganze vermitteln konnte.

Über Reinkarnation und Nachtoderfahrungen

Liebe Menschen, eure Reinkarnation ist eine Tatsache. Ich muss immer schmunzeln, wenn ich manche von euch sagen höre: „Man lebt nur einmal" oder: „Es ist noch niemand zurückgekommen". Das ist wahrhaftig unfreiwilliger kosmischer Humor! Ja, gewiss, als dieses heutige Individuum lebt ihr nur einmal – aber ihr kamt schon sehr, sehr häufig als ein immer neues Individuum zur Erde! Eure Seelen inkarnierten seit Anbeginn der Menschheitsgeschichte wieder und wieder! Die Sache ist nur die, dass ihr eure wahre Herkunft jedes Mal neu vergesst, wenn ihr eine neue Erdenerfahrung beginnt. Das hatte über lange Zeitalter auch einen Sinn: Auf diese Weise konntet ihr euch immer wieder vollständig auf eure neue Erfahrung einlassen. In der heutigen Wendezeit steht es aber an, dass ihr euch auf euren Ursprung zurückbesinnt, sonst könnt ihr nicht ins Bewusstsein der Einheit gelangen.

Warum gibt es die Reinkarnation und nicht, wie das Christentum lehrt, nur ein einziges Erdenleben und anschließend die „Belohnung" oder „Bestrafung" in Form von Himmel, Hölle oder Fegefeuer? Ganz einfach: Letzteres wäre vollkommen sinnlos und auch extrem ungerecht, um mal eure eigene Diktion zu verwenden: Manche Menschen sterben schon im Mutterleib, andere als kleine Kinder, andere werden über hundert Jahre alt. Die einen leben in bitterer Armut und verhungern gar, die anderen suhlen sich im Luxus. Die einen leiden unter Krankheiten aller Art, die anderen sind ihr Leben lang gesund... Wie soll es da gerechten „Lohn" und gerechte „Strafe" geben? Das Wesentliche aber ist dies: Ohne Reinkarnation kein Lernprozess der Menschenseele und der Menschheit als ganze, ohne Reinkarnation keine Heruntertransformation der Schwingung, aber auch keine Heilungs- und Erlösungsprozesse im Wiederaufstieg. Im Laufe eurer Erdenerfahrungen habt ihr euch immer wieder Wunden aller Art zugezogen, und es ist genau die Heilung dieser Traumata, die im Wesentlichen den Erlösungsprozess ausmacht. Bei jedem einzelnen Menschen aber, der solche Heilungsprozesse durchläuft, erweitert sich das Bewusstsein und erhöht sich die Schwingung. Dies wiederum trägt zur Erhöhung der Schwingung der Menschheit als Gesamtwesen bei. Genauer gesagt: Eure Traumata waren notwendig, um in die zunächst gottgewollte Dichte zu gelangen, und ihre Heilung ist heute notwendig, um in das jetzt gottgewollte Einheitsbewusstsein zu kommen. Was ihr landläufig unter „Karma" versteht, das „Gesetz von Ursache und Wirkung", das Gesetz von der Saat der Tat, deren Früchte ihr in einem späteren Leben erntet, entspricht einer Vorstellung, die heute in gewisser Weise veraltet ist. Ja, ihr habt euch die Bedingungen eures aktuellen Lebens in früheren Inkarnationen erschaffen. Aber heute geht es weniger denn je um „Schuld und Sühne" – es geht um die Heilung eurer Wunden! Und Wunden habt ihr nicht nur als „Opfer" erhalten, ihr habt noch viel mehr als „Täter" euren eigenen Seelen Traumata zugefügt! Denn absolut alles, was ihr einem anderen Wesen zufügt – im „Guten" wie im „Bösen" – kehrt zu euch zurück! Warum: Ihr seid EINS!

Nun möchte ich euch aus meiner Perspektive die Frage beantworten, was eigentlich nach eurem physischen Tod geschieht, wenn es „Himmel", „Hölle" und „Fegefeuer" nicht gibt – jedenfalls nicht in der Form, wie Christen sie sich vorstellen. Also: Du trittst aus deinem Körper aus und findest dich wieder in der sogenannten Astralwelt. Dies ist ein Bereich des Feinstofflichen, und was du dort erlebst, hängt haargenau davon ab, auf welchem Stand dein Bewusstsein im Augenblick deines physischen Todes war. Eigentlich ist das gar nichts Neues, denn stets hast du auch in deinem Menschenleben das erfahren, was deinem jeweiligen Bewusstseinsstand entsprach. Nur gab es dort wegen der Trägheit der Materie meist Verzögerungen in der Manifestation deiner Gedanken zu „harten Tatsachen". Hier aber, im astralen Bereich, verwirklichen sich die Inhalte deiner Gedanken in demselben Augenblick, in dem sie gedacht werden. Ein Beispiel: Du denkst an eine frühere Schulfreundin, die du gerne einmal wiedersehen würdest, und schwupps! bist du bei ihr, falls sie noch auf der Erde weilt. Du siehst sie, aber sie – wenn sie nicht zufällig ein Medium ist – nimmt dich natürlich nicht wahr. Auch wenn sie sich irgendwo in der Astralwelt aufhält, wirst du sofort zu ihr hin versetzt werden. Lediglich falls sie bereits in einer Lichtwelt ist, kann es sein, dass du sie nicht erreichst. Das hängt einerseits wieder von deinem eigenen Bewusstseinsstand ab und andererseits davon, in was für einer Lichtwelt sie sich befindet. Nun, allgemeiner formuliert: Was du in der Astralwelt erlebst, wird unmittelbar von deinem Bewusstsein und von deinen Gedanken erschaffen. Und da kann es durchaus sein, dass du dir einen sehr unangenehmen Aufenthalt in einer Art Hölle oder Fegefeuer erschaffst. Wieso denn das? Die meisten von euch sehen nach ihrem körperlichen Tod ziemlich deutlich, wie viel „Mist" sie im vergangenen Leben „gebaut" haben. Sie erkennen deutlich, wo sie anderen Schmerzen zugefügt und Unrecht getan haben. Und damit kommt es zu mehr oder weniger starken Schuldgefühlen und zur Selbstverurteilung! Wer sehr stark christlich geprägt war im letzten Leben, der wird sich unter

146

Umständen sogar ein „göttliches Strafgericht" kreieren, wobei eigene Seelenanteile die verschiedenen Rollen des Anklägers, der Verteidigung und des Hohen Richters übernehmen. Dessen ist sich das Menschenich aber nicht bewusst, sondern es nimmt sein eigenes Theaterstück für bare Münze. Andere verstorbene Menschenwesen irren jahrzehnte- oder auch jahrhundertelang durch öde Landschaften, auf der Suche nach einem Zuhause, das hoffnungslos fern zu liegen scheint. Es gibt auch „Untote", eure „Gespenster", die ewig lange überhaupt nicht wahrnehmen, dass ihre Körper nicht mehr existieren. Sie halten sich an den Orten auf, wo sie gelebt haben und gestorben sind, und „spuken" dort tatsächlich. Ja, es gibt sie, die Gespenster!

Wenn nun ein Menschenwesen lange in diesem dumpfen Bewusstsein der astralen Bereiche verbleibt und wiedergeboren wird, dann geht es in einem mehr oder weniger unbewussten Zustand in seine nächste Inkarnation. Es wird einfach hinein gespült in den nächsten Mutterleib und agiert in seinem diesmaligen Leben altes Karma aus, ohne etwas davon zu verstehen. So erging es euch allen immer wieder über lange Jahrtausende, bis manche von euch eines Tages genügend Erfahrungen gesammelt hatten, um zu sich selbst zu erwachen. Sie wurden zu Meisterinnen und Meistern und konnten bei ihrem physischen Tod das LICHT sehen und erkennen, welches das Licht ihrer eigenen Essenz, ihrer eigenen Höheren Seele, ist. Wer aber vor diesem Licht nicht davonläuft, sondern in es einkehrt, der kehrt in eine Lichtwelt ein. Dort sieht er nicht nur sein letztes Leben mit aller Klarheit, sondern auch alle vergangenen, und er kann dann ganz bewusst entscheiden, ob er wieder zur Erde zurückkehren möchte – zum Beispiel, um heute der neuen Entwicklung der Menschheit und dieses Planeten zu dienen.

Und nun zu dem Hinweis, den ich zum Schluss des letzten Kapitels gegeben habe: In der heutigen Zeit ist es immer mehr Wesen in der Astralwelt möglich, Entwicklungen zu durchlaufen, die dazu führen, dass sie nach einiger „Zeit" ins Licht eingehen können. Sie erreichen also die Meisterschaft aufgrund von Bewusstseinsprozessen nach ihrem physischen Tod. Diese Prozesse werden durch die Bewusstseinsentwicklung von inkarnierten Menschen ermöglicht, die sich auf dem Wege des Erwachens befinden. Diese stellen den nicht mehr inkarnierten Schwestern und Brüdern sozusagen ein neues Bewusstseinsfeld zur Verfügung, das sie bei deren eigenen Entwicklungen unterstützt. Und da es heute immer mehr Medien unter euch Menschen gibt, die Verbindung zu den Seelen in astralen Welten aufnehmen können, erhalten diese auch schon häufig direkte Hilfe bei ihrem Übergang ins Licht.

Ja... dies ist eine großartige Zeit, auch wenn sie für die meisten von euch sehr, sehr herausfordernd ist!

Der Gesang der Vögel

Was soll nun dieses? So fragst du jetzt vielleicht, lieber Mensch – das kommt dir wohl sehr unvermittelt, ein Kapitel über den Gesang der Vögel, gleich im Anschluss an das Thema Reinkarnation und Nachtoderfahrungen. Nun, ICH, der Wind, kann sehr spontan sein, und wenn ich Singvögel in einem Garten in den noch kahlen Bäumen herumturnen sehe, so wie jetzt im Garten meines Kanals Ines, dann fällt mir gleich eine Menge dazu zu sagen ein! Also fange ich gleich an:

Soweit ich eure Wissenschaftler kenne, behaupten sie, dass die Vögel hauptsächlich singen, um ihr Revier zu markieren. Nun, ich streite nicht ab, dass ihr Gesang unter anderem auch diesem Zweck dient, aber meiner Erfahrung nach dient er in erster Linie überhaupt keinem Zweck. Er ist ein Ausdruck purer Lebensfreude! Hier möchte ich ein Liedchen zitieren, das mein Kanal aus ihrer Kindheit kennt:

> In unsrem Garten, da sitzt ein Amselchen,
> der schwarze Peter, er singt so schön!
> Er singt sein Tüdelüdelüt,
> und ich sing leise mit,
> er singt sein Tüdelüdelüt,
> und ich sing mit!
>
> Er singt vom Frühling, von bunten Blumen,
> von frohen Kindern, von Sonnenschein.
> Er singt sein Tüdelüdelüt...

Dieses fröhliche Lied transportiert einiges von der Freuden-Energie des Vogelgesangs, auch durch seine einfache Melodie. Und: Es transportiert die Freude eines Menschen am Vogelgesang – er singt mit! Versteht... nicht nur die Bäume lieben euch, nicht nur der Wind hat euch

gern, auch die Vögel singen, um euch zu erfreuen. In erster Linie singen sie natürlich, weil sie sich selbst des Lebens freuen. Es ist ein Preisen der Schöpfung und des Schöpfers. Es ist ein Lobgesang auf das LEBEN selbst. Nicht umsonst begrüßen die Vögel an jedem Morgen neu das LICHT. Ihr Gesang selbst ist in Töne gegossenes Licht. Die Schwingungen des Vogelgesangs sind so hoch wie die Schwingungen eurer besten klassischen Musik – sie schwingen im Einklang mit der Musik des Kosmos. Hört dem Gesang der Vögel zu, dann hört ihr die Sterne singen. O ja, die Bäume sagten zu euch[3], dass ihr die Sterne in euren Herzen singen hören könnt, aber ICH, der Wind, erkläre euch, dass ihr sie auch durch die Vögel hört. Wisst, dass die Sterne fröhliche Wesen sind, so fröhlich wie die Vögel am Morgen.

Wenn die Vögel am Nachmittag singen, dann drücken sie immer noch ihre Lebensfreude aus, aber es liegt darin schon die Ahnung von der kommenden Nacht. Die Vögel singen am Nachmittag anders als am Morgen, das könnt auch ihr wahrnehmen, wenn ihr nicht nur ihren Stimmen lauscht, sondern auch in die Energien hinein spürt, die darin schwingen. Es ist nicht Trauer, aber ihr werdet eine andere emotionale Färbung finden als beim morgendlichen Jubel. Die Vögel gehen mit den täglichen Rhythmen mit, sie geben ihren Gesang hinein und sie fühlen anders, je nach Tageszeit. Am Morgen ist ihre Lebensfreude am größten und am lautesten.

Was könnt ihr von den Vögeln lernen? Ich meine, ihr könnt euch von ihrer Dankbarkeit „eine Scheibe abschneiden". Denn Lebensfreude beruht immer zuallererst einmal auf Dankbarkeit – Dankbarkeit für das Da-Sein selbst. Diese drücken unsere gefiederten Brüder und Schwestern durch ihren Gesang aus. Ihr Menschen, singt so oft und so viel ihr könnt – und so laut ihr könnt! Auch wenn ihr meint, keine „schöne Stimme" zu haben – singt! Wem das Lied im Halse stecken bleibt, der hat mit Sicherheit ein Problem mit sich selbst, der befindet sich in einem bedenklichen Ungleichgewicht. So sehe jedenfalls ICH das, der ich ebenfalls singe beziehungsweise pfeife... Wenn ich besonders dankbar bin, dann pfeife und heule ich besonders laut... gerne auch um eure Häuser herum... Ja, das findet ihr vielleicht wieder nicht so lustig, aber ICH habe meinen Spaß daran!

Um auf die Vögel zurückzukommen: Unter allen Tieren sind die Singvögel die dankbarsten und damit die fröhlichsten Geschöpfe. Vielleicht liegt es daran, dass sie so leicht gebaut sind und fliegen können wie die Engel. Damit genießen sie eine Freiheit, von der ihr Menschen immer geträumt habt. Und wer wahrhaft frei ist, der fängt ganz natürlicherweise den Tag mit Gesang an...

Ich sprach von den Sternen – die Vögel kommunizieren mit ihnen durch ihren Gesang. Zwar sind sie am Himmel verblasst, wenn das Morgenlicht kommt, aber die Vögel wissen um sie und grüßen auch sie, wenn sie die aufgehende Sonne begrüßen. Es besteht eine enge Verbindung zwischen den Vögeln, den Engeln und den Sternen. Eigentlich sind die Sterne ja Verkörperungen von Engelwesen...

Zum Abschluss gebe ich euch ein Morgenlied, das eine sehr schöne Energie in sich trägt:

> Es tagt der Sonne Morgenstrahl,
> weckt alle Kreatur.
> Der Vögel froher Frühchoral
> berührt des Lichtes Spur.
> Das singt und jubelt überall,
> erwacht sind Wald und Flur.

Ich finde diesen Text sehr poetisch – der unbekannte Mensch, der ihn gedichtet hat, muss eine tiefe Beziehung zur Schöpfung gehabt haben...

Über die Engel

Aus gegebenem Anlass – nicht nur, weil ich sie im letzten Kapitel erwähnte – möchte ich jetzt über die Engel sprechen. Unter Erwachenden sind sie ja sehr populär, während sich die christlichen Kirchen heute nicht mehr besonders viel mit ihnen befassen. Das hat auch gute Gründe: Die Engel, das seid eigentlich ihr selbst, und die Kirchen wollen nicht, dass die Menschen zu dieser Erkenntnis kommen. Schauen wir uns die Engel also einmal genauer an. Ihr stellt sie euch als geflügelte Wesen vor, und das sind sie in gewisser Weise auch. Wusstet ihr, dass in eurer Schöpfungs-Blaupause Flügel vorgesehen sind? O ja, das ist beileibe kein Witz von mir! In dem Maße, wie die Menschheit aufsteigen und auch körperlich in die feinstofflichen Bereiche gelangen wird, werden sich zunächst nur bei einigen erwachten Individuen Flügel entfalten, später werden die geflügelten Menschen immer zahlreicher werden. Dann könnt ihr eure Flugzeuge vergessen und überhaupt alle eure Verkehrsmittel! Es kommt die Zeit, da ihr sie nicht mehr brauchen werdet. Und ihr werdet schneller fliegen können als jeder Düsenjet – manche von euch werden schneller sein als jede Rakete! Jetzt höre ich einige von euch lachen und sagen, dass mein Kanal Ines wohl total abgehoben ist und spinnt. Das tut sie nicht. Sie sitzt ganz nüchtern an ihrem Laptop und amüsiert sich ein bisschen und schreibt auf, was ich ihr diktiere. Aber ihr dürft ruhig lachen, ich gebe ja zu, dass es für euer aktuelles Bewusstsein abenteuerlich klingt.

Kommen wir also lieber zu den „richtigen" Engeln, die in den Religionen als die „Boten Gottes" bezeichnet werden. Ich stelle gerade fest, dass ICH, der Wind, der ich mich ebenfalls als einen Boten des Geistes bezeichne, nach dieser Definition ja auch ein Engel wäre. Na, das könnt ihr halten, wie ihr wollt. Nehmt mich als einen solchen oder auch nicht, mir ist das egal. Die „richtigen" Engel also: Sie sind Wesen, die direkt aus der QUELLE des Göttlichen hervorgegangen sind, und sie halten sich auf den verschiedensten höheren Ebenen auf – in geistigen Bereichen ebenso wie in feinstofflichen. Ganz allgemein lässt sich über sie aussagen, dass sie nicht nur Boten, sondern auch Helfer und Beschützer sind, und zwar für alle diejenigen Wesen, die zum Beispiel auf Planeten verkörpert sind und durch gewisse Lern- und Schulungsprozesse gehen. Sie helfen aber auch unter bestimmten Umständen den Wesen in den feinstofflichen astralen Welten. Damit dies geschehen kann, muss solch ein Wesen einen entsprechenden Bewusstseinsstand erreicht haben, sodass es in der Lage ist, die Engel um Hilfe zu bitten und sie auch wahrzunehmen. Mit Bezug auf euch Menschen sind die Engel geistige Geschwister, die oft genug zu euren Schutzengeln werden, nachdem sie durch etliche Inkarnationen hindurch als Partner oder Verwandte an eurer Seite standen. Es handelt sich um Seelen, die ins Licht gelangen konnten und dann die Entscheidung trafen, sich nicht mehr zu verkörpern, sondern einen Dienst als Schutzengel anzutreten. Seid euch bitte darüber im Klaren, dass sie euch nur helfen dürfen, wenn ihr sie darum bittet!

Natürlich gibt es unter den Engeln auch solche, die niemals in einer Verkörperung waren, weil sie niemals aus den geistigen Bereichen hinabgestiegen sind. Mit solchen Wesen haben eure Medien aber bislang selten Verbindung aufnehmen können, denn ein Mensch muss einen vollkommen gereinigten Kanal haben, um hierzu in der Lage zu sein. Selbst eure Aufgestiegenen Meisterinnen und Meister verkehren relativ selten mit ihnen. Es kommt auf ihren jeweiligen individuellen Entwicklungsstand an – ja, auch im „Jenseits" entwickelt ihr euch immer noch und immer weiter! Ein bei euch sehr bekannter Meister, der mit solchen Engelwesen Kontakt aufnehmen kann, ist der Meister Jesus. Er ist auch gern bereit, zwischen euch und ihnen als Übermittler von Botschaften zu dienen. Ihr braucht ihn nur darum zu bitten. Es kann nämlich durchaus einmal von Bedeutung für manche von euch sein, die Hilfe solcher höchsten Engelwesen in Anspruch zu nehmen, zum Beispiel wenn ihr das Gefühl habt, „auf der Stelle zu treten" und in einer Angelegenheit, die euch sehr am Herzen liegt, einfach nicht weiterzukommen. Dann wendet euch vertrauensvoll an den Meister Jesus und fragt ihn, ob er euch die Unterstützung dieser Engel vermittelt. Ihr könnt selbstverständlich auch jederzeit ihn selbst um Hilfe bitten, aber wenn ihr einmal die hohen geistigen Ebenen kennenlernen möchtet, dann seid ihr bei ihm ebenfalls an der richtigen Adresse.

Nun möchte ich auf den besonderen Wunsch der Gemeinschaft eurer Schutz- und Helferengel noch einige Informationen von diesen zu euch transportieren: Viele Erwachende wissen es längst, handeln aber selten danach, und der Rest der Menschheit hat noch keine Ahnung davon: Die Engel brauchen eine klare Bitte und Aufforderung von euch, um in Aktion treten zu können, ich deutete dies schon an. Warum? Euch ist der freie Wille gegeben und sie dürfen niemals „in eurem Sinne" handeln, wenn ihr sie nicht darum gefragt habt. Eine einzige Ausnahme gibt es: Wenn ein Mensch in Lebensgefahr gerät, seine Lebenszeit aber noch nicht abgelaufen ist, dann sind die Engel dazu ermächtigt, ihn zu retten. Ansonsten aber hängen die meisten eurer Schutz- und Helferengel zurzeit noch tatenlos herum und langweilen sich, weil ihr ihnen keine Aufträge erteilt! Das finden sie, um es in der Sprache eurer Jugend auszudrücken, „ätzend"... Bittet also, scheut euch nicht zu bitten – sie werden es euch danken und alles für euch tun, was in ihren Kräften steht. In der heutigen Zeit ist der Schleier zwischen der materiellen und der feinstofflichen Wirklichkeit sehr, sehr dünn geworden und immer mehr Menschen erfahren punktuell oder sogar regelmäßig die „andere Seite". So sind auch die Möglichkeiten der Engel, für euch aktiv zu werden, in den letzten Monaten immer umfangreicher geworden – ihr braucht sie nur in Anspruch zu nehmen, aber das solltet ihr auch tun!

Zu guter Letzt – die Engel bitten euch, zur Kenntnis zu nehmen, dass ihr eins mit ihnen seid, zum einen, da ihr eins mit allen Wesen in sämtlichen Universen seid. Zum anderen aber seid ihr in ganz besonderer Weise eins mit ihnen, eben weil ihr selbst Engelwesen seid. Somit komme ich hier noch einmal auf meine anfängliche Behauptung zurück: **Ihr seid selbst Engel!** Ihr durchlauft nur momentan gerade eine eurer Erdenerfahrungen und habt beim Eintritt in den physischen Körper einmal wieder eure Herkunft vergessen. Jedoch ist, wie gesagt, inzwischen der „Schleier" zwischen den Welten so durchsichtig geworden, dass immer mehr von euch beginnen, sich zu erinnern. Eure Geschwister von der bald nicht mehr anderen Seite freuen sich darüber und hoffen darauf, dass immer mehr von euch ihr ureigenes Licht leuchten lassen, sodass auf diesem Planeten Frieden und Liebe Einzug halten können...

Über die Dankbarkeit

Etliche eurer Meisterinnen und Meister – Aufgestiegene wie noch inkarnierte – haben zu euch über das Thema „Dankbarkeit" gesprochen. Hier möchte ICH, der Wind, aus MEINER Sicht dies und jenes hinzufügen. Manche von euch wissen es sehr wohl, allerdings häufig nur mit dem Verstand: Die Dankbarkeit ist der Schlüssel zum Glück, ja, auch zu dem, was ihr Erleuchtung nennt. Warum? Hierüber möchte ich jetzt meine Ausführungen „zu Protokoll geben" (kleiner Scherz):

Lieber Mensch, vielleicht bist du der Ansicht, dass du überhaupt nicht viel Anlass hast, dem Universum und dem Leben gegenüber dankbar zu sein? Vielleicht fühlst du dich, wie es bei euch heißt, „vom Schicksal vernachlässigt" oder sogar arg gebeutelt? Nun, was immer du in dieser Inkarnation erlebt hast, es kommt auf die Sichtweise an... Natürlich kannst du deine unangenehmen Erfahrungen als „negativ" und unwillkommen beurteilen. Dann wirst du dich weiterhin sehr unwohl in deiner Haut fühlen, wirst vielleicht gar sagen, „Gott" habe dich „gestraft" und du wissest nicht, wofür. Du hast aber auch eine ganz andere Wahl: Du kannst deine Erfahrungen, ohne sie zu bewerten, einfach als das annehmen, was sie SIND, nämlich schlicht ERFAHRUNGEN. Und du kannst dem Leben dankbar dafür sein, dass du sie durchlaufen durftest, denn jegliche Erfahrung ist eine Chance zur Reifung und zu deiner Verwandlung – Verwandlung hin zur Meisterschaft nämlich, hin zu deiner ursprünglichen inneren Größe. Außerdem stellt jede „negative" Erfahrung grundsätzlich IMMER einen irgendwie gearteten „karmischen Ausgleich" dar: Wenn du dich schon ein wenig mit spirituellen Lehren befasst hast, weißt du ja, dass ALLES zu dir zurückkommt, was du jemals getan, gefühlt und gedacht hast – im „Guten" wie im „Schlechten". Machst du also zum Beispiel eine unangenehme Erfahrung mit einem anderen Menschen, so kannst du mit Sicherheit davon ausgehen, dass du selbst in einem früheren Leben dieser Seele etwas Ähnliches zugefügt hast... Du hast nun wiederum die Wahl: Du kannst diesen Menschen für sein Verhalten dir gegenüber ablehnen oder gar hassen, dann dreht sich das karmische Rad weiter. Du kannst ihm aber auch für den Ausgleich danken und ihm verzeihen, dann steht das Rad augenblicklich still und du kannst aus dem Teufelskreis von Hass und Vergeltung aussteigen! Das ist nicht nur für den anderen eine Erlösung, sondern vor allen Dingen auch für dich selbst.

Ahnst du nun schon ein wenig, inwiefern die Dankbarkeit der Schlüssel zum Glück ist? Es gibt aber noch weitere Gründe: Wenn ein Mensch von Herzen dankbar ist, dann gehen sehr hohe, wunderbare Schwingungen von ihm aus. Die geistige Welt kann in einem solchen Augenblick wunderschöne, vielfarbige Formen sehen, die seine Umgebung erhellen. Auch ICH, der Wind, sehe solche Formen! Und diese Formen sind nicht einfach da, sie WIRKEN auch. Sie transformieren auf direktem Wege das geistige Feld um diesen Menschen herum, sodass Licht und Liebe darin zum Ausdruck kommen. Dieses Licht und diese Liebe ziehen wiederum lichtvolle helfende Wesen an, und sie ziehen auch liebevolle Menschen und Ereignisse im Leben der betreffenden Person an. Mit anderen Worten: Dankbarkeit zieht das Glück an, und zwar sozusagen magisch! Außerdem könnt ihr – nach diesem selben Gesetz der Anziehung – durch Dankbarkeit alles das in euer Leben holen, was ihr euch wünscht, was aber noch nicht „da" ist: Stellt euch einfach vor, es SEI schon da, und dankt dafür! Das ist beileibe kein billiger Trick, sondern dieses Vorgehen beruht auf einer tiefen Wahrheit: Erstens, du erschaffst dein Leben durch deine Gedanken, und zweitens, alles, was du dir von Herzen wünschst, IST auch DA. Es existiert nur zunächst noch als materiell nicht manifestiertes Potenzial. Wenn du dir nun klarmachst, dass dein Wunsch auf einer höheren Ebene schon erfüllt ist, dann kannst du seine materielle Erfüllung durch Dankbarkeit in dein Leben holen. Warum das funktioniert? Das Universum weiß dann ganz genau, was du wirklich willst, und wird dich auf seine Wunder wirkende Weise unterstützen! Wenn du jedoch jammerst und klagst, weil sich deine Wünsche „nie erfüllen", dann signalisierst du dem Universum Mangelbewusstsein und ziehst damit weiteren Mangel an...

Mache es dir also zur Gewohnheit, lieber Mensch, jeden Morgen nach dem Aufwachen und jeden Abend vor dem Einschlafen vernehmlich „JA" und „Danke" zu sagen! Du wirst es erleben: Dein Dasein wird sich sehr bald schon verwandeln und deine überaus schätzenswerte Person auch! Diese beiden kleinen Wörtchen werden dich zu einem glücklichen Wesen machen, und mehr: Sie werden deine wahre Meisterschaft in dir zum Erblühen bringen. Eine Meisterin, ein Meister, also ein erwachter oder „erleuchteter" Mensch, ist nämlich zuallererst jemand, der in jedem Augenblick seines Lebens „Ja" und „Danke" sagt. Durch das „Ja" und durch das „Danke", das sich im „Ja" ausdrückt, signalisiert die Meisterin, der Meister dem LEBEN und dem Universum Zustimmung und erfährt sich dadurch im Einklang sowohl mit den kosmischen

Gesetzen als auch mit der göttlichen LIEBE. Du wunderst dich, wie einfach dieser Weg in die Meisterschaft sein soll? Ja, er IST so einfach! Alles Wahre IST einfach! Vielleicht wendest du nun ein, du könnest dich doch nicht zur Dankbarkeit „zwingen". Nein, das kannst du nicht, denn Verwandlung kann niemals unter Druck und Zwang geschehen. Es hat auch niemand gesagt, dass du dich dazu zwingen sollest. Ich habe lediglich vorgeschlagen, jeden Morgen und jeden Abend einmal „Ja" und „Danke" zu sagen. Welche Gefühle du anfangs dabei empfindest, ist gleichgültig. Es kann sogar sein, dass sie unangenehm sind, aber das macht überhaupt nichts: Lass sie einfach da sein und sage noch einmal „Ja" und „Danke". Ob du es glaubst oder nicht: Allein das Aussprechen dieser beiden kleinen Wörter wird deine Gefühle mit der Zeit transformieren!

Ja, und noch etwas: Danke nicht nur dem Universum, danke nicht nur Gott und den Engeln, danke vor allen Dingen auch DIR SELBST! Danke dir selbst dafür, dass du gerade jetzt auf der Erde bist – du hast es so gewählt. Danke dir für jede einzelne kleine oder große Erfahrung, die du durchläufst – du hast sie dir erschaffen. Danke dir dafür, dass du ein wundervolles, strahlendes Lichtwesen bist, das gekommen ist, um zu erwachen und um zu helfen, dass die Erde wieder zu einem Ort der FREUDE wird. Danke dir selbst, dann dankst du Gott!

Über das Erwachen 1

Ihr strahlenden Lichtwesen, die noch in teilweiser Verdunkelung leben – ja, ich werde meinem Kanal Ines nicht nur ein einziges Kapitel über euer Erwachen diktieren! Über euer Erwachen gibt es aus verschiedenen Blickwinkeln so viel zu sagen, dass ich dieses Thema noch ein weiteres Mal aufgreifen möchte. Heute werde ich das Thema „Aufstieg 2012" zum Anlass nehmen, um einige Irrtümer auszuräumen, die ihr damit verbunden habt.

Irrtum Nr. 1: Viele von euch haben geglaubt, wer bis zum 21.12.2012 nicht vollständig erwacht sei, der verpasse den Aufstieg der Erde in eine höhere Dimension. Nun, das ist schlichtweg ein Humbug! Die Dinge laufen ganz anders, als manche Schlauberger sich das vorgestellt haben: Die Erde hat zum „Millenium" die gesamte Menschheit Huckepack genommen, um sie in das neue Zeitalter mitzunehmen, in das sie jetzt eintritt. Jeder, aber auch JEDER, erhielt und erhält damit die reale Möglichkeit, noch in dieser Inkarnation zu erwachen!

Irrtum Nr. 2: Manche eurer Meister waren der Überzeugung, es würden bis ca. 2010 sehr große Teile der Menschheit diesen Planeten verlassen, mit anderen Worten, sie sahen unermessliche Katastrophen und/oder Kriege voraus. Nichts davon ist passiert! Ja, es gab vielleicht ein paar mehr solcher Ereignisse als „normal", aber der Tod von 90% der Menschen auf der Erde, erwartet von einem sehr renommierten Meister[4], ist ausgeblieben, und etwas Derartiges wird auch nicht mehr eintreten.

Irrtum Nr. 3: Manche Lichtarbeiter erwarteten oder erwarten noch, dass eines Tages Raumschiffe auf der Erde landen werden, die gewisse „Auserwählte" mitnehmen zu vorbereiteten Stätten im Weltall, während der Rest der Menschheit mit der Erde untergeht. Oh-oh! Nichts dergleichen wird geschehen! Die Erde kehrt zurück in höhere Bereiche – wieso sollte sie dann untergehen? Und sie nimmt die Menschheit mit – wozu braucht es dann Außerirdische, die euch in den Weltraum entführen?

Ich möchte nun zu diesen drei wichtigsten menschlichen Irrtümern noch etwas mehr sagen. Im Wesentlichen hängen sie innerlich miteinander zusammen – immer geht es darum, dass nur eine gewisse „Elite" den Aufstieg „schaffen" werde, es geht darum, dass das Erwachen die Sache einer „kleinen, aber feinen" Minderheit sei. Mitnichten! Das Erwachen ist die Sache von ungefähr 7 Milliarden Menschen! Gigantisch, aber wahr! Da dies aber so IST, könnt ihr „Erwachens-Pioniere", die ihr dieses Buch lesen werdet, euch wohl mit etwas Fantasie vorstellen, dass sich dieser Prozess der Menschheit nicht innerhalb von ein paar Monaten oder auch Jährchen vollziehen kann. Und ihr könnt euch auch durchaus vorstellen, dass er nicht ohne Turbulenzen vonstatten gehen kann und wird. Warum sind manche von euch dann so verzagt und meinen, sie müssten an der Welt verzweifeln? Ja, es gibt noch zahlreiche Menschen und Gruppen von Menschen, die sich gegen die Neue Zeit und die Neue Energie wehren. Noch – in diesem Frühjahr 2013 – ist die Menschheit wie ein schwerfälliger Koloss, der sich nur mit Mühe voranzubewegen scheint. Aber IHR, ihr Erwachenden, ihr seid das sich galoppierend vermehrende Erleuchtungs-Virus im Körper dieses Kolosses, ihr seid wie Hefe, wie Sauerteig, um ein Bild eures Meisters Jesus zu verwenden, ihr seid das Triebmittel für das Erwachen der gesamten Menschheit!

Ich werde euch keine Vorhersagen, keine Prophezeiungen über die Entwicklungsphasen des Erwachens der Menschheit geben. Manche Meister oder „Außerirdische" haben das euren Kanälen gegenüber getan, aber ICH, der Wind, habe keinen Einblick in eure komplexe Zukunft. Ich weiß auch nicht, ob die Wesen in den „höheren Ebenen" diesen wirklich haben oder ob sie nur Spekulationen äußern. Ehrlich gesagt, tendiere ich zu der letzteren Meinung. Wie sich der Erwachensprozess der Menschheit gestalten wird, das hängt von den täglichen Entscheidungen jeder und jedes Einzelnen von euch ab! Manchmal denke ich, dass nicht einmal die Göttliche Quelle selbst konkret voraussehen kann, was sich wann und wie vollziehen wird... Sicher ist nur eines: DU und DU und DU... bist aktiver Teil dieses Prozesses – DEIN „kleines" Leben entscheidet täglich über das Große Ganze mit! Nein, es ist doch nicht wahr, dass „ein Einzelner nichts bewirken kann", wie euer „Volksmund" zu sagen pflegt. Das Gegenteil ist der Fall! Jeder Mensch, der zu sich selbst erwacht, bewirkt allein durch seinen persönlichen Erwachensprozess unendlich viel. Selbst wenn sich das nicht sofort direkt sichtbar in eurer äußeren Welt zeigen sollte – jeder Erwachende bringt mehr Licht in den Bewusstseinsraum der Menschheit, der Erde, ja, des Universums. Jeden Tag neu und jeden Tag mehr strahlt das Licht auf dieser Erde schon jetzt, und dieser Prozess ist unumkehrbar. Das Licht vermehrt sich „galoppierend", wie ich weiter oben formulierte, das kann ich deutlich und voller Freude täglich und stündlich ganz real sehen.

Gehe deinen Weg, deinen ganz individuellen Weg, den nur DU gehen kannst, und gehe ihn so, wie nur DU ihn gehen kannst – du bist ein Juwel in der Krone Gottes und du funkelst in deiner Essenz in allen Regenbogenfarben! Indem du deinen individuellen Weg gehst, leistest du den Beitrag zur Lichtwerdung, den nur DU leisten kannst. Was DU nicht tust, kann kein anderer für dich erledigen! Die Bücher, die mein Kanal Ines schreibt, kann niemand anderer in dieser Weise schreiben, und Ines kann nicht die Bücher anderer Autoren verfassen. Die Menschen, denen die Heilerin Ursula bei ihrer Ganzwerdung hilft, kann niemand anderer heilen. Es gibt viele „Coachs" für Erwachende, und nicht jede/r von ihnen ist richtig für DICH. Aber jede/r ist für Menschen da, die nur auf ihn oder sie gewartet haben... Gehe also DEINEN Weg, gehe ihn mutig und unerschrocken, auch wenn du gelegentlich angefeindet wirst, weil du „nicht normal tickst". Es kommt die Zeit, und sie ist nicht fern, da wird DEINE innere Uhr, nach der du tickst, im Takt und in Harmonie mit allen anderen inneren Uhren laufen. Und EINE Prophezeiung liefere ich dir hierzu: Wenn diese Zeit da ist, dann werdet ihr euch wundern, wie friedlich ICH, der Wind, geworden bin...

Über das Dunkel

Liebe Menschen, dieses Mal möchte ich über das Dunkel sprechen, das eure Erwachens-Prozesse begleitet, das Dunkel in der Welt und in euch, das sich aufbäumt und euch auf eurem Weg zu behindern sucht. Ihr beobachtet es in diesem Frühjahr 2013 überall und in den unterschiedlichsten Formen. ICH, der Wind, kann es sehen, und ich verfolge sein Wirken sehr genau.

Was ist das eigentlich, dieses Dunkel, fragen jetzt wahrscheinlich einige von euch. Nun, es ist seinem Wesen nach Energie, niedrig schwingende Energie, die nicht zuletzt im kollektiven Unbewussten der Menschheit, dann aber auch im Unbewussten des Einzelnen gelagert war und zum Teil noch ist. Diese Energie kann Gestalt annehmen und tut es auch oftmals – ihr sprecht dann manchmal von Dämonen, Teufeln oder bösen Geistern. Entstanden ist das Dunkel in den Erfahrungen eures Abstiegs aus lichten Höhen hinab in die Tiefen der materiellen Dichte. Es sind dies im Wesentlichen Erfahrungen, die euch glauben lassen, ihr wäret abgetrennt vom göttlichen Licht. Das Dunkel ist sowohl die Quelle als auch das Ergebnis dessen, was eure Religionen „Sünde" nennen. Die „Sünde" aber ist nichts anderes als der Verstoß gegen das kosmische Gesetz der LIEBE.

Was geschieht nun in dieser Wendezeit mit dem Dunkel? Es steigt allenthalben aus den Tiefen des Unbewussten auf – sogar aus den Tiefen der Erde – und es wehrt sich: Es wehrt sich im wahrsten Sinne des Wortes „mit Zähnen und Klauen" (der Dämonen) gegen den Wiederaufstieg der Menschheit und der Erde. Alle fundamentalistischen, faschistisch-rassistischen oder machistischen Bewegungen zum Beispiel sind Manifestationen dieses Dunkels. Interessanterweise ist die Diffamierung und Unterdrückung der Frau und des Weiblichen dem religiösen Fundamentalismus jeglicher Färbung und dem Faschismus gemeinsam. Der Machismus als Extremform des patriarchalen Bewusstseins ist dementsprechend ein herausragender Ausdruck des Dunklen in dieser Zeit. Warum? Jahrtausendelang hatten die Männer, hatte das Patriarchat die Oberhand, und das Weibliche generell und in Gestalt der Frau wurde massiv abgewertet. In der heraufdämmernden Neuen Zeit geht es nicht etwa darum, den Spieß noch einmal umzudrehen und ein neues Matriarchat zu begründen, nein, es geht um das Miteinander, das Sowohl-als-Auch, die Kooperation und die Wiedervereinigung von männlich und weiblich! Dies erscheint den dunklen Kräften als vollkommen unerträglich, denn es kommt ihrer Auflösung gleich, und das erfüllt sie mit panischen Todesängsten. Ja, die Wiedervereinigung von männlich und weiblich in den Seelen der Menschen und die liebevolle Kooperation von Mann und Frau in der Gesellschaft bedeutet selbstverständlich einen entscheidenden Sieg des Lichts, und wo das Licht leuchtet, hat das Dunkel keinen Bestand – es weicht ganz automatisch.

Allerdings, so werden manche vielleicht einwenden, werfen in der dreidimensionalen Welt die Gegenstände Schatten, wenn sie vom Licht der Sonne oder einer Lampe beschienen werden. Ihr habt auch das geflügelte Wort: „Wo viel Licht ist, da ist auch viel Schatten." Nun, dies ist kein kosmisches Gesetz, sondern ein Gesetz, das allein in eurer materiellen, dreidimensionalen Welt Gültigkeit hat. In den lichten Höhen des Geistes gibt es keinerlei Dunkel, nicht einmal in der Gestalt von Schatten. Die Schatten der Gegenstände und der Schatten in euren Seelen entstanden erst mit der Entstehung der materiellen Welt und mit der Geburt des Menschen als einem physischen Wesen. „Wo viel Licht ist, da ist auch viel Schatten" ist aber ein Satz, der gerade in der jetzigen Wendezeit für euch von großer Bedeutung ist. Je mehr erwachende Menschen ihr ureigenes Seelenlicht leuchten und strahlen lassen, desto mehr Schatten können hochkommen und wahrgenommen werden. Je herausfordernder das Licht der Erwachenden und Erwachten aber leuchtet, desto wütender und verzweifelter wehren sich die Mächte der Finsternis, ob sie nun in Menschen wohnen oder anderswo. Ja, es ist so: Die Zunahme von blutigen Konflikten, Terrorakten und Gewalttaten aller Art hängt im Innersten eng mit dem Erwachensprozess der Menschheit zusammen!

Verzweifelt nicht, ihr Erwachenden, wenn ihr euch den gegenwärtigen Zustand eurer Welt anschaut, wenn ihr euch Ereignisse anschaut, die euch das Blut in den Adern gefrieren lassen, so ihr euch darauf einlasst! Diese Übergangsphase wird noch einige Jahre oder auch Jahrzehnte andauern, was die Erde als ganze betrifft, denn ALLES, absolut alles Dunkle muss nach oben kommen, um betrachtet und entlassen werden zu können. Je mehr aber ihr, die Erwachenden, euch in euch selbst zentriert, je fester ihr dasteht wie ein Fels in der Brandung, desto leichter und schmerzloser kann der Prozess der Menschheit als ganzer verlaufen. Werde dir deiner Verwobenheit mit ALLEM und ALLEN bewusst, lieber erwachender Mensch, führe dir selbst jeden Tag vor Augen, dass du ein Teil des Ganzen bist und dass jeder, absolut jeder noch so kleine

Schritt, den du tust, jeder leuchtende Gedanke, den du aussendest, den Aufstieg des Ganzen erleichtert und beschleunigt.

Was das Dunkel in dir selbst betrifft, lieber erwachender Mensch, so fürchte es auch in dieser Gestalt nicht! Begrüße vielmehr jede Herausforderung von innen, die in der Regel auch mit „unangenehmen" Gefühlen einhergeht, als Chance, deinen eigenen Schatten zu betrachten, zu durchlichten und zu erlösen. Gib dich nicht der Illusion hin, dieser Schatten sei schon gänzlich verschwunden, denn dann können deine inneren „Dämonen" dich von hinten überfallen und dir erheblichen Ärger bereiten. Sei dir vielmehr im Klaren darüber, dass dein persönliches Unterbewusstsein aufs Engste mit dem kollektiven Unbewussten verbunden, ja, verwoben ist und dass du persönlich daher immer auch in kollektive Themen involviert bist. Das gibt dir aber auch die Chance, durch die Erlösung deiner eigenen Themen zur Durchlichtung des kollektiven Dunkels beizutragen.

Kurz und gut, „das Dunkle ist immer und überall", um einen alten deutschen „Hit" zu variieren; es ist HEUTE überall, und es erscheint sogar übermächtig, aber nur, wenn ihr mit eurem Bewusstsein selbst noch am Alten klebt. Für dich, der und die du dieses Kapitel gelesen hast, dürfte aber jetzt deutlich geworden sein: Nur was ans Bewusstsein kommt, kann auch erlöst werden, und darum schau dir das Dunkel an, von wo auch immer es angeschlichen oder angetobt kommt, stelle dich den Gefühlen, die es in dir hervorruft, und entlasse es dann... nach Hause!

Über das Erwachen 2

Aus gegebenem Anlass... „Erwachen" und „Aufstieg" sind zwei Tatbestände, die eng miteinander verwoben sind, liebe Menschen. Ich möchte daher dieses neue Kapitel nutzen, um euch mitzuteilen, was ICH, der Wind, unter „Aufstieg" verstehe – in der heutigen Zeit auf der Erde. Unter euch Menschen kursieren die unterschiedlichsten Auffassungen von dem, was Aufstieg sein könnte – viele von euch stellen sich weiterhin vor, dass sie mitsamt ihrem Körper aus der „3. Dimension" verschwinden und dass dort die zahlreichen „Unbewussten" zurückbleiben werden, die dann in einem großen Armageddon untergehen... Manche warten nach wie vor auf höher bewusste „Außerirdische", die sie in ihren Raumschiffen in höhere Dimensionen mitnehmen. Andere wieder meinen, sie müssten „den irdischen Freuden und Versuchungen widerstehen", um aufsteigen zu können. Diese letztere Vorstellung basiert noch auf der Spiritualität der Mönche und Nonnen in der alten Energie und darf aus meiner Sicht gerne losgelassen werden.

Was macht nun aber den heutzutage anstehenden Aufstieg wirklich aus? Es ist nicht ein Entweichen in höhere Welten oder Dimensionen hinein, unter Verachtung der alten Erde. Es ist vielmehr ein **Absteigen und Aufsteigen zugleich**, nach dem Motto: „Heaven comes to Earth, Earth comes to Heaven", wie es einmal der Kryon in einem privaten Channeling formuliert hat. Der Himmel kommt zur Erde: Lieber Mensch, deine eigene Göttliche Essenz möchte von dir auf die Erde gebracht werden! Sie möchte in deinen Körper eintreten und ihn zugleich umhüllen, GOTT möchte MENSCH werden in jedem und in jeder Einzelnen von euch. Ich werde weiter unten noch mehr dazu sagen. Die Erde kommt zum Himmel: Indem du deine eigene Göttliche Essenz verkörperst, wirst du in einer Weise durchlichtet, dass dein Körper allmählich, Schritt für Schritt, der Dichte entwächst und immer feinstofflicher wird. Da dies aber nicht nur für einige wenige gilt, sondern vom göttlichen Plan her für die gesamte Menschheit vorgesehen ist, gibt es keinen „Aufstieg" in Form einer Flucht von einzelnen „Erleuchteten" in irgendwelche paradiesischen Bereiche hinein, sondern einen sich über eine längere, zeitlich nicht näher zu definierende Spanne hinweg erstreckenden Aufstiegsprozess der Einen Menschheit!

Wie ich im vergangenen Kapitel schon sagte, spielt dabei das Dunkel und seine Erlösung gegenwärtig (im Frühjahr 2013) und mit Sicherheit noch für eine ganze Weile eine sehr wichtige Rolle. Hier möchte ich betonen, dass der Abstieg eurer Essenz in den physischen Körper hinein in diesem Zusammenhang ganz entscheidend ist: In dem Maße, wie euer Licht in euren Körper eintritt und sich in ihm verankert, bleibt für euren „Schatten" kein Raum mehr. Er muss ans Licht eures Bewusstseins treten und eure „Dämonen" müssen sich diesem stellen. Auf diesem Wege kann sich die Erlösung „des" sogenannten Bösen vollziehen, die etwas ganz anderes ist als die Erlösung „von dem Bösen", wie sie im alten christlichen Vaterunser erbeten wird. Die Erlösung „von dem Bösen" grenzt das Dunkel aus und schickt es in eine vorgestellte „ewige Verdammnis" oder „Hölle". Die Erlösung „des Bösen" jedoch beinhaltet dessen Hochzeit mit dem Licht und demzufolge seine vollständige Durchlichtung. Ja, das Dunkel in euch und um euch herum wehrt sich noch heftig gegen eine solche Perspektive, aber der Aufstiegsprozess, der im Gange ist, ist seit langem unumkehrbar!

Der Aufstieg also über den Abstieg eurer Essenz – schauen wir uns diesen etwas genauer an: Wie könnt ihr den Abstieg eurer Essenz unterstützen? Wie deren Präsenz in eurem Körper stabilisieren? Der wichtigste Weg in diesem Zusammenhang verläuft über den Atem! Stellt euch immer wieder vor, dass ihr immer mehr von eurer göttlichen Essenz einfach einatmet – dann geschieht dies auch. Hört nicht auf damit, eure Essenz einzuatmen, sie hat teil an der Unendlichkeit Gottes, und es gibt daher kein „ich habe fertig" dabei... Der nächste Schritt ist die immer wieder neue ERDUNG eurer Essenz, ihre Verankerung in eurem Körper und Leben. Dies geschieht einerseits wieder über den Atem und außerdem über die Verwurzelung eurer Energie in der Erde. Lasst immer wieder eure Wurzeln bis tief in die Erde hinein wachsen, so wie es euch auch die Bäume raten. Es gibt zahlreiche weitere Methoden der Erdung – wendet die an, die euch bekannt sind und zu denen ihr eine Affinität empfindet. Einen Weg möchte ich noch besonders erwähnen: den Weg über die Nahrung. Hier gibt es, das betone ich sehr, keine „Generalvorschrift" für alle! Es gibt kein Dogma, keine grundsätzliche Festschreibung, welche Nahrung erdend für euch wirkt und heilsam. Es gibt kein „rein" und „unrein" in der Ernährung, um es einmal pointiert zu formulieren. Erdend ist für euch diejenige Nahrung, derer euer Körper wirklich bedarf und die ihr in Achtsamkeit, Respekt und Liebe zu euch nehmt! Das kann ebensogut vegane Rohkost wie „Junk Food" sein... Es macht wirklich keinen Unterschied, unter der Voraussetzung, dass ihr eure Nahrung ehrt und die Lebewesen, die sich euch in dieser Form zur Verfügung stellen. Tiere, Pflanzen, Mineralien... alles lebt und ist EINS und sich seiner Göttlichkeit voll bewusst!

Was aber passiert mit euch und mit eurer Umgebung, was passiert mit diesem Planeten, wenn ihr eure Essenz in euren Körper einladet und ihr erlaubt, sich im irdischen Leben zu verankern? Ganz einfach: Wandel und Transformation! Ihr geht auf ganz natürliche Weise wieder in den Einklang mit dem kosmischen Gesetz der LIEBE, und das bedeutet konkret, dass ihr nicht nur mit dem Bewusstsein, sondern auch mit eurem Körper aufsteigt in lichtere und immer lichtere Zustände. Einige werden dabei vielleicht tatsächlich eines Tages aus dem Blickfeld anderer „verschwinden", die noch mit unbewussten Augen und ohne Achtsamkeit in die Welt schauen. Die Haupttendenz ist aber, dass immer mehr und mehr von euch mit einem von ihrer Essenz durchlichteten Bewusstsein und Körper zusammen mit einer von ihrer Essenz durchlichteten Erde aufsteigen… Wandel und Transformation auch der menschlichen Gesellschaft, der Wirtschaft und Politik, ganz allgemein der Zustände auf diesem Planeten! Ja, das „New Age" ist im Kommen, nur dauert es ein wenig länger, weil es eben KEIN „Armageddon" geben wird und kein „Neues Jerusalem" für ein paar wenige „Auserwählte", sondern einen schrittweisen Übergang für ALLE, der sich umso leichter vollziehen kann und wird, je mehr von euch sich genau JETZT dafür entscheiden…

Ladet darum eure göttliche Essenz in euren Körper und in euer Leben ein, genau JETZT, und erdet sie immer wieder – dann ist euer und der Erde und Menschheit Aufstieg „in trockenen Tüchern"!

Pfingstgruß – auch für andere Jahreszeiten

Die christliche Menschenwelt feiert in einigen Tagen das Pfingstfest des Jahres 2013 zur Erinnerung an ein Ereignis der Apostelgeschichte: das Herabkommen des Heiligen Geistes auf die Jünger mit Sturmesbrausen und in Feuerzungen. ICH, der Wind, der ich damals dabei war, möchte euch aus diesem Anlass einen Pfingstgruß der besonderen Art entbieten.

Liebe Menschen, der Heilige Geist ist keine Erfindung der Theologen. Es gibt ihn wirklich, den Göttlichen Geist, um dessen Hilfe ihr jederzeit bitten könnt. Bittet, und der Geist wird euch mit seiner Gegenwart erfüllen, heute genauso wie damals und morgen! Schaut auf die Sonne, wie sie die jungen Blätter der Bäume durchlichtet, schaut auf den Wind, also mich, der ich ihre Zweige bewege – Sonnenfeuer und Windesbrausen sind „Zeugen Jehovas", sind Zeugen der Allgegenwart des Göttlichen, der Quelle allen Lebens. Dies selbstverständlich nicht nur um Pfingsten herum, sondern zu allen Zeiten eures Jahres.

Ich setze meine Botschaft fort am Pfingstsonntag, den 19. Mai 2013. Lieber Mensch, weißt du eigentlich, wer oder was der Pfingstgeist für dich persönlich ist? Nun, ganz einfach: Es ist deine eigene göttliche Essenz, von der wir schon sprachen. Die göttliche Inspiration, das ist eben diese Essenz, durch die du untrennbar verbunden bist mit dem Großen Einen. Lass uns jetzt also über deine Essenz sprechen und über die Inspiration, die sie dir schenken möchte. Der Geistesgaben sind viele, viele, viele – einige wurden schon in der Bibel aufgezählt. Letztlich aber gibt es so viele Geistesgaben, wie es Individuen gibt, denn es gibt keine zwei Menschen, die exakt dieselbe Begabung mit auf die Erde gebracht hätten. Warum? Weil jeder und jede Einzelne von euch einen anderen Erfahrungshintergrund sein eigen nennt! Die Vielfalt eurer Erfahrungen macht die Vielfalt eurer Begabungen aus, denn was ihr euch in einem vergangenen Leben erarbeitet habt, das geht niemals verloren. Ihr bringt es als Fähigkeit in euer neues Leben mit. Das ist das eine. Auf der anderen Seite aber kommen die Geistesgaben tatsächlich von oben, vom Göttlichen her, denn der GEIST schließt ALLES in sich ein. Eure Essenz aber hat – wie soll ich es ausdrücken – sozusagen ein Profil. Sie hat bestimmte Themen ausgewählt, mit denen eure Seele sich schwerpunktmäßig zu befassen hat und die dann in das Leben des jeweiligen

Individuums einfließen. Ich weiß, das ist ein bisschen schwierig zu verstehen. Lass deinen Verstand außen vor und lies mit dem Herzen!

Mein Kanal Ines fragt, ob die Essenz also „spezialisiert" sei. Dies stimme aber nicht mit ihrer eigenen Wahrnehmung von der Essenz als Teil des Einen überein. Nun, „spezialisiert" ist auch nicht der treffende Ausdruck. Ich sagte, dass sie ein „Profil" hat, das ist etwas anderes. Die Essenz IST das Eine, aber sie hat sich Schwerpunkte gesetzt. Letztlich ist der Tatbestand in menschlicher Sprache nicht wirklich ausdrückbar.

Wie auch immer – aus meiner Sicht ist Pfingsten an jedem Tag des Jahres, denn eure Essenz möchte euch an jedem Tag des Jahres inspirieren und euch ihre Gaben schenken. Ebenso wie ICH, der Wind, an jedem Tag des Jahres wehe, so ist auch das Säuseln oder das Brausen eurer eigenen Essenz täglich wahrnehmbar. Öffnet euch dafür, dann wird euer Leben reich! Wie ich schon sagte, könnt ihr eure Essenz einfach bewusst einatmen. Ja, ich weiß, ihr sträubt euch gern dagegen, denn es kann herausfordernd sein, ihre Gaben anzunehmen! „Das kann ich doch gar nicht!" höre ich euch stöhnen, wenn neue Aufgaben an euch herangetragen werden. „Das kann ich nicht" ist ja überhaupt bei den meisten von euch der liebste Gedanke. Warum eigentlich? Weil ihr gelernt habt, euch abgetrennt vom Göttlichen zu fühlen, weil ihr euch mit einem sehr kleinen Ich identifiziert, das von Ängsten und Minderwertigkeitsgefühlen erfüllt ist – manchmal allerdings auch von „Großmannssucht", die von Egoblähung zeugt, aber nicht von Verbindung mit eurer wahren Essenz. Lasst alle Identifikationen los! Nein, auch mit eurer Essenz sollt ihr euch nicht identifizieren, denn euer kleines Ich IST nicht eure Essenz. Ich weiß, jetzt wird es wieder schwierig... Noch einmal: Es geht um Öffnung. Es geht um Erweiterung eures Horizonts, es geht um Weitung. Inspiration könnt ihr nur aufnehmen, wenn ihr euch öffnet und für diese Weitung bereit seid. Das bringt euch dann auch manchmal aus eurer „Komfortzone" heraus, wie es einer eurer derzeitigen Meister formuliert[5]. Versucht es doch einmal mit dem Satz: „Ich kann das, denn Gott hilft mir", wenn eure Essenz eine neue Aufgabe an euch heranträgt. Ihr braucht ja nicht gleich zu sagen: „Ich kann das, denn ich bin Gott", obwohl auch das letzten Endes völlig richtig wäre. Aber solange ihr euch mit eurem Ego identifiziert, könnte euch dieser Satz verwirren.

Liebe Menschen, ich mache es heute etwas kürzer und komme nun schon zum Schluss: Lasst euch nicht einlullen! Kommt dieser Satz nun unvermittelt? Was ich meine: Euer Mainstream-Bewusstsein hat die Tendenz, euch einzuschläfern. Um eure Essenz wahrzunehmen und ihre

Botschaften aufzunehmen aber, müsst ihr hellwach sein! Geht öfter einmal in der Natur spazieren und lasst euch den Wind durchs Hirn wehen, das kann durchaus Wunder wirken...

Über die Geduld

Der Wind spricht über Geduld? Vielleicht denkst du ja, dass ich ein eher ungeduldiger Geselle sei, lieber Mensch, weil ich manchmal in wilden Stößen daherkomme. Aber du irrst, das ist kein Zeichen von Ungeduld, es handelt sich dabei einfach um Notwendigkeit. In der Tat gleiche ich ja lediglich Luftdruckunterschiede aus, ich arbeite also für das Gleichgewicht in der Erdatmosphäre – und das immerwährend, also mit erheblicher Geduld! Ich fühle mich demnach durchaus berufen, über dieses Thema zu sprechen und dir seine große Bedeutung auseinanderzulegen[6].

Nun denn, fangen wir an: Ihr Menschen seid die ungeduldigsten Wesen, die mir jemals begegnet sind. Wenn ihr euch selbst etwas genauer und mit ehrlichem Blick anschaut, werdet ihr sofort einräumen, dass ihr wirklich mit dem ruhigen Abwarten immense Probleme habt. Wenn ihr etwas in die Wege geleitet habt, möchtet ihr am liebsten, dass es sofort Früchte tragen soll, und die allerschönsten noch dazu. Ich kann ja durchaus verstehen, dass ihr auf der Autobahn oder im Stadtverkehr nicht gerne im Stau festhängt oder dass ihr nicht gerne stundenlang in Wartezimmern von Ärzten herumsitzt. Von solchen Situationen möchte ich aber in diesem Zusammenhang nicht weiter sprechen, obwohl ihr auch diese für euch nutzen könnt, zum Beispiel zur Selbstbesinnung, zum bewussten Atmen, sogar zu einer Meditation mit geöffneten Augen. Worum es mir aber hier geht, das ist das Wachsen-lassen und das Reifen-lassen, das Erlauben, dass sich in eurem Leben etwas entwickeln und verändern darf. Hier haltet ihr es meist mit dem Hauruck-Prinzip. Ihr wollt Entwicklung herbeizwingen und verliert euch dabei häufig sogar in blindem Aktionismus. Selbst wenn ihr wisst, dass geduldiges Abwarten angesagt ist, setzt ihr euch selbst mit Stressgefühlen unter Druck und zappelt innerlich herum wie ein ADHS-Kind. Es soll doch gefälligst etwas passieren!

Nun stellt euch einmal einen Baum vor, der so reagieren würde wie ihr! Er würde sich nicht die Zeit nehmen, sein Wurzelwerk ausreichend zu entwickeln, würde dann heftig in die Höhe schießen und... über kurz oder lang einfach umkippen. Genau das passiert häufig genug mit euch, aber in der Tat mit keinem Baum, denn der weiß genau, dass alles seine Zeit und seinen

Rhythmus braucht, und hält sich daran. Ja, wir sind hier bei dem Thema „Geduld mit sich selbst", und das liegt mir mit Bezug auf euch ganz besonders am Herzen. Gerade diejenigen unter euch, die sich als „Spirituelle" ansehen, möchte ich in diesem Zusammenhang ansprechen, denn ihr seid häufig noch ungeduldiger mit euch selbst als „Otto Normalverbraucher". Warum? „Otto" stellt keine übermäßigen Ansprüche an sich selbst, was das innere Wachstum angeht. Das interessiert ihn nämlich überhaupt nicht, da er mit dem Überleben im Alltag beschäftigt ist. Ihr aber, die Spirituellen, möchtet am liebsten von jetzt auf gleich fehlerlos, perfekt und vollkommen erleuchtet sein. Ist es nicht so? Ihr habt es heutzutage gründlich satt, durch immer neue Heilungsprozesse hindurchzugehen, ihr habt eure Schwächen satt, ihr wollt nicht mehr traurig sein müssen, ihr möchtet in der immerwährenden Freude leben, kurz, ihr möchtet endlich aufsteigen! Gemach, gemach! Glaubt ihr denn, nach dem Aufstieg gäbe es keine Herausforderungen in eurem Leben mehr? Glaubt ihr wirklich, Erleuchtung sei gleichzusetzen mit Perfektion und Fehlerlosigkeit? Glaubt ihr, es käme ein Tag, an dem ihr „mit allem fertig" wäret? Da seid ihr aber schief gewickelt! Ihr Lieben, solange ihr in welcher Dimension auch immer unterwegs seid, seid ihr niemals „fertig". Sind etwa eure Aufgestiegenen Meisterinnen und Meister „fertig"? Ach, nein, nein, nein, sie sind es nicht, und sie wissen es. Gerade dieses Wissen macht sie zu Meistern... Sie wissen, dass sie immer weiter lernen, immer neue Erfahrungen machen dürfen, sich ständig weiterentwickeln. Und als die Meisterinnen und Meister, die sie sind, geben sie ihren Entwicklungen Raum und Zeit – bildlich gesprochen, denn Raum und Zeit sind natürlich Konstrukte des menschlichen Verstandes.

Schauen wir uns noch einmal eine Pflanze, einen Baum, an, um zu verdeutlichen, was ich meine: Aus einem Samen wächst ein Keimling und daraus eine kleine Pflanze. Es dauert Jahrzehnte und Jahrhunderte, bis daraus ein großer Baum geworden ist! Und dieser Baum braucht tiefe und weit verzweigte Wurzeln in der Erde, sonst kann er keine entsprechende Krone entwickeln, also nicht in den Himmel wachsen. Ihr Menschen seid den Bäumen, meinen Freunden, sehr ähnlich! Auch ihr solltet lernen, eurem inneren Wachstum die Zeit zu geben, die es braucht. Ihr solltet euch darin üben, den Prozessen in eurem Leben die Zeit zu gewähren, die sie benötigen, um euch die Geschenke zu bringen, die ihr euch wünscht. Ja, ja, ja, sagt ihr, das wissen wir doch alles – und warum handelt ihr nicht danach? Ich will es euch sagen: Ihr haltet euch nicht daran, weil es reines Verstandeswissen ist und kein Wissen des Herzens. Ihr fühlt es nicht, sonst würdet ihr, weise wie die Bäume, in euch selbst ruhen und den Dingen da draußen und den Dingen in eurem Inneren ihren natürlichen Lauf zugestehen.

Nein, ich schelte euch nicht, wenn es auch in euren Ohren so klingen mag. Das liegt dann daran, dass ihr alles durch die wertende Brille betrachtet und nun am Ende ungeduldig mit euch selbst seid, weil ihr so ungeduldig seid... Ha! Es hat alles, absolut alles auf der Welt seine göttliche Ordnung, ihr Lieben, das dürft ihr euch immer wieder vergegenwärtigen. Alles, was ist, wäre nicht, wenn es nicht in der Ordnung wäre. Ja, auch das „Un-ordentliche" und Unerwünschte...

Also: Lasst den Dingen in euch und außerhalb von euch die Zeit, die sie brauchen, um sich zu entwickeln und reiche Frucht zu tragen. Lasst sie in Ruhe reifen – ihr reißt ja auch keinen kleinen, grünen Apfel vom Baum, der noch ein paar Wochen braucht, um rotbackig, süß und schmackhaft für euch zu sein. Nun ja, manche von euch tun das doch, beißen hinein und spucken das Stück dann aus, weil ihnen seine Säure die Schleimhäute im Mund zusammenzieht... Alles braucht seine Zeit, alles hat seine Zeit – seid bereit! Seid bereit, eure Ungeduld gehen zu lassen, und geht mit dem Leben mit, wie es euch führt...

Sicherheit – was ist das?

Nun, liebe Menschen, komme ich zu einem Thema, das die meisten von euch sehr umtreibt: Ihr möchtet Sicherheit in eurem Leben, Sicherheit, Sicherheit und nochmal Sicherheit! Dementsprechend machen eure Ver-Sicher-ungs-Gesellschaften bis heute bombige Geschäfte mit eurer Angst... Sie werben aggressiv und penetrant für ihre oft zweifelhaften Produkte, indem sie eure Ängste vor allen möglichen Eventualitäten geschickt schüren und indem sie euch einreden, dass ihr euer Lebensglück und eure Lebensfreude mit Hilfe von Versicherungen gegen alle diese Eventualitäten einkaufen könntet. Aber, meine Lieben, ich sage euch, dass das nicht funktioniert! Ja, wenn die Versicherung denn zahlt, bekommt ihr im „Falle eines Falles" Geld. Ich bin immer wieder erstaunt, wie stark ihr auf diese Energie fixiert seid und wie sie sozusagen der Inbegriff der sogenannten Sicherheit für euch ist. Nur... schützt dieses Geld euch vor dem – in euren Augen – schlimmsten „Fall eines Falles", eurem eigenen Tod? Ihr wisst, das tut es nicht, und ihr könnt es auch nicht mitnehmen. Ihr könnt auch nichts von dem, was mit Geld zu kaufen ist, mitnehmen, nicht wahr? Nehmen wir zur Verdeutlichung einmal eine „Lebensversicherung". Wird sie abgeschlossen, weil sie euer Weiterleben sichern kann? Nein, da lacht ihr, natürlich nicht! Sie ist für einen „gesicherten" Lebensabend da oder... für eure Hinterbliebenen... Oder eine „Unfallversicherung". Schützt sie euch vor Unfällen? Nein, das tut sie nicht. Sie bringt euch auch keine Heilung nach einem Unfall. Sie bringt euch lediglich wieder Geld, damit die Unfallfolgen euch nicht in den wirtschaftlichen „Ruin" stürzen.

Ja, da haben wir das Stichwort, das Zentrum eurer Ängste, die große Angst, die gleich nach der Angst vor dem Tod rangiert: der wirtschaftliche Ruin! Letztendlich ist eure Angst vor diesem genau mit Todesängsten besetzt, denn es steckt die Angst vor dem Verhungern dahinter, die Angst vor Obdachlosigkeit und vor dem Erfrieren im Winter. Ich möchte diese Angst nicht ins Lächerliche ziehen, denn auch heutzutage verhungern, verdursten und erfrieren Menschen auf der Erde – durchaus sogar auch in euren reichen mitteleuropäischen Ländern. Jedoch möchte ich euch darauf aufmerksam machen, und das sehr nachdrücklich, dass wahre Sicherheit nichts, aber auch überhaupt nichts mit der Geld-Energie zu tun hat. Ich weiß, viele Spirituelle befinden sich inzwischen ebenfalls auf dem Geld-Trip und möchten als „Coach" anderen helfen, ihre „Geldwunde zu heilen". Sie verlangen von anderen viel Geld für ihre Dienste und Hilfen, weil sie sagen, dass sie „es sich wert sind". Aus ihrer Sicht verstößt es gegen das von euch neu entdeckte kosmische Gesetz der Selbstliebe, wenn man anderen umsonst, für wenig Geld oder gegen eine kleine Spende hilft. Ehrlich gesagt, ich fasse es nicht! Nichts gegen die Selbstliebe, aber seit wann bemisst sie sich an Preisen, die man für seine Dienste festsetzt? Das ist in meinen Augen ein riesiges Missverständnis und bringt durch die Hintertür eine große Härte zurück in die Beziehungen zwischen „Spirituellen". Was ist denn davon zu halten, dass jemand „von ganzem Herzen" anderen helfen will, aber diejenigen, die solche Hilfe am meisten benötigen, sie sich schlicht nicht leisten können? Der Coach sagt dann: „Mache nur noch mehr Schulden, es ist eine Investition in dich selbst, und wenn du dazu nicht bereit bist, dann liebst du dich nicht ausreichend." Dazu sage ICH gar nichts mehr!

Um es klarzustellen: Ich „verteufele" die Geld-Energie keineswegs. Aber, wie sagt doch euer alter Schlager so treffend: „Was wirklich zählt auf dieser Welt, das bekommst du nicht für Geld!" Und was zählt? Was gibt euch die WAHRE Sicherheit? Nun, ich sage euch, wie ICH es sehe: Was wirklich zählt, ist euer Erwachen, euer tatsächliches Erwachen zu der Erkenntnis, dass ihr Kinder Gottes seid und selbst von göttlichem Wesen! Wenn euch das wirklich, wirklich klar ist, und zwar mit dem Herzen und mit allen Fasern eures Seins, dann habt ihr keine Angst mehr. Nicht vor dem Tod, den es gar nicht gibt, und nicht vor Obdachlosigkeit, Verhungern und Erfrieren. Lasst euch die Geschichte vom Meister Kuthumi erzählen: Er ging nach langer, langer vergeblicher Suche nach der „Erleuchtung" freiwillig in die Obdachlosigkeit hinein, lebte jahrelang auf diese Weise in einer ganz besonderen Art von Freiheit – Freiheit von materiellem Besitz nämlich – und machte die Erfahrung, dass es immer irgendwo ein Nachtlager und ein Essen und ein freundliches Wort für ihn gab... Dies war sein persönlicher Weg in den Aufstieg hinein. Ja, diese Geschichte liegt mehr als hundert Jahre zurück, und ich erzähle sie euch nicht, um euch zur Nachahmung aufzufordern. Aber seht einmal: Kuthumi lebte aus freiem Willen auf eine Weise, die den meisten von euch eine unbändige Angst einflößt. Und er starb nicht dabei, er fand SEIN LEBEN! Was ich damit sagen will: „Euer himmlischer Vater weiß ja, dass ihr dies alles braucht", erklärte schon Jesus seinen Freunden. **Habt also Vertrauen!**

Die wahre Sicherheit entsteht nämlich genau aus dem altmodischen Gottvertrauen heraus, behaupte ich. Ihr Lieben, vielleicht sind eure Renten nicht sicher, vielleicht bricht euer marodes kapitalistisches Weltsystem bald endgültig zusammen, und es beginnt damit, dass die „Eurokrise" total aus dem Ruder läuft. Tut sie ja schon, wenn man genauer hinschaut... Vielleicht, ja, vielleicht, ist demnächst von einem Tag auf den anderen euer ganzes angesammeltes Geld – falls ihr welches erspart habt – nur noch einen Apfel und ein Ei wert oder überhaupt nichts mehr. Müsst ihr deswegen Angst haben??? Nein, das müsst ihr überhaupt nicht!!! Sollte es nämlich so kommen – was ebenfalls nicht sicher ist – dann kommt es so, weil anders das NEUE auf der Erde sich nicht durchsetzen kann. Und was heute für die Menschheit und für den ganzen Planeten und ALLE Wesen, die ihn bevölkern, wirklich zählt, ist genau dieses Neue! Ihr braucht, WIR brauchen dringend eine neue Weltwirtschafts- und Finanzordnung, neue Formen der Demokratie (wahre Volksherrschaft), neue Unternehmerinnen und Unternehmer, die sich am tatsächlichen Gemeinwohl orientieren (und nicht nur solche, die andere dafür coachen), Neue Menschen, die ihre Essenz auf die Erde geholt haben und diese leben...

Nun seid ihr vielleicht nicht so ganz zufrieden mit diesem Beitrag – Ines meint, er sei ein bisschen konfus und ich sei nicht wirklich auf den Punkt gekommen. Macht nichts! Ihr findet in diesem Kapitel jedenfalls jede Menge Denkanstöße! Und noch einmal: Nichts gegen die Geld-Energie, aber sie hat mit der wahren Sicherheit nicht das Geringste zu tun, dabei bleibe ich. Wahre Sicherheit sagt nämlich ganz einfach: „Ich bin ein Kind Gottes und mir kann NICHTS Schlimmes passieren – denn es gibt nichts Schlimmeres als den Tod und den gibt es nicht." Punktum!

Vom Wandel der Seelen

Ja... apropos Sicherheit... eine habt ihr garantiert, nämlich dass sich ALLES immer im Wandel befindet... Jeder Augenblick ist neu – atmet ein, und atmet aus, und schon ist der alte gestorben und der neue geboren, und so geht es immer weiter! Schaut in die Natur: ein ständiges Werden und Vergehen... Schaut in euer Leben: Es ist alles immer im Fluss und ihr könnt die Veränderung nicht aufhalten, auch wenn ihr euch noch so sehr gegen sie stemmt. In der Tat, ihr Menschen habt die Eigenschaft, dass ihr gerne Widerstand leistet gegen den natürlichen Wandel aller Dinge und gegen euren eigenen. Wie sagt ihr doch zueinander: „Bleib, wie du bist!" oder: „Du bist immer noch ganz der/die Alte!" Das ist jeweils als großes Kompliment gemeint, aber es zeugt von einem erheblichen „Unverstand" dem Wandel der Seelen gegenüber.

Genau hierüber möchte ich vorrangig in diesem Abschnitt sprechen: über den Wandel der Seelen. Ines erhielt vor über 30 Jahren einmal von ihrer eigenen Seele die Botschaft, dass in diesem Wandel der Seelen „das Geheimnis von allem" liege. Und in der Tat, es ist so! Ebenso wie die Zellen eurer physischen Körper sich in bestimmten Zyklen ständig erneuern, so wandeln und erneuern sich auch eure Seelen. Warum? Weil sie ständig neue Erfahrungen durchlaufen und diese Erfahrungen selbstverständlich immer „etwas mit ihnen machen". Es kann gar nicht anders sein! Ob ihr euch nun gegen eine Erfahrung wehrt oder ob ihr sie mit Freude annehmt – sie verändert euch unweigerlich. Im ersten Falle fügt ihr euch selbst einen Schmerz zu und es bleibt ein Trauma zurück, im zweiten, günstigen Falle, erweitert ihr euren Horizont, wird euer Herz weiter, auch und gerade, wenn ihr eine „unangenehme" Erfahrung begrüßt und die Geschenke annehmt, die in ihr verborgen sind.

Ihr bleibt also in Wahrheit niemals so, wie ihr gerade jetzt seid – auch wenn es euch manchmal so vorkommen mag. Manchmal denkt ihr, dass ihr einen bestimmten Fehler, eine bestimmte Schwäche wohl auf ewig behalten werdet, und das stört euch dann immens. „Ich ändere mich nie", sagt ihr, und vielleicht fügt ihr hinzu: „Na ja, so bin ich nun mal." Da ist sie dann wieder, diese Ungeduld mit euch selbst, von der wir sprachen, und auf der anderen Seite ein trotziges „So bin ich halt" der übrigen Welt gegenüber... Glaubt ihr, ihr solltet nun unbedingt etwas „machen", um Wandel herbeizuführen? In diesem Falle geschieht, was ich weiter oben sagte: Ihr fügt euch selbst einen Schmerz zu, weil ihr euch selbst nicht annehmt. „So bin ich nun mal" hat nämlich mit Selbstannahme nicht besonders viel zu tun. Ein krampfhaftes Sich-ändern-wollen aber bringt ein noch größeres Ungleichgewicht in eure Seele, also einen Wandel in einem für euch zunächst einmal ungünstigen Sinne. Doch ob ihr es glaubt oder nicht, jegliche Veränderung hin zu mehr Ungleichgewicht erhöht auf längere Sicht die Wahrscheinlichkeit, dass ihr in das ursprüngliche, göttliche Gleichgewicht zurückkehrt!

Das Zauberwort hierbei heißt „Annahme"! Indem ihr annehmt, was (in euch) IST, lernt ihr, geschehen zu lassen, was sich wandeln möchte. Annahme aber „passiert" euch irgendwann auf eurem Weg genau dann, wenn ihr nicht mehr weiter wisst. Annahme ist nicht Resignation, Annahme bedeutet, den Kampf gegen etwas aufzugeben und es einfach DA sein zu lassen. Auf diese Weise bewegt ihr euch zurück in die Liebe – die ganz natürliche Liebe zu euch selbst. Wenn dies geschieht, könnt ihr plötzlich alle Geschenke annehmen, die sämtliche „unangenehmen" Erfahrungen der Vergangenheit für euch bereitgehalten haben. Geschenke aus unangenehmen Situationen? Geschenke aus eigenen unerwünschten „Charaktereigenschaften"? Falls ihr das nicht nachvollziehen könnt, setzt euch einmal hin und geht in die innere Stille. Atmet mit dieser Stille und wählt euch dann etwas aus, das ihr bisher als absolut negativ bewertet habt. Betrachtet dieses von der Warte der Stille aus mit den Augen eines neutralen Beobachters. Atmet weiter und beobachtet, was in euch geschieht. Vielleicht zeigt euch eure Seele einen „Film", der euch neue Erkenntnisse vermittelt. Vielleicht gehen euch ganz neue Gedanken durch den Kopf, die euch ebenfalls etwas Neues erkennen lassen. Oder... es scheint gar nichts zu passieren... und auch das ist in Ordnung. Dann wird euch die neue Sicht der Dinge vielleicht später überraschen, wenn ihr gerade mit etwas ganz anderem beschäftigt seid...

Was bedeutet nun „Wandel der Seelen", und warum ist dies ein Geheimnis, ja, das Geheimnis von allem, was ist? Wir sprechen hier von einer Sache, die auch „Transformation" genannt wird, und diese hat einiges mit den Geheimnissen der Alchemie zu tun. Den alten Alchemisten ging es vordergründig um die Umwandlung eines „unedlen" Metalls, z.B. Blei, in ein „edles", z.B. Gold. In Wahrheit aber war diese Verwandlung einfach ein Bild, eine Metapher, und zwar eine Metapher für die Veredelung der menschlichen SEELE. Nicht umsonst suchten die Alchemisten unermüdlich nach dem „Stein der Weisen", einer Substanz, die die Umwandlung von „unedel" zu „edel" bewirken sollte. Ja, es ging und es geht immer um die Weisheit der See-le... Was ICH, der Wind, hier unter „Weisheit" verstehe, möchte ich euch erläutern: Ich meine hiermit eine innere Haltung und eine Sicht auf das Leben, die annimmt und liebt, was IST, und die zugleich den Wandel von allem erlaubt, einschließlich des Wandels der eigenen Seele. Wahre „alchemistische" Transformation hat immer zur Folge, dass der betreffende Mensch in das Einheitsbewusstsein der LIEBE zurückkehrt, von dem im nächsten Kapitel noch die Rede sein soll. Und diese Transformation geschieht immer in den Tiefen der Seele, im geheimnisvollen Dunkel und nicht unter den Augen der Welt und am Licht des Tages. Darum kann man sie auch nicht erklären, man kann sie nur erleben und erfühlen...

Zum Schluss dieses Abschnitts möchte ich noch versuchen zu erklären, wieso der Wandel der Seelen das „Geheimnis von allem" ist. Zunächst einmal: ALLE Wesen im Universum, nicht nur die Menschen, befinden sich in ständigem Wandel und durchlaufen immer wieder Transformationsprozesse. Ohne diese Prozesse wäre die Schöpfung tot! Ohne Wandel kein Leben, ohne Leben kein Wandel... Weiter: Alles Leben entwickelt sich, und zwar vom Einfachen zum immer Komplexeren hin und dann zurück zur Einfachheit, die das Komplexe in sich einschließt. Anders gesagt: aus Gott heraus in die Individualität hinein und dann zurück zur Quelle. Vom Rohdiamanten zum Brillanten, der ein Juwel in der Krone der Schöpfung ist... Und schließlich: Es ist der Wille Gottes, dass es genau SO IST, und darin liegt das eigentliche und größte Geheimnis! Mit diesem lasse ich dich jetzt allein...

Über die Liebe

Meiner Freundin Ines ist vor einigen Tagen, am 23. Mai 2013, ein Enkelkind geboren worden, ein kleines Mädchen namens Leonie, eine königliche „Löwin" also. Warum ich dieses Kapitel über die Liebe mit dieser Nachricht eröffne? Nun, die kleine Leonie ist ein echter Herzöffner, wie mein Kanal selbst sagt! Babys sind IMMER Mensch gewordene Liebe ohne Wenn und Aber... Gerade die Neugeborenen in ihrer – von der körperlichen Seite her – zerbrechlichen Hilflosigkeit können eure Herzen öffnen durch ihre ungemein spirituelle Ausstrahlung. Nun hatte aber Ines ganz besonders mit diesem ihrem sechsten Enkelkind von Anbeginn an einen intensiven telepathischen Kontakt, denn es handelt sich um eine Meisterseele, die sehr bewusst genau zu dieser Zeit auf die Erde gekommen ist, um die Liebe zu feiern. Sie kommt aus der Liebe zu Allem, was ist und sie bringt eine tiefe Selbst-Liebe mit, zugleich eine große Neugier auf alles, was ihr in dieser neu anbrechenden Zeit begegnen will. Ja, die Neugier eines Wesens ist umso größer, je mehr es liebt, wusstest du das schon? Ich möchte es gleich näher ausführen:

Was ist die Neugier? Wie die Wort-Bestandteile aussagen, handelt es sich um eine „Gier" nach Neuem, wobei in diesem Zusammenhang der Begriff „Gier" keinerlei negativen Beige-schmack hat. „Gier" bedeutet einfach einen starken Wunsch nach etwas. Du bist „gierig" da-rauf, etwas Neues zu erfahren. Und die Liebe wünscht sich immer das Neue, niemals einen al-ten, langweiligen, eingefahrenen Trott. Ihr wisst doch, solch ein Trott ist zum Beispiel auch der Tod der Liebe in einer Ehe oder einer langjährigen Beziehung zwischen zwei Menschen. Neu-gierige Wesen also wünschen sich immer Neues, und sie wollen das Neue, das immer zugleich auch das Unbekannte ist, stets genauestens untersuchen, erforschen, also kennenlernen. Wenn sie es dann in- und auswendig kennen, darf es wieder gehen, denn dann ist es etwas Altes, und das nächste Neue wird ins Leben eingeladen. So liebt die Liebe den Wandel – im Innen und im Außen... Am Alten, Altbekannten und Wohlvertrauten festzuhalten, ja, festzuklammern hingegen, ist das Gegenteil von Liebe. Es ist ein Ausdruck von Angst. Angst vor Veränderung, Angst vor dem Fremden, Angst vor dem Unbekannten, Angst vor Ungewissheit... Liebe klammert sich nicht an äußere „Sicherheit" durch Geld, und eben darum wird der neugierige, liebende

Mensch immer genug davon haben! Liebe ist neugierig, weil sie vertraut – sich selbst, dem Universum, dem Göttlichen. Und sie braucht keine „Sicherheiten" und „Versicherungen", eben weil sie vertraut und weil sie Altes und Überholtes immer wieder freudig loslassen kann.

Im letzten Kapitel sprach ich vom „Einheitsbewusstsein der Liebe", und ich möchte zunächst erklären, was dieses Einheitsbewusstsein mit Neugier zu tun hat: Die echte Liebe weiß sich immer EINS, egal, um welche Form der Liebe es sich handelt. Ihre höchste Form jedoch ist die wohlverstandene Selbstliebe, eine Erkenntnis, gegen die unsere Ines sich immer noch ein wenig sträubt, weil sie nicht „egoistisch" sein möchte. Hiervon aber später. Nun also: Einheitsbewusstsein und Neugier: Das Bewusstsein der Einheit, das tiefe Wissen um Einheit, das Fühlen der Einheit ist die Quelle jeden Vertrauens, und ich sagte ja vorhin, dass Liebe neugierig ist, weil sie vertraut. Sie vertraut ganz einfach darauf, dass ihr nichts Schlimmes passieren kann, niemals, eben weil sie in der göttlichen Einheit ist. Neugierig sein aus dem Einheitsbewusstsein der Liebe heraus also, das ist nach meiner Ansicht euer wichtigstes Erbe und zugleich eure wichtigste Aufgabe. Wie sonst wollt ihr eine Neue Erde gestalten? Wie sonst wollt ihr das gänzlich Neue auf diesem Planeten erschaffen – eine neue Wirtschaft, neue Gesellschaftsformen, neue menschliche Beziehungen – wenn ihr an alten „Sicherheiten" anklammert? Also: Vertraut, liebt euch selbst und seid neugierig!

Nun also Näheres zur Selbstliebe, die vielen von euch immer noch ein wenig obszön vorkommt: Auch und gerade die Selbstliebe weiß sich immer EINS, nämlich ganz einfach mit dem Göttlichen, mit der eigenen Herkunft also. Es geht nicht darum, ohne Rücksicht auf andere die kleinen Bedürfnisse eines kleinen Ego zu befriedigen – wo wahre Selbstliebe ihre Königskleider trägt, da wird das Menschenich ganz selbstverständlich, aber sozusagen nebenbei, mit versorgt. Selbstliebe ist niemals rücksichtslos! Weder dem eigenen Ego gegenüber noch gegenüber anderen Menschen, anderen Wesen überhaupt. Wer für seine eigenen wahren Bedürfnisse liebevoll sorgt, der *kann* anderen Wesen gar nicht schaden, denn die wahren eigenen Bedürfnisse schließen *immer* die Zufriedenheit und das Glück *aller* mit ein! Ihr wisst es doch „eigentlich": Dadurch, dass wir alle EINS sind, fühlen und erfahren wir immer mit allen anderen mit, auch wenn euch Menschen das nicht immer bewusst ist. Sensitive Menschen spüren es sehr wohl: Sie fühlen sich nicht gut, wenn es am anderen Ende der Erde z.B. eine „Naturkatastrophe" oder einen Krieg gibt und andere Menschen leiden. Hinzu kommt, dass alles, was ihr an anderen tut, sei es „gut" oder „schlecht", unweigerlich immer zu euch zurückkehrt. Umgekehrt strahlt es auch auf andere aus, wenn ihr euch selbst etwas wirklich Gutes tut. Also: Selbstliebe ist kein Egoismus, sie ist vielmehr äußerst rücksichtsvoll von Natur aus, und wenn sie sich ihr eigenes Glück erschafft, dann erschafft sie IMMER für das Ganze und für alle mit!

Zum Abschluss möchte ich noch ein paar Worte über die Liebe in einer „Beziehung" sagen, sei es nun eine Beziehung zwischen Mann und Frau oder auch eine gleichgeschlechtliche. Für alle diese gilt: Nur auf der Grundlage einer gesunden, stabilen Selbstliebe *beider* Partner kann eine gesunde, stabile Beziehung wachsen! Die Bäume haben in ihrem Part über das Heilwissen schon einiges über „symbiotische" Beziehungen gesagt, das ich nicht zu wiederholen brauche. Ich möchte hier besonders die Basis der *neuen* Beziehungen betonen. Beziehungen in der Neuen Zeit, die ihr eingeladen seid aufzubauen, basieren auf der Selbstliebe der Partner, und das bedeutet, dass sich beide in einem inneren Gleichgewicht befinden. Auf dem Weg zu einer Neuen Beziehung, also wenn ihr eine „alte" Beziehung umwandeln möchtet oder wenn ihr gerade ohne Partner seid und einen neuen finden möchtet, sorgt für euch selbst und dafür, dass ihr in eine immer tiefere innere Balance hinein kommt. Nur dann werdet ihr nicht in die alten Fallen tappen, die da heißen: „Selbstaufopferung" auf der einen Seite und „Ausbeutung" des Partners auf der anderen. Auch und gerade in einer Partnerschaft sorgt zunächst einmal – jawohl, zunächst einmal – wirklich gut für *euch selbst*... „und alles andere wird euch hinzugegeben werden", um den Meister Jesus zu zitieren, auch wenn er dies mit Bezug auf die materiellen Bedürfnisse gesagt hat. Er meinte aber auch in diesem Zusammenhang, dass das Streben nach dem „Reich Gottes" das Primäre sei, und was anderes bedeutet das, als dass ihr die LIEBE in *euch selbst* finden sollt! Dann, und erst dann, werdet ihr unendliche Fülle auf *allen* Ebenen eures Lebens erlangen!

Das kosmische Spiel

Über die Bedeutung des Spiels, des Spielens, für euch haben die Bäume in ihrem Heilwissen-Text schon dies und jenes gesagt; ICH, der Wind, möchte jetzt hier auf die Hintergründe eingehen, nämlich auf das gesamte kosmische Spiel. Dieses wiederum könnt ihr nicht begreifen, wenn ihr euch nicht in das Einheitsbewusstsein der Liebe hinein begebt. Also, versuchen wir es einmal miteinander, uns auf dieses Einheitsbewusstsein und auf das daraus entspringende Spiel von Allem, was ist einzulassen.

Im Anfang – wenn man überhaupt von einem solchen sprechen will – IST das ungeteilte EINE, der Göttliche Geist, wenn ihr so wollt. Aus dem EINEN entspringt die QUELLE, und die QUELLE ist Energie. Energie aber kann sich unendlich häufig teilen, wobei jeder „Wassertropfen" aus der ursprünglichen Quelle wiederum EINS mit ihr und damit mit dem EINEN selbst ist. Versteht: Alle Wesenheiten im gesamten Universum – oder Omniversum, denn es gibt zahllose Universen neben dem, welches ihr zu kennen meint – sind Tropfen aus der QUELLE oder Funken aus dem FEUER des Geistes. „Wasser" entspringt aus „Feuer", hm, das findet ihr vielleicht merkwürdig. Es ist auch würdig, bemerkt zu werden, ha, ha, ha. In jedem Falle ist ebenfalls bemerkenswert, dass so ziemlich alle Wesenheiten im Omniversum sich ständig dieses ihres Ursprungs aus dem Einen bewusst sind. Nur einige wenige, wie zum Beispiel ihr Menschen, scheren gelegentlich aus diesem Einheitsbewusstsein aus, wenn sie sich wieder einmal in eine Verkörperung begeben und es vorziehen zu vergessen. Ihr wisst allerdings, dass auch für EUCH in der Jetztzeit das Erwachen ansteht...

Ja... Aus dem Einheitsbewusstsein entspringt das kosmische Spiel. Was ist das denn überhaupt, dieses sogenannte kosmische Spiel? Natürlich stellt ihr euch erst einmal dumm und tut so, als hättet ihr keine Ahnung davon. Dabei seid gerade ihr Menschen so ziemlich die besten Meister in diesem Spiel, die es im gesamten Omniversum gibt! Nein, das ist kein „Schmu" und ich schmiere euch keinen Honig um den Bart, o nein! Also, schauen wir einmal, was der lieben Ines so alles wieder dazu einfällt, während sie mein Diktat aufnimmt. Ich rufe die Informationen, die ich hier weitergebe, nämlich sowieso fast alle aus ihrem eigenen Höheren Bewusstsein ab...

Punkt 1: GOTT SPIELT IMMER. Das EINE ruht in sich selbst, und seine Manifestationen, also Alles, was ist, spielt/spielen herum, um sich nicht zu langweilen (kleiner Scherz). Die Manifestationen Gottes sind einfach alle unglaublich neugierig. Sie möchten erforschen, WAS GOTT IST, und darum erforschen sie sich selbst, ihre Potenziale und was sie davon zum Beispiel auf die Erde bringen können oder wo sonst sie sich gerade austoben. Nicht genug damit, sie möchten auch unbedingt wissen, WAS GOTT NICHT IST, das heißt, was passiert, wenn sie sich von der Liebe abwenden und in die Trennung gehen. Dies taten und tun manche „dunklen Engel", und dies taten und tun alle Menschen, soweit sie nicht schon vollständig erwacht sind. Was meint ihr, was sie dann erfahren? Was habt denn IHR erfahren? „Leiden" natürlich, denn wer aus der Liebe ausschert, der wird nicht etwa „bestraft", sondern der tut sich einfach selber weh. Besonders, wenn er anderen weh tut, denn alles kommt ja zu euch zurück – ihr seid und bleibt in der Einheit, auch wenn ihr euch in der Trennung wähnt. Ha, ha, denn die Trennung gibt es doch in Wirklichkeit überhaupt nicht; ihr KÖNNT überhaupt nicht wirklich aus der Liebe ausscheren, ihr könnt nur so tun als ob, könnt euch selber täuschen – GOTT könnt ihr niemals täuschen, und GOTT lächelt über alle eure mehr oder weniger schlauen oder dämlichen Spiele. Ob ER oder ES manchmal traurig ist, weil ihr euch selbst so weh tut, entzieht sich meiner Kenntnis...

Punkt 2: Wenn ihr mehr über das wahre Wesen des kosmischen Spiels erfahren möchtet, hört einfach einmal aufmerksam dem Gesang der Vögel zu! Diese Wesenheiten, die gefiederten Akrobaten der Lüfte, kennen die Leichtigkeit des Spiels ganz besonders gut, sind sie doch selber leicht in ihrem Knochenbau, um fliegen zu können. Jegliche Schwere ist ihnen fremd; sie begrüßen den Tag mit ihrem Gesang, ob es regnet und stürmt oder ob die Sonne scheint. Sie leben euch einfach die Fröhlichkeit der Kinder Gottes vor, denn das wahre Wesen des kosmischen Spiels, wie das wahre Wesen auch des menschlichen Spiels, ist die Fröhlichkeit. O ja, ich weiß, ihr Menschen verbindet das Spiel mit Wettbewerb, und gravierender (also er-schwer-ender) mit Konkurrenz. „Spiel" ist bei euch mit „Gewinnen" und „Verlieren" verbunden, ich denke da besonders an euren Sport, an eure Olympischen „Spiele" zum Beispiel. Ihr sagt: „Dabei sein ist alles", aber wenn eure Sportler nicht eine Medaille gewinnen, möglichst sogar eine goldene, dann stempelt ihr sie als Verlierer ab. Und schlimmer, sie selbst fühlen sich als solche und verfallen der Selbstverachtung und der Depression. Beim nächsten Mal versuchen sie dann, ihren geduldigen Körper noch stärker zu schinden und ihm „Höchstleistungen" abzuverlangen.

Ja, das Spiel verknüpft ihr mit „Leistung", und es zählt am Ende nur die „Höchstleistung"...
Oder nehmen wir euren Fußball, das „Spiel", das bei euch regelmäßig die sogenannten großen
Emotionen hochkochen lässt: Ich weiß nie so recht, ob ich lachen oder weinen soll, wenn ich
in eure Fanmeilen schaue und den überbordenden Jubel oder die verzweifelten Tränen sehe, je
nachdem, ob „eure" Mannschaft gerade „gewonnen" oder „verloren" hat.

Punkt 3: Das kosmische Spiel hat in der Tat mit „Gewinnen" und „Verlieren" nicht das Geringste zu tun, aber auch nicht das Allergeringste! Das Spiel ist ein Ausdruck der Freude, die
aus der Liebe entspringt, weiter nichts. Leistungsbewusstsein, Konkurrenz, „Gewinnen" und
„Verlieren" sind Symptome eurer Illusion der Trennung vom Göttlichen, weiter nichts. Bei
Gott gibt es am Ende NUR „Gewinner". „Am Ende" sollt ihr bitte nicht missverstehen, denn
selbstverständlich gibt es in Wahrheit weder einen „Anfang" noch ein „Ende". Ich meine damit:
Wenn ihr wieder einmal einen Zyklus des kosmischen Spiels hinter euch gebracht habt und
zum Ausruhen in die QUELLE zurückkehrt, dann habt ihr IMMER gewonnen, denn ihr seid
reicher an Erfahrungen, reicher an Wissen, reicher an Liebe geworden.

Zum guten Schluss dieses Kapitels: Liebe Menschen, schaut euch eure kleinen Kinder an, wie
sie spielen. Schneidet euch eine dicke Scheibe von der Hingabe ab, mit der sie experimentieren
und ihre Umwelt erforschen – eure kleinen Kinder sind eure WAHREN Wissenschaftler!!! Ihr
„Großen", die ihr mit einer gewissen Verachtung auf ihr zweckfreies Spielen herabschaut und
mit (für mich komischem) Stolz zur „Arbeit" geht, lasst euch sagen, dass ihr komplett „auf dem
Holzweg" seid. Wobei „Holzweg" eigentlich eine Beleidigung der Bäume darstellt... Ihr ver-
wendet diesen Ausdruck aber, um einen „falschen" Weg bildhaft zu beschreiben, sei's drum. In
jedem Falle ist der Mensch der Neuen Zeit kein verkopfter *„Homo sapiens sapiens"*, sondern ein
„Homo ludens", also ein spielender Mensch, und das nicht in „eurem" alten Sinne, sondern im
Sinne des bewusst gespielten kosmischen Spiels. Das lasst euch von MIR gesagt sein – und damit genug davon!

Was ist Mut?

Und nun kommen wir zum letzten Kapitel meiner Übermittlungen in diesem Jahr 2013, und dieses handelt nicht zufällig vom MUT. Mut braucht ihr nämlich, um im Jahre 2014 und den folgenden weiterzugehen, und eine ganze Menge davon. Nun, nun, keine Panik, ich will euch keine Angst einjagen mit dieser Ankündigung. Wenn ihr jetzt Angst bekommen habt, dann liegt das daran, dass ihr noch eine „altenergetische" Vorstellung von dem habt, was „Mut" ist. Genau diese Vorstellung aber möchte ich euch jetzt „ausreden", ha, ha, ha.

Also, mal ehrlich, was versteht ihr unter „Mut"? Die meisten von euch denken dabei doch an gewisse körperliche Herausforderungen in der Außenwelt, oder irre ich mich da? Ihr bewundert zum Beispiel die „mutigen" Besteiger von Achttausendern im Himalaja, die „mutigen" Kolumbusse, die neue Kontinente entdecken, die „mutigen" Polarforscher, die Monate in Schnee und Eis verbringen, die „mutigen" Fotografen, die monatelang zusammen mit ihrer Kamera in irgendeiner „Wildnis" herumlaufen, und ihr sagt: „Toll, diese Männer! Das könnte ICH nicht. Das würde ich mich niemals trauen, diese Ausdauer hätte ich nicht und diese Leidensbereitschaft." Ja, toll, diese Männer. Selten sind es ja Frauen, denn die sind in dieser Hinsicht im Zweifelsfalle immer noch das „Schwache Geschlecht", ein paar Ausnahmen bestätigen die Regel. Und toll, diese „Leidensbereitschaft" - gemeint ist die Bereitschaft, seinen Körper bis zum Gehtnichtmehr zu schinden, nicht wahr? Ha, jetzt werde ich ein wenig sarkastisch, denn ehrlich, an diesem Punkt reicht es mir, euer „Leistungs"-Denken! Also, meiner unmaßgeblichen Meinung nach hat dies alles mit wahrem Mut sehr wenig oder überhaupt nichts zu tun. Wahrer Mut ist eine rein *spirituelle* Eigenschaft, und was *ihr* als „Mut" bezeichnet, das ist in meinen windigen Augen ganz einfach „Toll-Kühnheit", jawohl! Ihr dürft mir gerne widersprechen, doch werdet ihr es ganz gewiss nicht schaffen, mich von euren Vorstellungen zu überzeugen!

Also, wahrer Mut, was ist das aus meiner Sicht? Was ist spiritueller Mut? Vielleicht denkt ihr jetzt an das, was ihr „Zivilcourage" nennt, das kommt der Wahrheit schon ein wenig näher, wenn nur eure „Zivilcourage" nicht häufig so verbissen als „Kampf" daherkäme. Die Zivilcourage, die euer Meister Jesus an den Tag legte, ja, die akzeptiere ich allerdings! Spiritueller Mut ist aber noch mehr als das: Spiritueller Mut hat essenziell mit Selbstannahme zu tun. Das versteht ihr nicht? Nun, dich selbst so anzunehmen, wie du JETZT gerade bist, das erfordert eine Menge Mut! Warum? Weil du dann bereit bist, deinem eigenen Dunkel zu begegnen, und zwar, um es genauer zu sagen, deinem eigenen *unbalancierten* Dunkel.[7] In der Tat gibt es das Dunkel auch in *balancierter* Gestalt, zum Beispiel als Nacht auf der Erde, als Dunkelheit *in/unter* der Erde, als Dunkelheit im Universum „zwischen" den Sternen, als „Schwarze Löcher" oder auch als die Weisheit eures sogenannten Unterbewusstseins. Nicht genug damit, als wahrhaft mutiger Mensch stellst du dich auch deinem eigenen *unbalancierten Licht*, zum Beispiel in der Gestalt deines Hochmuts und deiner Intoleranz, mit denen du als ach, so „spiritueller" Mensch auf den Rest der Welt herabschaust, der noch selig oder vielmehr unselig schnarcht – Albträume inklusive. Siehst du jetzt, dass genau DAS sehr viel Mut erfordert? Dich selbst ehrlich anzuschauen, wirklich ganz ehrlich, mit allen deinen „Charakterschwächen" und „Fehlern", und dabei dich selbst eben NICHT zu verurteilen, ist das nicht eine riesige Herausforderung? Und glaube ja nicht, dass du „nach dem Erwachen" solchen Herausforderungen nicht mehr ins Auge zu schauen hättest! Ich behaupte jetzt einfach einmal ganz frech: Jeder und jede Erwachte tappt ganz leicht, ehe er/sie sich's versieht, gerade in die Falle des unbalancierten Lichts, die da heißt: Hochmut, Stolz und Arroganz!!! Ihr denkt, dass der Erwachte so „vollkommen" sei oder sein müsse, dass Hochmut, Stolz und Arroganz, also lauter Eigenschaften des „kleinen Ego", ihn nicht mehr anfechten könnten? Weit gefehlt! „Einmal balanciert, immer balanciert" stimmt nämlich nicht, ihr kleinen Naivlinge! Die Balanciertheit ist nichts Statisches, sondern etwas äußerst Dynamisches, und sie muss durch eure eigene aktive Wahl auf jeder neuen Entwicklungsstufe immer wieder neu von euch selbst hergestellt werden!

Also, auch „nach" dem Erwachen ist Mut erforderlich, vor allen Dingen der Mut, ehrlich sich selbst gegenüber zu bleiben und neu auftretende „Fehler" wie den Hochmut und die Überheblichkeit nicht etwa zu „bekämpfen", auch nicht „sie sich nachzusehen" nach dem falschen Motto „so bin ich nun einmal", sondern sie zuerst einmal deutlich zu sehen und genau anzuschauen. Der nächste Schritt ist dann die erneute Selbstannahme, die mit „Nachsicht" in eurem traditionellen Sinne nichts zu tun hat. Spürt selbst hinein, was den Unterschied ausmacht, es lässt sich nur schwer in eure menschlichen Worte fassen. Was aber hat die echte Selbstannahme zur Folge? Sie führt dazu, dass ihr die „schlechten Eigenschaften" ganz leicht loslassen könnt und euch auf einer neuen, „höheren" Stufe wieder selbst ins Gleichgewicht bringt! Das hier Gesagte gilt selbstverständlich auch schon für eure bewussten Entwicklungsschritte „vor dem

Erwachen". Genauer gesagt: Letztendlich gibt es überhaupt kein „vor" und „nach" dem Erwachen! Es gibt den immerwährenden Wandel eurer Seelen, es gibt die Übung der beständigen neutralen Selbstbeobachtung, es gibt die Übung der beständigen Selbstannahme, und es gibt die immer neue Re-Balancierung eurer Energien auf immer neuen und „höheren" „Ebenen". Das ist alles, und das ist eine ganze Menge. DAS erfordert den wirklichen, den spirituellen Mut, und diesen wünsche ich euch – JETZT!

Nachwort des Windes

Geschafft... Nun habe ich tatsächlich alles Wesentliche in menschlichen Worten zu euch transportieren können, was ich euch immer schon einmal sagen wollte! Unendlichen Dank, liebe Ines, für deine geduldige Arbeit mit mir! Ich weiß, es war nicht einfach für dich, meine Botschaften aufzunehmen, vor allem in den ersten Wochen, als dein Kanal noch etwas verunreinigt war und du mich oft kaum „hören" konntest. Da lief alles zuweilen etwas schleppend ab, an einem Tag kamen gelegentlich nur einige Zeilen zustande. Gegen Ende unseres Zusammenwirkens kamst du aber immer besser in den Fluss, und gestern haben wir sage und schreibe drei vollständige Kapitel an einem einzigen Tag miteinander zuwege gebracht! Spitze!

Liebe Menschen, ich hoffe, dass ihr MICH, den Wind, nun nach der Lektüre dieser Mitteilungen mit etwas mehr Nachsicht betrachtet und aufhört, euch ständig über mich zu beschweren. Ich wehe für euch, und ich wehe auch DURCH euch, ich bin genauso wie alles andere, was in der Natur IST, in ständiger Resonanz mit euch und möchte euch zum Abschluss noch sagen, dass letztendlich ihr selbst für euer Wetter verantwortlich seid! Es ist euer Bewusstsein, das euer Wetter „macht" in dem Sinne, dass die Kräfte der Natur auf euer Bewusstsein reagieren, eben in Resonanz mit euch agieren. Dass ich kein dummer und boshafter Geselle bin, sondern an der Weisheit von Allem, was ist teilhabe, werdet ihr wohl auch gemerkt haben. Ich wiederhole es: Ich will euch wohl, ich möchte euch dienen, aber ihr müsst mir schon ein bisschen helfen, euch so zu dienen, dass es euch zuträglich ist! Was ich damit meine: Erweitert euer Bewusstsein! Begebt euch auf den Weg hin zu immer tieferer Bewusstheit! Seid achtsam, habt Respekt vor Allem, was ist, und vor allen Dingen vor Allem, was ist auf Erden! Wir sind alle EINS, ob wir nun einen physischen Körper besitzen oder eben nicht, wie ICH: Es gibt keine Grenzen zwischen uns! Geht immer wieder auch bei „schlechtem" Wetter hinaus in die Natur und lasst euch von mir streicheln – das tue ich sehr gerne!

Jetzt habe ich Ines zahlreiche Sätze mit Ausrufezeichen diktiert; das kommt daher, dass ich so bewegt bin in meinem Inneren, obwohl ich draußen um Ines' Haus herum gerade gar nichts bewege. Es ist windstill in ihrem Garten. Warum? Der Wind ist ganz still und in sich gekehrt und in Kommunikation mit der QUELLE. Von dort fließt unendlicher Segen in mich hinein und durch mich hindurch zu euch. Nimm den Regen, der gerade wieder draußen fällt, als meine Tränen der Rührung, liebe Ines! Ja, der Himmel weint sehr viel in diesem Jahr... Es ist weiterhin Wendezeit, und da ist viel Trauer in uns allen, immer noch. Aber heute weine ICH, der Wind, Freudentränen, weil ich einen Menschen gefunden habe, der mich hören und verstehen konnte...

am 3. Juni 2013

Der Wind

Nachwort der Autorin

Lieber Wind, auch ich bin nun sehr bewegt, besonders durch deine letzten Worte, und ich werde gleich erst einmal selbst in die Stille in MIR gehen, bevor ich weiter schreibe, denn Alles, was ist auf Erden hat mich gerufen und möchte mir weitere Botschaften übermitteln – ich weiß nicht, wie umfangreich diese noch werden! Ja, du hast recht, Anfang dieses Jahres war mein Kanal noch etwas verunreinigt und ich habe gemerkt, dass es sehr viel Klarheit braucht, um DICH „richtig hören" zu können! Ich habe dich daher immer wieder darum gebeten, durch meinen Kanal hindurch zu wehen und ihn zu reinigen, und das hast du getan. Ich danke dir tausend Mal dafür, denn nun kann ich auch all die anderen Mitteilungen aufnehmen, die noch auf mich zurollen...

Liebe Mitmenschen, habt in diesem Jahr Nachsicht mit Wind und Wetter! Nun, ihr werdet dies erst lesen, wenn 2013 schon der Vergangenheit angehört, aber dann habt nachträglich Nachsicht und hört überhaupt auf, euch ständig über das Wetter zu beklagen! Ihr habt ja gerade gehört, dass wir selbst dafür verantwortlich sind... Im Jahr 2014 könnte das Gegenteil passieren von dem, was wir 2013 erleben, nämlich viel Sonne und damit Hitze- und Dürreperioden auch in Mitteleuropa. Ich weiß, dann geht das Gejammere und Geschimpfe wieder los... Lasst uns stattdessen doch einfach öfter einmal mit unserem Klima und unserem Wetter ATMEN! Haltet zwischendurch in eurem Alltag inne, nehmt ein paar weiche Atemzüge, verbindet euch mit Allem, was ist auf Erden und werdet für einige Augenblicke ganz still. Ihr werdet sehen, wie gut euch das tut, und Pan, unser guter, alter Wettergott, wird sich auch sehr darüber freuen, denn mit unserer Hilfe kann er seinen Job viel besser machen, als wenn wir ständig in unseren Gedanken und Worten gegen ihn „anstinken".

Nun ist dieses Manuskript beendet, aber meine Arbeit geht weiter, denn zahlreiche Wesenheiten und Energien aus der Natur, und sogar unsere angeblich „toten" Gebrauchsgegenstände, die wir selbst erschaffen haben, möchten mir weitere Mitteilungen übermitteln. Sie möchten um mehr Respekt und Achtsamkeit bitten, und sie möchten uns helfen auf unserem schwierigen Weg heraus aus dem „Schlamassel", den wir uns in den letzten paar Tausend Jahren, und besonders in den letzten 200 Jahren, eingebrockt haben. Ich glaube zwar nicht, dass wir uns selbst noch in die Luft sprengen werden, denn es gibt immerhin inzwischen schon einige Millionen Erwachende, allerdings nur ein paar wenige Erwachte auf der Erde, die dies verhindern werden, aber unsere Arbeit an uns selbst und für eine Neue Zeit ist nicht zu Ende. Im Gegenteil, aus meiner Sicht fängt sie jetzt gerade erst richtig an! Ich wünsche uns allen viel Mut und auch Frohsinn bei dieser Arbeit, denn wenn wir miesepetrig in die Welt hineinblicken, wird sie grimmig zurückschauen!

Laupheim, den 3. Juni 2013

Ines Nandi

Anmerkungen

1 Ein Begriff, den ich von Lea Hamann übernehme. www.leahamann.de
2 In meinem Buch „Wenn Bäume sprechen könnten" (Anm. der Autorin)
3 In: „Wenn Bäume sprechen könnten"
4 Drunvalo Melchizedek in „Schlange des Lichts"
5 Veit Lindau
6 Anmerkung der Autorin: „Auseinanderlegen" ist ein Ausdruck, der nicht im Duden steht, aber der Wind wollte ihn unbedingt verwenden – ungefähr in der Bedeutung von „erklären"
7 Anmerkung des Windes: In meinem Kapitel „Über das Dunkel" meinte ich natürlich genau dieses, und nicht etwa das balancierte Dunkel, von dem hier in diesem Kapitel noch die Rede sein wird.

Über die Autorin

Ines Nandi (Jahrgang 1949) studierte Anglistik und Romanistik in Bonn, arbeitete aber im Anschluss nicht als Gymnasiallehrerin, sondern als Autorin und Familienfrau. Im Frühjahr 1982 hörte sie zum ersten Mal den Ruf ihrer Seele. Ein langer, zeitweise sehr krisenhafter Prozess des spirituellen Erwachens nahm seinen Anfang. Seit dem Frühjahr 2012 erhält die Autorin Botschaften aus der Natur, aber auch die Geistige Welt der Engel und der Aufgestiegenen Meister steht in enger Verbindung mit ihr. Im Laufe des Jahres 2009 nahm sie 13 Einweihungen in die heilende Christusenergie auf (durch Sananda), mit denen sie aber zunächst nicht arbeitete. Nachdem nun auch die Bäume ihr ihr Heilwissen übermittelt haben, hat Ines Nandi sich endlich dazu entschlossen, ab dem Jahr 2014 auch als MEDIALE LEBENSBERATERIN zu arbeiten.

Kontaktaufnahme über ihre Website www.autorin-ines-nandi.de
oder per E-Mail ines.nandi@gmx.net

Aus unserer Reihe
In Kontakt mit der Natur

Yvonne Schenk

Von der
Weisheit
der
Bäume

ch. falk-verlag

Yvonne Schenk
Von der Weisheit der Bäume

ISBN 978-3-89568-237-7

ch. falk verlag